本书系国家社会科学基金重大项目（17ZDA054）的部分研究成果

SHUZI JINGJI XIA
ZHONGGUO YU "YIDAIYILU" YANXIAN GUOJIA MAOYI
FAZHAN LILUN FENXI YU SHIZHENG YANJIU

数字经济下
中国与"一带一路"沿线国家贸易发展理论分析与实证研究

李晓钟 / 著

中国财经出版传媒集团
经济科学出版社
Economic Science Press

图书在版编目（CIP）数据

数字经济下中国与"一带一路"沿线国家贸易发展理论分析与实证研究/李晓钟著 . —北京：经济科学出版社，2020. 12

ISBN 978－7－5218－2112－3

Ⅰ.①数… Ⅱ.①李… Ⅲ.①"一带一路" – 国际贸易 – 贸易合作 – 研究 Ⅳ.①F74

中国版本图书馆 CIP 数据核字（2020）第 229664 号

责任编辑：王柳松
责任校对：齐　杰
责任印制：范　艳

数字经济下中国与"一带一路"沿线国家贸易发展理论分析与实证研究

李晓钟　著

经济科学出版社出版、发行　新华书店经销

社址：北京市海淀区阜成路甲 28 号　邮编：100142

总编部电话：010-88191217　发行部电话：010-88191522

网址：www. esp. com. cn

电子邮箱：esp@ esp. com. cn

天猫网店：经济科学出版社旗舰店

网址：http://jjkxcbs. tmall. com

北京季蜂印刷有限公司印装

710×1000　16 开　14 印张　270 000 字

2020 年 12 月第 1 版　2020 年 12 月第 1 次印刷

ISBN 978－7－5218－2112－3　定价：69.00 元

（图书出现印装问题，本社负责调换。电话：010－88191510）

（版权所有　侵权必究　打击盗版　举报热线：010－88191661

QQ：2242791300　营销中心电话：010－88191537

电子邮箱：dbts@ esp. com. cn）

■ 前 言

改革开放以来，特别是自 2013 年 9 月和 10 月，共建"丝绸之路经济带"和"21 世纪海上丝绸之路"① 被提出以来，中国与"一带一路"沿线国家贸易往来日益密切，贸易规模持续扩大。据统计，中国对"一带一路"沿线国家的货物贸易总额从 2014 年的 6.88 万亿元增长到 2019 年的 9.27 万亿元，年均增长率为 6.1%，2014~2019 年贸易值累计超过 44 万亿元，占中国货物贸易总额的比重由 2014 年的 26.0% 提高到 2019 年的 29.4%。② 当前，世界经济发展正面临"百年未有之大变局"，全球大流行的疫情之变、全球增长衰退的经济之变及中美博弈的贸易之变引致全球治理秩序的不确定性大大增加。逆全球化思潮的兴起，将导致供应链、产业链和市场渠道遭受深度创伤甚至断裂，使得当前的国际分工和全球价值链发生根本性改变，对中国与"一带一路"沿线国家经济贸易发展带来严峻挑战。中国提出的"一带一路"倡议，极大地推动了"一带一路"沿线国家之间的国际合作，互联互通、贸易自由化、信息共享和知识共享等增强了"一带一路"沿线国家可持续发展的能力，对中国和"一带一路"沿线国家经济贸易发展都具有举足轻重的作用。

数字经济发展为中国与"一带一路"沿线国家经济贸易发展注入了新的活力。随着物联网、云计算、大数据、人工智能等数字技术的迅猛发展，全球数字经济蓬勃发展，数字经济占 GDP 的比重日益提升。2017 年，美国数字经济比重已达到 60%。中国也高度重视数字经济的发展，并将其作为国家发展战略的重点，中国数字经济占 GDP 的比重已由 2017 年的 32.9% 提高到 2019 年的 36.2%。③ 数字经济作为一种新的经济形态，正在高速增长、快速创新，并已成

---

① 推进"一带一路"建设工作领导小组. 共建"一带一路"倡议：进展、贡献与展望 [EB/OL]. 新华网, http://www.xinhuanet.com/2019-04/22c_ 1124400071.htm.

② 资料来源：http://www.stats.gov.cn/tjsj/zxfb/202002/t20200228_ 1728913.html.

③ 中国电子信息产业发展研究院. 2019 年中国数字经济发展指数 [EB/OL]. https://www.ccidgroup.com/sdgc/14923.htm.

为驱动全球经济贸易增长的新引擎。数字技术赋能贸易，虚拟现实（VR）、增强现实（AR）、直播、3D、区块链等数字技术，重构了外贸企业所处的产业链和价值链，跨境电商、市场采购贸易方式、线上采购等引致外贸新业态、新模式不断涌现，数字化转型推动外贸企业转型升级。贸易数字化将数字技术与传统外贸有机融合，既有利于突破时空限制、减少中间环节和降低贸易成本、提升贸易便利化水平、促进更多贸易新业态蓬勃发展，又有利于增强贸易创新能力，以数据要素驱动为核心，可推进基于社会全量数据的精准决策和精细化管理，从而有效地促进企业生产经营活动价值的提升，提高全要素生产率，推动贸易实现质量变革、效率变革和动力变革，实现国际贸易高质量发展。数字经济引领全球贸易未来发展，也是全球竞争的新领域及制高点。数字经济已成为近年来带动中国对外贸易增长的核心动力和推进"一带一路"倡议的关键力量，因而研究数字经济下中国与"一带一路"沿线国家贸易可持续发展，具有重要的理论价值和现实意义。为此，本书围绕数字经济下中国与"一带一路"沿线国家贸易发展的若干重要问题进行深入研究，以期为我国政府部门决策提供理论依据与经验借鉴。

本书共分8章，通过全新的理论分析和实证研究，深入探讨数字经济下比较优势转化为比较利益机制、中国与"一带一路"沿线国家贸易现状及贸易特征、中国与"一带一路"沿线国家贸易效率及贸易潜力、中国对"一带一路"沿线国家直接投资的贸易效应、数字经济对中国与"一带一路"沿线国家贸易发展的影响、数字经济下加快中国与"一带一路"沿线国家贸易发展的机制、路径与政策建议。具体内容包括：（1）理论分析比较优势转化为比较利益的机制，深入探讨影响比较优势转化为比较利益或经济主体获得较多比较利益的关键因素，并探究数字经济对比较优势转化为比较利益的影响效应；（2）理论分析与实证研究中国与"一带一路"沿线国家出口贸易效率、贸易潜力及其影响因素，解析出口贸易效率存在区域差异和产业差异的原因；（3）实证研究中国对"一带一路"沿线国家直接投资的贸易效应，并探究互联网的影响效应；（4）实证分析数字经济对中国与"一带一路"沿线国家贸易发展的影响，从整体维度、区域维度和时间维度上剖析互联网的发展对中国与"一带一路"沿线国家进出口贸易的影响，并分析跨境电商对中国外贸发展的作用效应；（5）理论分析数字经济对国际贸易发展的驱动机制，研究数字经济下加快中国与"一带一路"沿线国家贸易发展的实现路径与政策建议。

本书围绕数字经济下比较优势转化为比较利益的机制、中国与"一带一路"沿线国家的贸易效率及贸易潜力、中国对"一带一路"沿线国家直接投资的贸易效应、数字经济对中国与"一带一路"沿线国家贸易发展的影响、推进机制与实现路径等主题，通过全新的理论探讨、实证检验与案例剖析，得出了一系列富有新意的结论，研究成果具有重要的学术价值和应用价值。

一是构建从比较优势到比较利益转化机制的理论框架，深入探讨影响比较优势转化为比较利益或经济主体获得较多比较利益的关键因素，详细分析影响转化的基础因素（比较优势的利用、创造和提升）、影响转化的市场交易因素（交易效率）、影响转化的动力因素（持续的制度创新），从研发设计、生产过程、管理过程、营销模式和营销渠道等探究数字经济对比较优势转化为比较利益的影响，丰富了国际贸易理论，以期为扩大数字经济对中国与"一带一路"贸易发展的促进作用提供理论依据。

二是在文献综述基础上，深入分析中国与"一带一路"沿线国家整体贸易效率及贸易潜力、中国与"一带一路"沿线国家装备制造产品出口贸易效率及贸易潜力、中国与"21世纪海上丝绸之路"沿线国家农产品贸易效率及贸易潜力、中美高技术产品贸易效率与贸易潜力，利用随机前沿分析方法对中国与"一带一路"沿线国家全部贸易产品、装备制造产品、农产品的出口贸易潜力及相关因素进行深入剖析，并将贸易非效率项引入模型，构成一步法的随机前沿引力模型，进一步探究双边关系、基础设施水平、通关情况以及经济自由度等对释放出口贸易潜力、降低贸易非效率的影响，并着重探究信息化发展程度对释放出口贸易潜力产生的滞后作用，以期为中国与"一带一路"沿线国家扩大贸易规模和提升贸易效率提供有益的思路。

三是在阐述中国对"一带一路"沿线国家直接投资的现状及特点的基础上，按整体维度、区域维度和产品结构维度分别研究了对外直接投资的贸易效应，同时，探索并实证研究了互联网普及率与对外直接投资之间的交互影响，并据此探讨相应的政策建议，以期为"一带一路"倡议的推进提供智力支持。

四是在分析中国数字经济发展现状与发展特点的基础上，利用"一带一路"沿线国家的面板数据，从整体维度、区域维度和时间维度上分析互联网的发展对中国进出口贸易的影响。并以跨境网络零售出口额名列中国的31个省（区、市）① 前茅的浙江省为研究对象，分析中国浙江省跨境电商的发展现状和发展特点、跨境电商对"一带一路"建设的引擎作用，以及浙江省跨境电商发展面临的问题与挑战，并探讨相应的对策建议，以期更好地为利用互联网、跨境电商等促进中国对外贸易发展提供理论依据与决策支持。

五是从降低交易成本、提升贸易便利度、提高产品竞争力、催生新业态新模

---

① 中国的31个省（区、市）未包括中国港澳台地区，全书同。

式、拓展贸易内容、引领数字贸易发展等角度，分析数字经济对国际贸易发展的驱动机制；从引导中国企业拓展海外合作和"走出去"、培育具有全球影响力的"互联网＋"应用平台、发展"一带一路"沿线地区"数字经济＋"服务产业等方面探讨数字经济下加快中国与"一带一路"沿线国家贸易发展的路径，并探讨相应的政策建议，以期为扩大数字经济对中国与"一带一路"沿线国家贸易发展的促进作用提供决策依据。

本书是在本人主持的国家社科基金重大项目（互联网融合产业经济理论与政策研究，17ZDA054）的部分研究成果基础上修改和补充而成的。本人的导师浙江大学张小蒂教授对本书第 3 章的研究内容进行了指导。杭州电子科技大学陈畴镛教授参与了 8.3.3 小节的写作，江南大学钱吴永副教授参与了 8.3.7 小节的部分写作。本人的硕士研究生参与了部分章节写作与文献收集，其中，沈栋芳参与了第 2 章第 3 节的部分写作；叶昕参与了第 4 章的部分写作；杜添豪参与了第 5 章第 2 节和第 4 节的部分写作；吕培培参与了第 5 章第 3 节和第 7 章第 2 节的部分写作；王欢参与了第 5 章第 5 节的部分写作；徐慧娟参与了第 2 章第 2 节、第 6 章的部分写作。沈栋芳、李俊雨为本书的校对付出了辛勤劳动。本书也引用了大量文献资料，在此谨向所有的文献资料作者表示感谢。

由于本人学识有限，可供参考的资料有限，故本书会有各种不足乃至错误存在，欢迎学界同仁和各位读者不吝赐教。

李晓钟

2020 年 9 月

■ 目 录

第 1 章　绪　　论

/////////////

2013 年 9 月和 10 月，共建"丝绸之路经济带"和"21 世纪海上丝绸之路"的重大倡议，即"一带一路"倡议被提出。① "一带一路"本质上是互利共赢的合作倡议，秉承"共商、共建、共享"原则，积极推进中国与"一带一路"沿线国家的相互对接，推动中国全方位对外开放。近年来，随着大数据、云计算、互联网等数字技术的快速发展，数字经济成为全球关注的经济模式，越来越多的国家将数字经济列入重要发展战略议程，数字经济已经成为各国增强国际竞争力、实现经济可持续发展的重要动力之一。随着"一带一路"建设的不断推进，中国与"一带一路"沿线国家②的贸易发展如何？数字经济发展对中国与"一带一路"沿线国家贸易的发展会带来怎样的影响？如何进一步通过深化国际合作实现互利共赢？这些问题已成为我们关注和研究的重点。

1.1　"一带一路"倡议的提出及其机遇与挑战

"丝绸之路经济带"和"21 世纪海上丝绸之路"合称"一带一路"，是中

---

① 推进"一带一路"建设工作领导小组. 共建"一带一路"倡议：进展、贡献与展望 [EB/OL]. 新华网，http：//www. xinhuanet. com/2019－04/22c_ 1124400071. htm.

② 本书主要是对中国与"一带一路"沿线国家贸易发展的相关问题进行理论分析与实证研究，书中所提到的"一带一路"沿线国家都未包括中国，全书同。

国为推动经济全球化深入发展而提出的国际区域经济合作新模式。"一带一路"倡议在世界格局多极化和经济全球化的背景下应运而生,但它并非以往经济全球化的简单延续,而是融入了"丝绸之路"的文化内涵,以更加包容自由的姿态呈现出一种新的全球化的表现形式(刘卫东,2015)。2019 年,中国与"一带一路"沿线国家贸易总额达 9.27 万亿元,占中国进出口贸易总额的近 30%。2014~2019 年,中国与"一带一路"沿线国家贸易值累计超过 44 万亿元,年均增长 6.1%。①"一带一路"倡议是为了促进区域贸易关系和全球经济发展而提出的战略构想,"一带一路"建设既带来了机遇,也带来了挑战。

"一带一路"倡议的提出,为中国与"一带一路"沿线国家实现基础设施的互联互通、经济结构的互补,扩大投资贸易合作、产能合作以及经济的增长发挥了举足轻重的作用(邹嘉龄等,2015;孔庆峰,2015;韩永辉和罗晓斐,2017)。"一带一路"倡议有助于保障国家粮食安全、加强农业对外合作、营造良好外部环境、稳定经济社会发展、促进形成国际农业合作新格局(宋双双,2014;程国强,2015;李富佳等,2016)。"一带一路"倡议有助于推进国际产能合作,加速经济空间格局优化(赵东麒和桑百川,2016;苏杭,2015;尚蔚,2017)。自"一带一路"倡议提出以来,受到越来越多国家的积极响应,截至 2017 年"一带一路"国际合作高峰论坛召开,积极参与"一带一路"建设的有 100 多个国家和国际组织,一大批互联互通项目已落地实施。"一带一路"建设的推进,对经济全球化和世界格局多极化具有重要而深远的意义。

"一带一路"倡议也面临诸多挑战,不仅要应对"一带一路"沿线国家多样化的利益诉求,而且面临诸多国外因素干扰。金玲(2015)指出,国家的多样性、合作领域的广泛性和国际环境的复杂性,是"一带一路"倡议面临的挑战。邹帅等(2015)指出,部分"一带一路"沿线国家存在疑虑,一方面,需要中国巨大的消费市场;但另一方面,担心过度依赖中国。

面对诸多挑战和阻碍"一带一路"倡议实施的因素,中国政府应积极应对。廖萌(2015)指出,应充分发挥企业的积极性和主动性,有效发挥政府的引导作用,发挥海外华商的作用。面对美国等提出的质疑,马建英(2015)提出,应扭转观念,避免恶性竞争,注重双方合作,化解多边阻力和政治风险。

"一带一路"倡议是中国为推动经济全球化深入发展而倡导的开放包容、面向全球的合作倡议,是国际区域经济合作新模式,有利于促进全球共赢发

---

① 我国进出口总值去年增百分之三点四——民企首次成外贸第一大主体 [EB/OL]. 中国贸易救济网, http://cacs.mofcom.gov.cn/article/gnwjmdt/gn/202001/162065.html.

展。"一带一路"建设机遇与挑战并存，如何化挑战为机遇已成为我们研究的重点课题。高质量推进"一带一路"建设，可为世界共同发展增添新动力、拓展新空间。而贸易畅通是"一带一路"建设的重点内容。因此，中国与"一带一路"沿线国家贸易发展的理论分析与实证研究，具有重要的理论价值和现实意义。

1.2　数字经济蓬勃发展及其赋能国际贸易

当前世界经济已经进入新旧动能转换期，数字经济作为推动经济复苏的新动能、新引擎，已是全球共识和大势所趋。中国数字经济蓬勃发展，2017 年，中国数字经济规模为 27.2 万亿元，占 GDP 比重为 32.9%；2018 年，数字经济规模达到 31.3 万亿元，占 GDP 比重达到 1/3，位居全球第二位。2019 年，中国数字经济增加值规模达到 35.8 万亿元，占 GDP 比重达到 36.2%。[①] 数字经济是以云计算、大数据、物联网、移动互联网等新一代信息技术为基础，以数字技术与一二三产业深度融合，面向个人、企业、产业的各种创新应用，可极大地提高个性化服务能力和公共服务能力精准化水平，是高技术密集型和高附加值的服务业。当前，新一代信息技术革命与产业变革正在加速推进，以智能化为特征的新产品、新技术和新模式正在爆发式增长，这将在当前和未来对中国对外贸易模式与业态等产生重大影响，而数字经济的快速发展又为中国与"一带一路"沿线国家贸易发展提供了机遇。

1.2.1　数字经济发展已纳入许多国家的国家战略

越来越多的国家把数字经济发展纳入国家战略。在全球网络数据正在呈现出惊人的高增长态势下，一个国家的影响力、竞争力和主导权主要体现在对网络的掌控上。各发达国家为了占得先机，纷纷鼓励互联网技术变革和产业融合升级。例如，美国早在 2011 年就先后制定了《先进制造业伙伴计划》及《网络空间国际战略》，以期通过政府、高校及企业间的合作来强化美国制造业，在全球互联网技术的发展应用上占据主导权。2012 年、2013 年，美国又分别制定了《先进制造业国家战略计划》和《美国制造业创新网络计划》。德国在 2013 年发布了

---

① 中国电子信息产业发展研究院.2019 年中国数字经济发展指数［EB/OL］.https：//www.ccidgroup.com/sdgc/14923.htm.

《实施"工业4.0"战略建议书》，2014年发布了《数字议程2014~2017》。其他国家也把互联网技术发展纳入国家战略，如日本制定了《i-Japan 2015》及《创建最尖端IT国家宣言》，韩国制定了《制造业创新3.0战略》及《新增长动力规划及发展战略》，英国制定了《英国制造2050》，新加坡制定了《智慧国家2025》等。可见，各发达国家都在对第四次工业革命进行前瞻性布局，以通过互联网技术的发展与应用，谋求抢占制高点、强化新优势。

面对互联网技术创新发展的新趋势，发展中国家也在寻找推进互联网融合产业经济发展的突破口，抢占未来经济科技发展的先机。例如，巴西推出了《工业研究计划》《强大信息产业计划》；印度在2014年10月发布的《物联网策略》被认为是"印度制造"与"数字印度"之间的纽带。因此，越来越多的国家加强顶层设计，制定相应的国家战略，加快国家的数字化转型。

1.2.2 数字经济发展是中国的国家战略重点

中国已成为全球互联网大国，党中央、国务院从战略高度和顶层设计的角度明确中国的数字经济行动计划。目前，中国网民数量、网络零售交易额、电子信息产品制造规模已居全球第一，一批信息技术企业和互联网企业进入世界前列，形成了较为完善的信息产业体系。根据2017年8月4日中国互联网络信息中心（CNNIC）发布的第40次《中国互联网络发展状况统计报告》，截至2017年6月，中国网民数量达7.51亿人，居全球第一，互联网普及率为54.3%，超过全球平均水平4.6%，其中，中国手机网民规模达7.24亿人；中国的网络协议版本4（internet protocol version，IPv4）地址数量达到3.38亿个、网络协议版本6（internet protocol version，IPv6）地址数量达到21283块/32地址，二者均居世界第二位；网站总数为506万个，半年增长4.8%；国际出口带宽达到7974779Mbps，半年增长20.1%。截至2015年12月，中国企业使用计算机办公的比例为95.2%，使用互联网的比例为89.0%，通过固定宽带接入方式使用互联网的企业比例为86.3%、移动宽带为23.9%。此外，开展在线销售、在线采购的比例分别为32.6%和31.5%，利用互联网开展营销推广活动的比例为33.8%。[①] 2019年，我国电子商务交易额为34.81万亿元，同比增长6.7%；网络零售交易额为10.63万亿元，同比增长16.5%，位居全球第一。[②] 国际专利检

---

① 第37次《中国互联网络发展状况统计报告》[EB/OL]. http：//www. cac. gov. cn/cnnic37/.
② 商务部电子商务司. 中国电子商务报告2019 [EB/OL]. http：//www. xinhuanet. com/video/sjxw/2020 - 07/08/C_ 12/0692402. htm.

索科思特尔（QUESTEL）公司的报告显示，在过去的 18 年里，全球芯片专利数量增长了 6 倍，中国芯片专利数量增长了 23 倍。在芯片专利申请数量方面，中国已连续 5 年蝉联全球第一。在全球芯片专利前 30 位专利权人中，中国中兴通讯、华为公司分别居第 23 位、第 27 位。① 可见，中国已经成为举世瞩目的互联网大国。更重要的是，2015 年以来，党中央、国务院先后颁布了《国务院关于积极推进"互联网 ＋"行动的指导意见》《促进大数据发展行动纲要》《国务院关于大力发展电子商务加快培育经济新动力的意见》《国务院关于深化制造业与互联网融合发展的指导意见》《国家信息化发展战略纲要》等文件，从战略高度和顶层设计的角度明确中国"互联网 ＋"行动计划，为中国数字经济发展提供了良好的条件。

1.2.3　数字经济为扩大中国与"一带一路"沿线国家贸易发展赋能

随着物联网、云计算、大数据、人工智能等数字技术不断取得突破，全球数字经济蓬勃发展。数字经济作为一种新的经济形态，正在高速增长、快速创新，并广泛应用到其他经济领域中，已成为驱动全球经济增长的新引擎。物联网、大数据、云计算等数字技术在农业、制造业和服务业的创新应用，可推动生产智能化、经营网络化、管理数据化、服务在线化、研发众包、协同设计、大规模个性化定制、精准供应链管理、全生命周期管理、电子商务等正在重塑产业价值链体系，移动互联网、云计算、大数据等新技术在不断拓展服务业新领域。同时，大量智能技术的应用将推动产业迭代不断加快，产业集群向产业生态转变，产业边界进一步被打破，产业价值链不断分解、融合。智能产业链条将不断拓展并延伸，产业链横向延伸会由智能硬件等热点领域向智慧服务、智能制造、智慧旅游、智慧城市等拓展；产业链纵向延伸会从上游的研发设计、生产制造延伸到下游终端的消费者和用户，产业链环节因有用户参与，强调了用户的个性化需求，凸显了需求链管理的理念。大数据、互联网平台成为产业网络的关键要素。同时，从产业链各环节的参与角色来讲，新增了电商平台、硬件集成商、第三方平台、众筹、创客、最终消费者等，彼此间的协同效应将随着产业链条的不断完善而增强。数字经济正成为驱动服务业创新发展的新动能，不断孕育、催生服务业的新业务、新模式、新业态，形成新的商业模式和经济增长点。中国对外贸易迎

---

① 我国成为芯片专利申请大国 ［EB/OL］. 中华人民共和国工业和信息化部网站 . http://miit. gov. cn/jgsj/zfs/xhxx/art/2020/art＿72136fe/2e444ab680908daob8e5a45f. html.

来了重大的发展机遇。

综上所述,"一带一路"沿线国家作为中国对外开放的一个新的发展方向,既有机遇,也有挑战;数字经济作为新的经济形态及先进方向已成为全球各国抢占未来发展制高点的战略选择,并赋能国际贸易。如何充分利用数字经济驱动中国对外贸易更快、更好地发展,对"一带一路"建设意义重大。因此,本书拟构建数字经济下中国比较优势转化为比较利益的理论框架,运用定性分析与定量分析相结合的方法,深入分析中国与"一带一路"沿线国家的贸易特征,剖析中国产品出口贸易的因素,测算相应的贸易潜力指数和可拓展的贸易空间,并定量分析信息化水平、贸易便利度、经济自由度等因素对中国产品出口贸易潜力释放产生的影响;深入探索中国对"一带一路"沿线国家直接投资的贸易效应;深入探究数字经济对中国与"一带一路"沿线国家贸易发展的影响;研究数字经济下加快中国与"一带一路"沿线国家贸易发展的机制、路径与政策建议,可为推动中国与"一带一路"沿线国家贸易畅通、实现合作共赢提供理论依据和决策支持,因而具有重要的理论价值和现实意义。

1.3　本书研究思路与研究内容

1.3.1　本书研究思路

本书拟通过全新的理论分析和实证研究,深入探讨数字经济下比较优势转化为比较利益机制、中国与"一带一路"沿线国家贸易现状与贸易特征、中国与"一带一路"沿线国家贸易效率及贸易潜力、中国对"一带一路"沿线国家直接投资的贸易效应、数字经济对中国与"一带一路"沿线国家贸易发展的影响、数字经济下加快中国与"一带一路"沿线国家贸易发展的机制、路径与政策建议,从而可为推动中国与"一带一路"沿线国家贸易畅通、实现互利共赢提供理论依据与决策支持。具体内容包括:(1)理论分析比较优势转化为比较利益的机制,深入探讨影响比较优势转化为比较利益的关键因素或经济主体获得较多比较利益的关键因素,并探究数字经济对比较优势转化为比较利益的影响效应。(2)理论分析与实证研究中国与"一带一路"沿线国家出口贸易效率、贸易潜力及其影响因素,解析出口贸易效率存在区域差异和产业差异的原因。(3)实证研究中国对"一带一路"沿线国家直接投资的贸易效应,并探究互联网的影响效应。(4)实证分析数字经济对中国与"一带一路"沿线国家贸易发展的影响，从样本整体维度、区域维度和时间维度上剖析互联网的发展对中国与"一带一路"沿线国家进出口贸易的影响；并分析跨境电商对中国发展外贸的作用效应。(5) 理论分析数字经济对国际贸易发展的驱动机制，研究数字经济下加快中国与"一带一路"沿线国家贸易发展的实现路径与对策。

1.3.2 本书研究内容

本书包括 8 章内容。

1. 第 1 章，绪论

本章拟通过研究"一带一路"倡议的提出及其机遇与挑战、数字经济蓬勃发展以及数字经济赋能国际贸易，分析数字经济下中国与"一带一路"沿线国家贸易发展理论与实证研究的背景，明确本书的理论价值与现实意义，明晰本书的研究思路和研究内容，以及本书可能的创新点和贡献。

2. 第 2 章，理论基础与文献综述

本章拟从古典国际贸易理论及新古典国际贸易理论（比较优势的静态性）、产业内贸易理论、公司内贸易理论、迈克尔·E. 波特（Micheal E. Porter）的国家竞争优势理论等国际贸易理论（比较优势的动态性）阐述国际贸易产生的动因；从罗伯特·A. 蒙代尔（Robert A. Mundell）的贸易替代效应理论、小岛清·K.（Kojima K.）的贸易创造效应理论、彼特·J. 巴克莱（Peter J. Buckley）等的内部化理论等阐述对外投资的贸易效应；从经济规模、市场规模与地理特征、贸易便利性、关税壁垒和非关税壁垒、制度环境、基础设施建设、文化差异、新经济等相关中外文文献，梳理中国与"一带一路"沿线国家贸易发展的影响因素的理论成果和实践应用，明晰本书的研究思路与研究特色。

3. 第 3 章，数字经济下比较优势转化为比较利益机制分析

本章拟构建从比较优势到比较利益转化机制的理论框架，深入探讨影响比较优势转化为比较利益或经济主体获得较多比较利益的关键因素，详细分析影响转化的基础因素（比较优势的利用、创造和提升）、影响转化的市场交易因素（交易效率）、影响转化的动力因素（持续的制度创新），从研发设计、生产过程、管理过程、营销模式和营销渠道等探究数字经济对比较优势转化为比较利益的影响，以期为扩大数字经济对中国与"一带一路"沿线国家贸易的促进作用提供理论依据。

4. 第 4 章，中国与"一带一路"沿线国家贸易现状及贸易特征

本章拟从中国与"一带一路"沿线国家贸易规模、中国与"一带一路"沿

线地区进出口商品结构分析中国与"一带一路"沿线国家发展的现状，从中国对"一带一路"沿线国家的贸易主体、贸易方式，以及中国的 31 个省（区、市）① 对"一带一路"沿线国家的贸易规模来剖析中国与"一带一路"沿线国家贸易发展的特点，探索随着数字经济发展，中国跨境电商发展的规模与水平及其区域间的差异，并研究中国对外贸易存在的问题与不足。

5. 第 5 章，中国与"一带一路"沿线国家贸易效率及贸易潜力研究

本章拟在文献综述的基础上，深入分析中国与"一带一路"沿线国家贸易效率及贸易潜力、中国与"一带一路"沿线国家装备制造产品贸易效率及贸易潜力、中国与"21 世纪海上丝绸之路"沿线国家农产品贸易效率及贸易潜力、中美高技术产品贸易效率与贸易潜力，利用随机前沿分析方法对中国对于"一带一路"沿线国家全部贸易产品、装备制造产品、农产品的贸易效率、贸易潜力及相关因素进行分析，并将贸易非效率项引入模型，构成一步法的随机前沿引力模型，进一步探究双边关系、基础设施水平、通关情况以及经济自由度等因素对释放出口贸易潜力、降低贸易非效率的影响。并着重探究信息化发展程度对释放出口贸易潜力产生的滞后作用，以期为推进中国与"一带一路"沿线国家扩大贸易规模和提升贸易效率提供有益思路。

6. 第 6 章，中国对"一带一路"沿线国家直接投资的贸易效应研究

本章拟在阐述中国对"一带一路"沿线国家直接投资的现状及特点的基础上，分整体、地区和产品结构分别研究对外直接投资的贸易效应，同时，探索并实证互联网普及率与对外直接投资之间存在的交互影响，并据此探讨相应的政策建议，以期为"一带一路"倡议的推进提供智力支持。

7. 第 7 章，数字经济对中国与"一带一路"沿线国家贸易发展影响研究

本章拟在分析中国数字经济发展现状与特点的基础上，利用"一带一路"沿线国家的面板数据，从整体维度、区域维度和时间维度上分析互联网的发展对中国进出口贸易的影响；并以跨境网络零售出口额名列全国前茅的浙江省为研究对象，分析浙江省跨境电商发展现状和特点、跨境电商对"一带一路"建设的引擎作用，以及中国浙江省跨境电商发展面临的问题与挑战，并探讨相应的对策及建议，以期为更好地利用互联网、跨境电商等促进中国对外贸易发展提供理论依据与决策支持。

---

① 中国的 31 个省（区、市）未包括中国港澳台地区，全书下同。

8. 第 8 章，数字经济下加快中国与"一带一路"沿线国家贸易发展的机制构建、路径选择与政策建议

本章拟从降低交易成本、提升贸易便利度、提高产品竞争力、催生新业态新模式、拓展贸易内容、引领数字贸易发展等角度，分析数字经济对国际贸易发展的驱动机制；从引导中国企业拓展海外合作和"走出去"、培育具有全球影响力的"互联网＋"应用平台、发展"一带一路"沿线地区"数字经济＋"服务产业等方面，探讨数字经济下加快中国与"一带一路"沿线国家贸易发展的路径，并探讨相应的政策建议，以期为中国扩大数字经济对中国与"一带一路"沿线国家贸易发展的促进作用提供决策依据。

第 2 章　理论基础与文献综述

在研究中国对"一带一路"沿线国家的进出口贸易时，需从本质上阐述中国对"一带一路"沿线国家进出口贸易产生的理论基石。比较优势理论、要素禀赋理论、产业内贸易理论、公司内贸易理论、国家竞争优势理论等都是本书的理论基础，而数字经济快速发展引致新产品、新模式和新业态不断涌现并促进了当代国际贸易的蓬勃发展。梳理相关理论有助于本书的深入研究。

2.1　国际贸易产生动因[①]

2.1.1　古典国际贸易理论及新古典国际贸易理论：比较优势的静态性

一般认为，对国际贸易问题的系统研究开始于重商主义时期，但国际贸易理论的形成是以英国古典经济学家亚当·斯密（Adam Smith，1776）的绝对成本论的提出为标志的。亚当·斯密在其代表作《国民财富的性质和原因》（*An Inquiry into the Nature and Causes of the Wealth of Nations*）中阐明了著名的"看不见的手"机制。他认为，在市场经济中，在利益驱动下，主观上为自己的微观经济主体可通过

---

① 李晓钟. 从比较优势到竞争优势——理论与实证研究［M］. 杭州：浙江大学出版社，2004.

分工和交易客观上为社会工作，从而实现自利与互利、个体利益与社会利益的相互联系。经济主体之间的利益关系并不像重商主义者声称的那样，一定是非赢即输的，而是可以实现"双赢"的。经济主体的"利己"不应通过损人去实现，而应通过利他来实现。具体途径为，社会各经济主体按自己的特长实行分工，进行专业化生产，然后，通过市场进行交易，从而在总体上实现社会福利最大化。显然，交易活动一旦越出本国范围，国际分工和国际贸易就出现了。亚当·斯密的这一理论，被称为绝对成本理论。亚当·斯密从分工提高劳动生产率的学说出发，说明国际分工能使贸易双方的产出增加，由此产生贸易利益。国际分工的基础，是各国间相同产业劳动生产率的差异。这种国际分工论以生产费用的绝对低廉为基础，而构成生产费用的单一生产要素，即劳动耗费。实践证明，按劳动费用最低的原则实行国际分工并相互交换，贸易双方的生产成本都得到节省，交换所得的产品数量也就增加了。

绝对成本理论虽然解决了国际贸易产生的重要动因，但却无法回答一个问题，即如果一个国家在任何商品生产上都没有成本低廉的绝对优势，那么，这个国家还能否参与上述国际分工？另一位英国古典经济学家大卫·李嘉图（David Ricardo）的比较成本（相对优势）理论解决了这个问题。他认为，无论一个国家的经济处于怎样的状态，经济力量是强是弱，技术水平是高是低，都能确定各自的相对优势，即使总体上处于劣势，也可从诸多劣势中找到相对优势。因此，决定国际贸易流向及利益分配的不是绝对成本的低廉，而是相对成本的低廉。比较成本的关键在于比较。

大卫·李嘉图的比较成本理论回答了亚当·斯密绝对成本理论无法回答的问题，解决了处于不同生产力发展水平的国家，特别是落后国家，均能够从国际分工和国际贸易中获利的问题，成为国际贸易理论的基石。但是，比较成本理论也有其局限性。它只考虑单一经济要素即劳动力对贸易分工的作用。其过于简单、抽象的分析方法忽略了诸如资本、技术和自然资源对国际贸易格局的影响。现实中的国际贸易不仅取决于单一的工资成本，更取决于构成实际生产成本的一切生产要素的价格差别。

以瑞典经济学家赫克歇尔（Heckscher）和俄林（Ohlin）为代表的新古典贸易理论从均衡分析法出发，将决定国际贸易的要素由单纯的劳动力要素扩展到资本和劳动力两种生产要素，贸易产生的原因也由劳动成本的相对差别推广到生产要素投入量的相对差别，提出了要素禀赋理论（以下简称 H－O 理论）。俄林归纳了国际贸易产生的两个条件：第一，产品价格的绝对差别，是国际贸易发生的直接原因。一旦两国间商品价格差额超过了运输费用，商品就会从价格低廉的国家输往价格高昂的国家。商品的价差源自生产成本的差异，而生产要素资源丰缺程度是生产成本的终极原因。第二，生产要素价格的差别影响商品成本，从而成为国际贸易产生的另一个条件。一个国家生产中要素投入量是按生产成本最低化原则决定的。其组合呈现大量使用其相对丰富的要素，较少使用相对稀缺的要素，由此产生了国与国之间的比较利益。含有丰富要素资源的产品将被出口，含有稀缺要素资源的产品将被进口。国际贸易的流动也就包含了生产要素的流动，从而改变各国生产要素的比例，提高生产率，增加世界商品总量并降低商品价格，参与国际贸易的国家也就能普遍受益。

可见，要素禀赋理论认为，在不同国家、同种商品的生产函数相同的条件下，比较优势产生的根源在于各国生产要素或区域生产要素相对禀赋的不同，以及不同商品生产在要素使用密集型上的差别。因此，各国应当生产出口那些密集使用本国相对充裕要素的产品，而进口那些密集使用本国相对稀缺要素的产品。这一逻辑得以成立的前提假定，是各国之间单位生产要素的生产效率都是相同的，即各国的生产函数都是相同的。与此不同，大卫·李嘉图的理论则认为，各国比较成本的差异是由各国生产要素的生产效率的差别造成的，即各国的生产函数是不同的，而且，在该理论所分析的一定时期内这类不同性质保持不变。在亚当·斯密和大卫·李嘉图的贸易理论中，劳动是唯一的生产要素，生产技术是给定的外生变量，生产规模报酬不变，市场结构为完全竞争。作为古典经济学理论体系的一部分，这两个理论被称为古典国际贸易理论。在 H－O 理论中，劳动不再是唯一的投入，但生产规模报酬仍然不变，市场结构仍为完全竞争。H－O 理论被称为新古典国际贸易理论。

无论是古典国际贸易理论，还是新古典国际贸易理论（本书将这两者合称为传统贸易理论），所强调的比较利益结构都是建立在一个国家产业比较优势基础之上的。按照比较优势理论，国际贸易主要发生在资源要素禀赋不同的发达国家与发展中国家之间，以及生产技术不同的制成品与初级产品之间。因此，国际贸易模式为不同产品的产业间贸易模式，国际贸易的利益为产业间分工的比较利益。贸易的典型流向为：（1）劳动力丰裕的国家，如许多位于亚洲的发展中国家，生产劳动密集型产品，出口到劳动力相对稀缺的北美洲、西欧等国家；（2）澳大利亚、阿根廷等地广人稀的国家生产土地密集型产品，如谷物、畜产品、矿产品，出口到西欧、日本等国家；（3）西欧和美国集中生产机械设备之类的资本密集型产品，出口到资本相对稀缺的发展中国家。应该说，上述理论在解释现实中的产业间贸易格局时是相当成功的，并曾在相当长的时期内构成了国际分工与贸易理论的主流，但它们终究存在局限性。

无论是以劳动生产率差异为基础的相对优势理论，还是以生产要素供给为基础的资源禀赋理论，其比较利益的产生都是建立在一系列前提条件下的。如生产要素禀赋理论具有如下假设：（1）有两个国家、两种产品、两种生产要素；（2）规模报酬是不变的，产品是同质的；（3）生产要素市场和产品市场是完全竞争的；（4）生产要素都是充分就业的，在国内是完全流动的，但是在国际间是不能流动的；（5）国际经济是静态的，不存在技术进步和经济发展；（6）各国的需求是给定的，不考虑各国需求的差异；（7）贸易是以物物交换的方式进行的，不考虑货币和价格变量等。[①] 因此，这类比较优势具有静态性的特征。但是，由于这些假设前提与现实经济活动差异较大，这类比较优势在国际竞争中并不一定能够获得比较利益，因而影响该理论对实际国际贸易模式的解释力。

（1）"里昂惕夫之谜"（the Leontief paradox）提出后，包括里昂惕夫本人在内的许多经济学家都想在 H－O 模型的框架内对经验数据进行分析与协调，这些分析包括自然资源论、人力资本论、技术差距论和关税制度等。各种解释莫衷一是，但在此过程中引进的种种假说和概念却都揭示了 H－O 理论存在的缺陷。如 J. 凡尼克（J. Vanek，1959）提出的自然资源理论认为，H－O 模型（$2 \times 2 \times 2$ 模型）过于简化。人力资本理论认为，各国劳动力不仅有数量上的差别，而且有质量上的差别，因而 H－O 理论关于劳动力同一性的假定与现实不一致。技术差距理论认为，各国技术是不同的，而 H－O 理论假定生产函数在世界各国都是相同的，这显然与实际情况不相符。特拉瓦斯（Travis，1954）研究表明，关税制度对进出口贸易结构影响较大，而 H－O 理论却要在自由贸易的条件下才能成立。

（2）比较优势理论完全用国家间差异，特别是它们生产要素禀赋的相对差异来解释贸易，这意味着国家间的相似性与贸易量之间有相反的关系。然而，事实上，国际贸易量主要集中在发达国家之间。20 世纪 90 年代以来，虽然发展中国家在世界商品贸易和世界服务贸易中所占的份额逐年上升（除个别年份外），但到 2001 年尚未达到 30%。[②] 而且，产业内贸易发展很快，在世界贸易中占据主导地位，并且其重要性日趋上升。据统计，20 世纪 90 年代发达国家制成品产业内贸易在制成品贸易总量中的比重，在所罗列的 28 个国家中，1996～2000 年，产业内贸易比重超过 50% 的国家有 21 个，占国家总数的 75%，其中，产业内贸易比重超过 70% 的国家有 11 个，占国家总数的 39%，如表 2－1 所示。世界贸易

---

① 海闻等. 国际贸易［M］. 上海：上海人民出版社，2006.

② 资料来源：http：//www.wto.org/.

的一半以上在相对要素禀赋越来越相似的工业国之间进行。

表 2-1　　　　部分国家制成品产品内贸易占制成品贸易总量的比重　　　单位:%

国家		1988~1991 年	1992~1995 年	1996~2000 年	变化
产业内贸易程度高且增长快的国家	捷克	n. a.	66.3	77.4	11.1
	斯洛伐克	n. a.	69.8	76.0	6.2
	墨西哥	62.5	74.4	73.4	10.9
	匈牙利	54.9	64.3	72.1	17.2
	德国	67.1	72.0	72.0	5.0
	美国	63.5	65.3	68.5	5.0
	波兰	56.4	61.7	62.6	6.2
	葡萄牙	52.4	56.3	61.3	8.9
产业内贸易程度高且稳定的国家	法国	75.9	77.6	77.5	1.6
	加拿大	73.5	74.7	76.2	2.7
	奥地利	71.8	74.3	74.2	2.4
	英国	70.1	73.1	73.7	3.6
	瑞士	69.8	71.8	72.0	2.2
	西班牙	68.2	72.1	71.2	3.0
	荷兰	69.2	70.4	68.9	-0.3
	瑞典	64.2	64.6	66.6	2.4
	丹麦	61.6	63.4	64.8	3.2
	意大利	61.6	64.0	64.7	3.1
	爱尔兰	58.6	57.2	54.6	-4.0
	芬兰	53.8	53.2	53.9	0.1
产业内贸易程度低且增长快的国家	韩国	41.4	50.6	57.5	16.1
	日本	37.6	40.8	47.6	10.0
产业内贸易程度低且稳定的国家	新西兰	37.2	38.4	40.6	3.4
	土耳其	36.7	36.2	40.0	3.3
	挪威	40.0	37.5	37.1	-2.9
	希腊	42.8	39.5	36.9	-5.9
	澳大利亚	28.6	29.3	29.8	1.2
	冰岛	19.0	19.1	20.1	1.1

注:产业内贸易程度高是指,该国产业内贸易比重在所研究时期高于 50%;反之,则称为产业内贸易程度低。增长快是指,变化大于 5%;反之,则称为稳定。

资料来源:http://www.oecd.org/.

（3）比较优势理论关于完全竞争、报酬不变的世界中,没有实实在在的公司,更无从讨论公司内部的经济活动。但是在现实生活中,大量国际贸易由公司内贸易构成,20 世纪 90 年代全球跨国公司内部贸易占世界贸易总额的比重已经达到 33%。① 根据统计，1998 年美国跨国公司内部贸易达到 36.2%，1999 年日本跨国公司内部贸易达到 30.8%，而且一个国家的人均国民生产总值与公司内贸易水平成正比。② 可见，公司内贸易已经成为跨国公司总贸易构成中乃至世界贸易中的重要组成部分。

2.1.2 国际贸易理论的新发展：比较优势的动态性

为了解释这些新现象，第二次世界大战后出现了不少新的国际贸易理论。和传统国际贸易理论相比，新国际贸易理论大量运用产业组织理论和生产结构理论来解释国际贸易，并用不完全竞争、规模报酬递增、产品差异等概念和思想来构筑新的理论模型，使国际贸易理论取得了新的重大进展。从解释贸易流向和贸易模式角度，我们可以把相应的理论分为产业内贸易理论和公司内贸易理论。

2.1.2.1 产业内贸易理论

产业内贸易（intra-industry trade）是指，一个国家既出口同时又进口某种同种类型的产品，通常又称为双方贸易（two-way trade）。同类型的商品是指，按照联合国《国际商品标准分类》（SITC）至少前三位数相同的产品，即至少属于同类、同章、同组的商品。这些商品具有一定的相互替代性，进口国和出口国一般在与该产业有关的资源、技术方面没有明显的差异。

产业内贸易理论主要是从供求两方面来考察产业内贸易的基础和原因。从供给上看，由于参与国际贸易的厂商通常都处于垄断竞争的条件下，因而形成了同类产品的异质性；从需求上来看，由于消费者的偏好具有多样性，且消费层次结构存在重叠现象，因此，产业内贸易现象增多。究其原因，主要有以下两点。

1. 需求结构相似与产品差异性

传统比较优势理论假定需求是给定的，从供给因素进行分析。在现实中，需求是千变万化的，商品的价格由供求两方面因素决定。在同样的生产条件下，商品价格会因需求的不同而产生差异，从而影响供给生产力的实现。

瑞典经济学家斯戴芬·伯伦斯坦·林德尔（Staffan Burenstam Linder）于 1961 年在其《论贸易和转变》（*An Essany on Trade and Transformation*）一书中提出了收入相似贸易理论③，该书认为需求是引起工业制成品生产和国际贸易的基

---

① 联合国 1995 年世界投资报告 [M]. 储祥银等，译. 北京：对外经济贸易大学出版社，1996.

② 盛文军，廖晓燕. 垂直专业化贸易、公司内贸易与产业内贸易：兼论中国企业的竞争战略选择 [J]. 世界经济，2002（2）：58 - 63.

③ S. B. Linder. An Essary on Trade and Transformation [M]. New York：J. Wiley, 1961.

础，而收入水平差异又是决定各国需求结构差异的主要因素。人均收入水平高的国家通常需求高档的消费品和资本品，人均收入水平低的国家则通常需求较低档的消费品和一般的资本品。由此可见，人均收入水平的差异是国际贸易的潜在障碍。两国人均收入水平越接近，需求结构就越相似，则两个国家之间的潜在贸易量就越大。如果两个国家的需求结构差不多相同，那么，它们的消费者和投资者所需要的产品，就是性质和加工程度差不多相同的产品，因此，一个国家可能进出口的商品也是另一个国家可能进出口的商品。该书认为，即使不同地域之间要素禀赋条件及生产函数并无不同，但由于需求偏好的区际差异也可引致互利的贸易。该书指出，许多国家相互出口的往往是种类相同，但品牌不同的产品。它们从国际贸易中获得的利益在多数情况下表现为消费者由于买到了所希望的特定品牌的工业品而获得了效用，因此，产业内贸易可以得到解释。在这类贸易中，产品差异化具有重要作用。产品差异化是指，在同类商品或服务中，厂商通过质量、功能、款式、品牌、广告、售后服务等环节的努力使自己经营的产品具有某种特色。它与不完全竞争，尤其是垄断竞争相联系。在垄断竞争的市场中，产品之间的类似性会使它们互相替代的可能性增大，从而导致竞争；而产品之间的差别性则导致一定程度的垄断。产品差异程度越高，产品的可替代性越小，产品的需求价格弹性越低，其结果是厂商可以在一定程度上控制产品的价格。而这是以完全竞争为假设前提的传统贸易理论所无法解释的。实际上，这类比较优势体现为消费者对这类产品差异性的满意程度。

2. 规模报酬递增与产品差异性

在20世纪80年代以前，大多数经济学家都认为大卫·李嘉图的比较优势理论是对亚当·斯密的绝对优势理论的发展，并把绝对优势理论看作是比较优势理论的一个特例。1977年，迪克西特和斯蒂格利茨（Dixit and Stiglitz）联名发表了一篇题为《垄断竞争与最优产品多样化》（*Monopolistic Competition and Optimum Product Diversity*）的论文。他们认为，即使两国的初始条件完全相同，没有大卫·李嘉图所说的比较优势，但如果存在规模经济，则两国可以选择不同的专业，从而产生内生的（后天的）绝对优势。也就是说，他们可以找到一些例子，有亚当·斯密所说的源自专业化的绝对优势，但是却没有大卫·李嘉图所说的比较优势。可见，在某种条件下，大卫·李嘉图的比较优势概念不能包含亚当·斯密的绝对优势概念。因此，亚当·斯密的劳动分工理论可能比大卫·李嘉图的比较利益论更具一般性。迪克西特和斯蒂格利茨认为，规模经济和多样化消费之间存在两难冲突，简称D-S模型。在D-S模型中，从生产者的角度考虑，由于生产中存在规模经济，产品的品种应是越少越好；但从消费者的角度考虑，由于消费者喜欢多样化的产品供给，产品的品种应越多越好，这就要求在二者之间达到适度的平衡。迪克西特和斯蒂格利茨认为，若人口规模扩大或可用资源增加，则市场可折中这种两难冲突，达到某种垄断竞争的均衡，这个均衡虽然只是次优的，但是它却在垄断不可避免的约束下能将消费者的净福利最大化。由于国际贸易能增加整个世界市场的规模，就使得折中这种两难冲突的空间加大，所有人都将有更多机会消费更多样化和更廉价的产品。在这个模型中，不存在大卫·李嘉图所说的先天比较优势，但是，由于规模经济的存在，如果人们后天选择不同的专业，则亚当·斯密所说的后天比较优势就会出现。

保罗·R. 克鲁格曼（Paul R. Krugman）正是看到 D - S 模型分析国际贸易的潜力，率先将其应用于国际贸易理论的研究之中。他建立了一个主要由规模经济而不是由比较优势或要素禀赋差异引致贸易的模型，认为对规模经济报酬递增的研究应成为贸易理论的核心。1981 年，保罗·R. 克鲁格曼发表了《产业内专业化分工与得自贸易的利益》（*Intraindustry specialization and the gams from trade*）一文，进一步对要素禀赋相似国家之间的贸易、相似产品之间的贸易及贸易的收入分配效应等进行了考察，并建立了贸易模型。克鲁格曼通过考察得出结论：当国家间越来越相似，市场结构从完全竞争变为不完全竞争，达到规模报酬递增阶段的时候，规模经济就取代要素禀赋的差异，成为推动国际贸易的主要原因。这样，该模型从根本上打破了传统贸易理论中完全竞争假定和规模收益不变假定，使国际贸易理论取得了新的重大进展。

1985 年，赫尔普曼和保罗·R. 克鲁格曼合作的《市场结构和对外贸易》（*Market Structure and Foreign Trade*）一书出版，它被誉为国际贸易理论方面的重大突破（迪克西特，巴格瓦蒂），标志着新贸易理论趋于成熟。[①] 该书综合了各种新的贸易理论，提出了一个系统的分析框架，从而把新贸易理论提升到基础理论的高度，使其适用性进一步增强。该书提出的一个贸易模型不仅导入了规模经济因素、产品差异因素，符合垄断竞争假设的条件，而且兼容了传统比较优势，从而使新贸易理论更一般化，解释面更宽、解释力更强。该模型表明，第一，产业间贸易是建立在比较优势和要素禀赋基础之上的，劳动力资源丰富国之所以成为劳动密集型产品的净出口国和资本、技术密集型产品的净进口国，起决定作用的主要因素仍然是比较优势。第二，产业内贸易则是建立在规模经济和产品差异基础上的，即使两国具有同等的技术水平和相同的资本—劳动比率，两国同产业的厂商仍将生产异质产品，消费者对外国差异制成品的需求仍将引致产业内贸易。由于对规模经济的追求，贸易双方一般只能生产种类有限的产品，然

① 赫尔普曼，保罗·R. 克鲁格曼. 市场结构和对外贸易（中译本）（前言）[M]. 上海：上海三联书店，1993.

后，通过产业内贸易来增进双方的社会福利。第三，以比较优势为基础的产业间贸易和以规模经济、产品差异为基础的产业内贸易是可以共生并存的。

应该强调的是，在产业内贸易中，各国的比较优势主要表现为公司的特定比较优势，而不像产业间贸易那样，先表现为国家的比较优势。公司的特定优势是一个公司相对于其他竞争对手所具有的垄断优势，主要有两类：一类是知识资产优势；另一类是规模经济优势。知识资产包括技术、管理与组织技能、销售技能等一切无形技能。公司拥有并控制了这些知识资产，就能生产出差别产品到国际市场上进行竞争。同时，这类公司通常也容易迅速扩大生产，获得规模经济效益，增强国际竞争能力。无论是发达国家还是发展中国家，从生产规模化和多样化中获得的利益明显地表现在两个方面：一是生产效益将依赖于规模优势而不断提高；二是消费者可以从产品多样化或更便宜的价格水平中得到更大满足，从而提高社会福利水平。这表明，产业内贸易比较优势更多地依赖于规模经济导致的规模报酬递增，以及产品创新等动态性比较优势。

2.1.2.2 公司内贸易理论

跨国公司的内部国际贸易简称为公司内贸易（intra - firm）。公司内贸易是指，跨国母公司与其国外子公司之间，以及国外子公司相互之间在产品、技术和服务方面的交易关系。第二次世界大战后，公司内贸易量快速增长，并在国际贸易中占有重要的份额，因而成为人们研究和关注的一个热点。在国际贸易理论框架下，跨国公司建立内部市场取代外部市场交易的根本原因，是市场结构的不完全性和知识产品的特点所带来的交易成本的节约，并由此可以获得公司统一控制权。

亚当·斯密在《国富论》中讨论了企业内分工导致生产工具改进和生产率的提高；罗纳德·H. 科斯（Ronald H. Coase）认为，科层组织"企业"能够促进内部分工；艾尔弗雷德·D. 钱德勒（Alfred D. Chandler）设计的 M 型企业内分工的高度发展，能够对技术的开发提供企业组织的制度保障，这种专业化的研究与开发（R&D），比原始的个人发明和创造迈进了一大步，具有明显的制度优势。诺斯（North，1990）先把技术创新和制度创新联系起来，并把技术创新最终归结为产权制度对技术创新激励的结果："取决于一个驱动模型和激励结构的存在"，并认为贸易由制度启动。拉坦（Ruttan，1989）深入考察了企业制度对技术创新的传导机制，认为美国工业的规模经济更多的是制度创新的产物，而不是技术变迁的结果。

而较为全面的论述企业内贸易理论的当属罗纳德·H. 科斯（Ronald H. Coase）的企业起源和规模均衡理论以及 P. J. 巴克利（P. J. Buckley）、M. 卡森（M. Casson）、A. M. 拉格曼（A. M. Rugman）的内部化理论。

1937 年，罗纳德·H. 科斯在美国发表的《企业的性质》（*The Nature of the*

Firm）一文中，提出了企业均衡规模和市场交易内部化思想。他认为，企业和市场是两种不同但又可相互替代的交易制度。市场的交易是由价格机制来协调的，而企业的存在则将许多原属于市场的交易内部化了。通过公开市场进行交易是有成本的，即交易成本，包括交易当事人为交易支付信息成本和谈判履约成本及承担由经济人行为而带来的不确定风险，以及因不完全契约引起纠纷所可能带来的损失。罗纳德·H. 科斯认为，企业之所以存在，或者说它之所以可替代市场来组织生产，关键是它可通过内部化来节省交易所致的交易成本。但这并不意味着企业越大越好，因为企业运行也是有组织成本的，且组织成本一般会随着企业的规模扩张而水涨船高。当企业的组织成本低于市场的交易成本时，人们会以企业规模的扩大来代替一部分市场。但当企业再多"内化"一项市场交易而引致的组织成本等于此项"内化"所节省的交易成本，也等于别的企业为"内化"这项市场交易而支付的组织成本时，企业就达到一个均衡规模。企业的扩大必须达到这一点，即在企业内部组织一笔额外交易的成本等于公开市场完成这笔交易所需的成本，或者等于由另一个企业家来组织这笔交易的成本。此时，内部化的边际收益等于内部化的边际成本。罗纳德·H. 科斯的这些观点当时并未引起人们的广泛注意。直到 20 世纪 70 年代，英国学者卡森和巴克利将这一原理应用于分析国际直接投资，提出国际直接投资的内部化理论之后，罗纳德·H. 科斯的思想才引起人们的广泛兴趣。罗纳德·H. 科斯的企业起源和规模均衡理论也被称为新厂商理论。这较好地解释了跨国公司为什么不利用现存的世界市场同其他国家的企业交换产品，实现各国企业之间的国际分工，而是通过对外直接投资建立企业内部市场，通过企业内部贸易协调公司的国际分工。

交易内部化，是用来说明跨国公司对外投资动机的一种因素。邓宁和诺曼（Dunning and Norman）把经济交易分为若干个类型，用所有权优势、区位优势以及内部化优势来分析和解释公司内贸易。跨国公司将其拥有的优势内部化的主要动机是为了避免世界外部市场不完全性对公司跨国经营产生不利影响，并保持和充分利用公司技术创新方面的垄断领先地位。巴克利等强调了中间品的特殊属性和市场的不完全性。J. H. 邓宁则认为，外部市场对中间品和最终产品来说都是不完全的，都存在这样或那样的交易障碍。这里的市场不完全（market imperfection）是指，由于市场失灵以及某些产品的特殊性质或垄断因素的存在，而导致企业参加市场交易的成本上升。J. H. 邓宁把市场失灵分为两类：一类为结构性的市场失灵，具体表现为东道国政府的限制（如关税壁垒和非关税壁垒引起的市场失灵），以及知识资产的特殊属性所导致的外部市场的"发育不良"；另一类是交易性的市场失灵，主要是指外部市场因交易成本畸高而引起的市场失灵，如交易渠道不畅、信息成本高、成交效率低、不履约风险大等状况。较高的交易成本或市场失灵为企业进行内部化提供了动力。跨国公司正是按此逻辑，通过建立FDI 的内部市场来替代外部市场的。正如拉格曼所说："内部化市场是企业在内部建立一个市场的过程，以企业内部市场取代缺少的（外部）市场，……企业的内部价格（或机会价格）润滑着这一机制，使内部市场足以像潜在的（未能实现的）正常市场一样发挥作用。"① 巴克利和卡森认为，内部化也必须支付代价，即内部化成本。但只要 FDI 的内部化收益超过了国际外部市场的交易成本和FDI 的内部化成本。在这一点上，内部化理论与科斯的新厂商理论可谓一脉相承。对于某些产业来说，公司内贸易所带来的潜在利益很大，公司通过"合同性安排"来采购所需的投入并销售其产出，以避免使用交易成本很高的外部市场。因此，公司内贸易反映了公司存在回避外部市场的动机，跨国公司内部贸易成为弥补外部市场缺陷的重要组织安排的结果。

可见，通过公司内贸易，跨国公司获取了在公司内部协调国际经济活动的力量，以内部市场取代外部市场，降低了交易成本，从而使其能根据各国生产要素的比较优势在全球范围内构建起生产、销售、供应的分工体系，以达到生产要素配置优化的目标。

2.1.2.3 比较优势概念内涵的分析和比较优势理论的局限性

产业间贸易理论、产业内贸易理论和公司内贸易理论的发展为各国（地区）参与国际分工与国际贸易提供了理论指导。比较优势作为各国参与国际分工与国际贸易的依据和条件，随着国际贸易理论的发展，其概念内涵得到进一步拓展。在古典贸易理论中，比较优势源于各国劳动生产率的差异，比较优势的含义是劳动的比较成本；在新古典贸易理论里，比较优势源于各国（区域）生产要素相对禀赋的不同，以及不同商品生产在要素使用密集型上的差别，比较优势的含义是总要素的比较成本。传统比较优势理论强调比较优势的先天性和静态性。例如，大卫·李嘉图模型中的先天性的技术比较优势、H－O 模型中的资源禀赋比较优势，它们都是传统比较优势理论中产生国际贸易的推动力。这些比较优势理论需要在一系列严格的前提假设下才能成立，包括规模报酬不变、完全竞争、产品无差别、技术水平不变、要素质量相同及要素数量保持固定不变、要素在两国之间完全不流动、不需要考虑需求差别、无交易成本、实行自由贸易等，显然这些前提假设与现实经济有所背离。这是传统比较优势理论无法全部解释当代国际贸易格局的一个主要原因。

---

① A. M. Rugman. Inside the Multinationals：The Economics of International Markets［M］. Croom Helen Ltd，1981.

新贸易理论强调比较优势可以后天创造，因而比较优势具有动态性。新贸易理论中研究的规模经济、技术进步、产品差别等，都可以创造新的比较优势。如克鲁格曼、斯蒂格利茨等创立的规模经济贸易理论，认为内部规模经济和外部规模经济导致规模报酬递增，从而产生新的比较优势。而正因为比较优势可以后天创造，因而可以"无中生有"，依靠人们的努力，创造新的比较优势，从而可以通过国际分工与国际贸易获得更多的比较利益。人们越来越注意到，在世界市场上，要素禀赋类比较优势在国际竞争中的重要性在下降，而后天创造的比较优势的重要性在上升，因此，促进经济主体持续创造比较优势的动力和能力的制度安排，对一个国家获得更多的比较利益是非常重要的。

由上面分析可知，虽然产业内贸易理论已将比较优势的研究从国家层面部分地引向了对微观企业行为（如品牌战略等）的探讨，公司内贸易理论讨论了从以内部市场取代外部市场、降低交易成本角度来保持企业垄断地位的问题，但是，主流国际贸易理论主要还是从宏观角度来探讨比较优势、比较利益和经济发展问题。然而，国际竞争的实质是各国企业在国际市场上的竞争。企业设计、生产和销售产品与劳务的能力决定其在国际竞争中的地位高低，也就是说，实现资产转化、完成竞争过程的主体是企业。但国际贸易理论并没有把企业纳入其分析框架。迈克尔·E. 波特的竞争优势理论从企业参与国际竞争这一微观角度来解释国际贸易现象，正好弥补了主流国际贸易理论的不足。

2.1.3　迈克尔·E. 波特的国家竞争优势理论

20 世纪八九十年代，美国哈佛大学商学院教授迈克尔·E. 波特（Micheal E. Porter）先后出版了《竞争战略》（*Competition Strategy*）、《竞争优势》（*Competitive Advantage*）、《国家竞争优势》（*The Competittive Advantage of Nations*）三本著作，引起了西方经济学界和企业界的强烈反响。在《竞争战略》中，他提出了企业获取竞争优势的三种战略，即成本领先战略、差别化战略和目标集聚战略。在《竞争优势》中，迈克尔·E. 波特创立了价值链理论，认为企业竞争优势的关键来源是价值链的不同。而在《国家竞争优势》中，迈克尔·E. 波特从企业竞争优势、产业竞争优势出发，扩展到分析国家竞争优势问题，认为竞争优势状况在各国企业、产业、产品上的体现是千差万别的，将局部的企业竞争优势、产业竞争优势、产品竞争优势整合为整体竞争优势，就是国家竞争优势。迈克尔·E. 波特的国家竞争优势理论对当代国际贸易竞争的方式和内容进行了深入研究，并提出了"国家钻石理论"，从而推动了国际贸易理论的进一步发展。

2.1.3.1 国家竞争优势理论内容

迈克尔·E. 波特认为，一个国家兴衰的根本在于能否赢得国家竞争优势，而赢得国家竞争优势的关键则在于是否具有适宜的创新机制和充分的创新能力。[①] 创新机制可以从微观层面、中观层面和宏观层面阐述。（1）微观竞争机制：国家竞争优势的基础是企业内部活力，企业缺乏活力或不思进取，国家就难以树立整体优势。（2）中观竞争机制：企业的创新涉及产业发展与区域发展。企业经营过程中的升级，有赖于企业的前向关联产业、后向关联产业和旁侧关联产业的辅助与支持。（3）宏观竞争机制：如何把企业、产业、产品等的局部优势整合为国家竞争优势，政府行为起到一定的作用。

迈克尔·E. 波特认为，一个国家的竞争优势由生产要素、需求条件、相关产业与支持性产业和企业战略结构与同业竞争四个关键因素决定。这四个关键因素之间的关系呈菱形，似钻石，迈克尔·E. 波特称其为“国家钻石”（state diamond），[②] 即著名的钻石理论，见图 2-1。

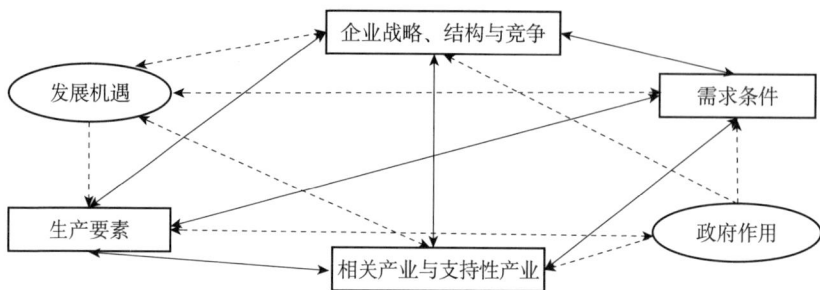

图 2-1　迈克尔·E. 波特的国家钻石模型

资料来源：Micheal E. Porter. The Competitive Advantage of Nations ［M］. London：The Macmillan Press，1990.

具体来讲：

1. 竞争优势来源于生产要素

生产要素主要包括，自然资源、人力资源、知识资源、资本资源和基础设施。迈克尔·E. 波特还提出一种要素的分级系统，这种分级将要素区分为初级生产要素和高级生产要素、一般性生产要素和专业性生产要素。初级生产要素是指，不需要进行开发活动或仅需要相对来说比较少的、简单的社会和私人的投入（例如，某些自然资源、气候条件、半熟练劳动力和不熟练的劳动力、地理位置

①②　Micheal E. Porter. The Competitive Advantage of Nations ［M］. London：The Macmillan Press，1990：71-125。

以及借入资本等）；而高级生产要素则是指，通过投资和发展而创造的要素，包括受过高水平教育的人员和现代化的电信通信基础设施。迈克尔·E. 波特认为，一个国家的真正竞争优势主要来源于经过不断地、大量地投资、创新和升级所取得的高级生产要素和专业性生产要素。初级生产要素的重要性，因对其需求的下降和容易得到而不断下降。而且，由于丰富的天然资源会促使一国简单地利用这种优势，而不去想办法提升这些要素；而要素劣势反而会迫使企业想办法充分利用和提升要素质量。因此，拥有初级生产要素优势的国家由于对其的依赖反而使其国际竞争力下降。当然，要将要素劣势转化为优势需要具备一定的条件。

可见，迈克尔·E. 波特继承了传统比较优势的思想并从两方面对其进行了修正。第一，迈克尔·E. 波特认为，一个国家的要素禀赋在决定一个国家的竞争优势方面所起的作用要比通常所认为的更复杂。第二，迈克尔·E. 波特认为，要素是动态的，因而可以被升级、被创造以及被特定化。他的结论是，很少有要素是真正通过继承取得的，它们通常是投资的产物。他还假定要素方面选择性的劣势可以通过具有影响力的战略和刺激性的发明来为一个国家产业的成功做贡献，从而他完全颠覆了要素禀赋作为竞争优势来源的古典国际贸易思想。

2. 竞争优势来源于苛刻的市场需求

本国需求状况对一个国家竞争优势具有很大作用。迈克尔·E. 波特认为，市场的需求结构对国际竞争优势建立的影响有三点：一是本国市场上有关产业的产品需求若大于海外市场，则拥有规模经济，有利于该国建立该产业的国际竞争优势；二是若本国市场消费者需求层次高，则对相关产业取得竞争优势有利，因为消费者对本国公司会产生一种促进产品质量、性能和服务等方面改进的压力；三是若本国公司对本国消费者预期需求反应迟钝，则不利于该国国际竞争力提升。迈克尔·E. 波特认为，林德尔的收入相似理论尚无法说明偏好相似的国家间的贸易流向。即便是需求结构相似的国家，仍然存在各自特有的需求特点，而正是这些需求的差异之处，使不同国家在不同产品或产业上具备了竞争优势。

3. 竞争优势来源于相关产业与支持性产业

迈克尔·E. 波特认为，以国内市场为基础的供应商的投入会以三种重要方式对下游公司产生优势：第一，供应商可以使下游产业早期、容易、迅速地逼近尽可能低的成本；第二，以国内为基础的供应商可以提供一种不断发展中的协调优势，供应商可以尽早获得对下游公司需求的深入了解并相应地修改其产品计划；第三，下游公司也能够调整其战略计划，利用供应商发明创新的优势。因此，迈克尔·E. 波特认为，一个产业若要形成竞争优势，就不能缺少一流的供应商，而且彼此之间必须维持紧密的合作关系。如果在一个国家的一定区域内能为某个产业聚集起健全而且具备国际竞争力的相关产业和支持性产业,从而形成强大的产业集群,则不仅有利于降低交易成本,而且有助于改进激励方式,改善创新条件,因而更容易形成竞争优势。

4. 竞争优势来源于企业竞争战略、组织结构和激烈的同业竞争

各国企业的目标不同,企业的竞争战略和组织结构不尽相同,跨国企业与国内企业比较,具有企业竞争战略优势,跨国企业的发展无疑也是国家竞争优势的来源。国内市场的竞争程度,对该国企业取得国际竞争优势有重大的影响。世界上最成功的企业,都与激烈的国内竞争密切相关。国内竞争的存在会对企业形成强大压力,迫使企业改进技术、进行创新并寻求更多的可持续竞争优势的来源,从而有利于该国国际竞争优势的形成。

此外,一个国家的发展机遇和政府作用,对国家竞争优势的形成起辅助作用。迈克尔·E. 波特认为,政府在保持产业竞争优势方面的作用是从属性的。政府政策仅在那些决定国家优势的关键因素已存在的产业中才能保持有效。他注意到,政府政策可以加速或增加获得竞争优势的可能性(延迟或减少这些可能性),但在没有其他有利条件的情况下,政府政策缺少创造优势的力量。例如,第二次世界大战后,西方经济的复苏,就为日本的发展提供了充足的资本、技术和市场容量,而政府及时采取的产业结构、产业组织及技术政策,对于日本各时期主导产业的形成和及时转换,也起了不可低估的作用。在私人企业为主体的市场竞争中,"钻石"因素的作用更为重要,政府不能建立具有竞争力的产业,产业竞争力主要靠企业自身来创造,政府的作用是建立有利于培养竞争优势的外部环境。

迈克尔·E. 波特强调,产业的竞争优势是国内各关键因素彼此长时间强化而衍生出来的,任何一个关键因素弱化都会影响产业升级的潜力。他认为,菱形的钻石体系以四大关键因素为支撑点,彼此环环相扣,组成动态的竞争模式,描绘了各国建立、提升产业竞争优势的实际进程。

2.1.3.2 对国家竞争优势理论的分析和评价

迈克尔·E. 波特的钻石理论,对一个国家提高其产业国际竞争优势有重要的指导意义和借鉴作用。迈克尔·E. 波特的国家竞争优势理论的贡献,主要体现在以下三点。

第一,迈克尔·E. 波特的研究历程是从企业到产业再到国家,与基于比较优势的国际贸易理论研究从宏观到中观再到微观的路径正好相反,由此产生的不同视角使国家竞争优势理论相对于比较优势理论有所创新。而且,主流国际贸易理论较多从宏观角度来探讨竞争力和经济发展问题,并且已经取得很多成果,但

微观层面涉及较少。但是，无论是以商品出口或服务出口的方式，还是以对外直接投资的方式参与国际竞争，企业是竞争主体，国际竞争力的基础是企业的国际竞争力，因此，必须致力于企业竞争优势的强化，把国家层面的比较优势转化为企业层面的比较优势。迈克尔·E. 波特认为，国家竞争优势是由一个国家局部企业竞争优势、产业竞争优势和产品竞争优势整合而成的。因此，国家竞争优势理论以企业为研究主体，从微观层面展开详细分析，填补了这个领域的研究空白，实现了宏观层面比较优势的微观细致化，是对当代国际贸易现实的逼近。

第二，迈克尔·E. 波特的钻石理论，从微观内因（生产要素、企业战略结构与同业竞争）、中观外因（相关产业与支持性产业）和宏观外因（需求条件）三个方面分析了影响国家竞争优势的四个关键因素。与主流国际贸易理论相比，迈克尔·E. 波特深入分析了企业战略、企业结构、国内竞争以及产业集群对企业竞争优势的影响，为世界各国比较优势的发挥和企业竞争优势的强化提供了有益的思路。

第三，迈克尔·E. 波特基于 10 个国家、多个产业的研究，提出了一套丰富而清晰的竞争方法，并为企业提供了一系列有相当启发性的思路和案例，对各国企业发展有较大的指导意义。

但是，迈克尔·E. 波特的国家竞争优势理论也存在缺陷，至少有以下两点。

第一，迈克尔·E. 波特的国家竞争优势理论对发展中国家的国家竞争优势、产业竞争优势和企业竞争优势的解释上还存在局限性。例如，其一，在钻石理论模型中，迈克尔·E. 波特将生产要素区分为初级生产要素和高级生产要素，并认为初级生产要素丰富反而不能提高甚至会降低国际竞争力，要求大力开发高级生产要素。这对创新能力较强的发达国家可能是正确的结论，但对大多数发展中国家来说，基于相对成本的因素，若以高级生产要素开发和培育来和发达国家竞争可能难以发挥其比较优势，实证分析表明，目前，大多数发展中国家有国际竞争优势的产业较多的仍然是初级生产要素丰裕的产业。其二，在迈克尔·E. 波特的国家竞争优势理论中，把政府作用视为一个辅助因素。但是，对于发展中国家来讲，由于生产力发展水平较落后，一些产业的竞争优势需要政府扶持。事实也表明，政府直接投资建立某些关键产业能够形成竞争优势。例如，土耳其的钢铁产业就是政府在第二次世界大战后建立并负责经营管理的，现在，在中东欧地区有明显的竞争优势。因此，对发展中国家而言，可以把政府作用作为决定发展中国家竞争优势的第五个关键因素。其三，迈克尔·E. 波特的国家竞争优势理论视体制因素为给定前提而没有予以关注，认为"看不见的手"能有效地配置资源，因而削弱了其对体制转型中的国家的指导意义。因此，迈克尔·E. 波特的国家竞争优势理论虽然有许多富有启发意义的观点，但有些结论并不适合解释发展中国家的情况。

第二，迈克尔·E. 波特的国家竞争优势理论没有考虑市场交易问题。比较利益要通过市场才能获得，而迈克尔·E. 波特的钻石理论并未考虑市场交易对企业的影响，较多研究生产成本，没有涉及交易成本（传统比较优势理论和新贸易理论也都假定交易成本为零）。然而，在现实经济生活中，人类的经济行为有两个基本层次，由此产生两种成本。其一是人与自然发生关系的生产活动层次。由于资源的稀缺性，经济学在这个层次上主要研究如何通过资源的优化配置生产出更多财富的问题。为了满足自身的各种需要，人类必须耗费一定的人、财、物，由此产生人类利用自然的生产成本。其二是人与人发生关系的交易活动层次。因为人的机会主义行为倾向、不确定性以及与其伴生的风险在交易过程中无处不在，又由于人并非完全理性，所以，交易的当事人就必须为交易支付信息成本和谈判履约成本，必须承担由经济人行为而带来的不确定风险以及因不完全契约引起纠纷所可能带来的损失等交易成本。交易成本与生产成本共同构成人类经济活动的总成本。交易当事人要获得比较利益，必须为交易支付成本。正如生产任何一种物品都需要有一定的要素投入一样，任何一项交易活动也需要交易成本。如果交易盈余不变而交易成本很高，即交易效率很低，迈克尔·E. 波特所讲的竞争优势仍并不一定可获得比较利益。也就是说，比较利益的"获得"还需要有一个关键条件，即要有一定的交易效率与之配合。发达国家和发展中国家之间的贸易量远远小于发达国家之间的贸易量，这种现象产生的真正原因在于，发展中国家的交易效率要比发达国家的交易效率低。

2.2　对外直接投资的贸易效应

对外直接投资在迅速发展，那么，对外直接投资会产生怎样的贸易效应呢？是投资替代贸易效应？还是投资创造贸易效应？还是其他效应？解释这些经济现象的理论，也在不断地得到补充和完善。代表性的有罗伯特·A. 蒙代尔的贸易替代效应理论、小岛清·K. 的贸易创造效应理论、彼特·J. 巴克莱等的内部化理论等，这些理论都产生了深远的影响。其中，和贸易效应有关的且最具代表性的理论，是罗伯特·A. 蒙代尔的贸易替代效应理论和小岛清·K. 的贸易创造效应理论。

2.2.1　贸易替代效应

投资的贸易替代效应最有影响和代表性的理论，就是罗伯特·A. 蒙代尔（Robert A. Mundell）的投资的贸易替代效应理论。罗伯特·A. 蒙代尔在 1957 年发表的文章中提到贸易和投资之间存在紧密的联系，且这种联系是一种替代关系。①

　　罗伯特·A. 蒙代尔从传统的赫克歇尔—俄林理论的两个国家、两种要素和两种产品的分析框架出发，假定：（1）A 国是资本要素丰富的国家，B 国是劳动力要素丰富的国家；（2）在国际贸易中，两国以各自的比较优势生产相应的产品，即 A 国集中生产资本密集型产品 a，B 国集中生产劳动密集型产品 b；（3）A、B 两国具有相同的生产函数。在自由贸易条件下，两种商品在两国间自由流动。A 国出口产品 a，进口产品 b，B 国则相反。在实现了贸易平衡的状态下，A、B 两国的资本的要素报酬率和劳动力的要素报酬率是相等的，因此，不存在资本跨国流动的必要。但是，当两国间存在关税等阻止自由贸易的障碍时，情况就不同了。假定 B 国对来自 A 国的进口商品 a 征收高关税，这势必提高 a 商品在 B 国的价格，并刺激 B 国 a 商品生产部门生产规模的扩大。伴随而来的是，B 国生产 a 商品所需的相对稀缺的资本要素的国内需求量上升，B 国的资本要素价格上涨，从而提高了 B 国的资本要素报酬率。在 B 国资本要素高利润回报的吸引下，A 国的资本将通过对外直接投资等方式流入 B 国，扩大 B 国商品 a 的生产规模。从整体上看，在 B 国对商品 a 需求不变的情况下，资本要素的流动并没有增加商品 a 的总产量，只是以 B 国 a 商品国内产量的增加替代了 A 国出口商品 a 产量的减少。也就是说，国际资本流动的结果，最终替代了国际贸易。

　　此后，其他文献也进行了大量研究。布雷纳德（Brainard，1997）从成本角度判断跨国公司的当地销售与出口呈替代关系，即在实现规模经济还是临近消费市场之间进行选择。培恩和威克林（Pain and Wakelin，2010）使用 11 个经济合作与发展组织国家 1971～1992 年的数据进行实证研究，发现对外直接投资（OF-DI）不仅在特定产业上，而且在总体上都是出口替代的。戈皮纳特（Gopinath，1999）以美国食品加工业对外直接投资的数据作为研究样本，将其对 10 个发达国家海外子公司 1982～1994 年的销售额结合年度出口额进行时间序列分析，结果显示二者呈现负相关，即出现对外直接投资的贸易替代效应。爱格（Egger，2001）采用面板数据方法研究欧盟成员国之间的贸易和对外直接投资的决定因素及其关系，研究结果表明两者之间是替代关系。赫尔普曼（Helpman，2004）基于 38 个国家的 52 个产业的数据，分析对外直接投资对出口贸易的作用，也得出了 OFDI 的贸易替代效应。项本武（2005）基于引力模型，采用合成数据回归方

---

①　Robert A. Mundell. International Trade and Factor Mobility［J］. American Economic Review，1957，47（3）：321－335.

法，对中国 1999～2001 年对外直接投资和对外贸易的关系分析，得到结论说明，中国对东道国的投资对于中国的出口有创造效应，但是对中国的进口有替代效应。伯格斯特兰（Bergstrand，2007）借助 2×2×2 国际贸易模型，在资本要素、劳动要素中加入知识要素对两个贸易伙伴国投资、贸易间的关联进行研究时发现，两个经济水平相同的贸易伙伴国之间，海外子公司的销售可完全替代母国相应产业的贸易。奥伯霍夫和普法弗迈尔（Oberhofer and Pfaffermayr，2012）使用欧洲企业数据，虽然样本选取遍布各地，行业不尽相同，但都得出：海外子公司和母国出口之间存在着负相关关系，结果均验证了贸易替代效应的存在。胡兵（2013）实证分析得出结论，认为对于发展中国家，中国的对外直接投资明显地对出口贸易起到了积极的正向效应，而对发达国家的直接投资则负向影响出口贸易，总体效应为负，即中国对外直接投资整体上呈现出微弱的贸易替代效应。丹尼斯和鲁尔（Daniels and Ruhr，2014）通过对不同运输成本的行业对外直接投资和贸易关系的分析，发现美国的海外直接投资和贸易流量之间存在替代关系，这与横向跨国企业活动相一致。

2.2.2　贸易创造效应

对外直接投资对外贸的创造效应，主要是指对外直接投资可以在母国和东道国之间创造新的贸易机会，扩大两国间的贸易规模。跨国公司进行对外直接投资，在对原有的产品贸易产生替代的同时，通常也会创造对其他产品（中间产品、技术）和劳务的需求，从而扩大母国和东道国之间的贸易。对外直接投资带来的成本优势和效率，也可能使产品返销回投资国，因而增加母国与东道国之间的贸易量。

最具代表性的理论，是小岛清·K.（Kojima K.）的国际直接投资的贸易创造效应理论。[①] 小岛清·K. 认为，对外直接投资不但是资本的流动，而且是包括资本、技术、经营管理的总体转移。对外直接投资并非生产要素的一般流动，而是由投资国特定产业中的特定企业向东道国同一产业中的特定企业（子公司、合办企业等）的要素转移。投资国与东道国之间的技术差距越小，技术就越容易转移、普及和固定下来，对外直接投资的实质就是先进生产函数的转移和普及。在此基础上，结合日本的实践经验，小岛清·K. 认为，投资国的对外直接投资应从本国处于比较劣势的边际产业开始依次进行：对外直接投资的产业的技术和东

---

① Kojima K. A Macroeconomic Approach to Foreign Direct Investment [J]. Hitotsubashi Journal of Economics，1973，14（1）：1－21.

道国相应产业技术的差距越小，就越容易为东道国所吸收和掌握，进而就可以把东道国潜在的比较优势挖掘出来，如此，东道国便可以利用本国的比较优势和投资国的技术优势扩大生产并促进出口贸易规模的提高。同时，投资国也可通过边际产业的转移而保留和发展本国具有更大比较优势的产业，并集中精力创造和开发新的技术和比较优势，既实现了国内产业结构升级，又通过进口满足了本国的需求，促进了两国间贸易规模的扩大。由此可见，国际直接投资并不是对国际贸易的简单替代，而是可以创造和扩大对外贸易。

此后，其他学者也进行了大量研究。赫尔普曼（Helpman，1984）假定跨国公司特有的资产，比如，营销能力、管理能力和产品开发能力，可以以总部服务的形式为海外子公司服务，并建立包括贸易的一般均衡模型。他得出结论，利用两国之间存在的资源禀赋差异，跨国公司可以进行垂直的对外直接投资。即出口本国要素有优势的产品，进口本国要素处于劣势的产品，投资也就促进了贸易。格鲁伯特和穆蒂（Grubert and Mutti，1991）就美国 1982 年在 33 个国家的海外生产数据进行了分析，将子公司销售、GDP、距离、税率和投资政策等因素与当年美国对相应国家的出口进行线性回归，得出贸易互补的结论。普法弗迈尔（Pfaffermayr，1996）利用奥地利制造业的时间序列数据，实证发现，对外直接投资和出口之间存在重要的互补关系。海德和赖斯（Head and Ries，2001）利用来自日本公司 22 年的数据，研究对外直接投资对于对外贸易的影响。所有样本分析结果表明，对外直接投资与贸易互补。胡昭玲和宋平（2012）运用动态向量自回归（VAR）模型和格兰杰因果关系检验对中国对外直接投资与对外贸易现状进行实证研究，认为中国对外直接投资与进出口之间存在格兰杰因果关系，对外直接投资的贸易效应是贸易创造效应。但这种贸易创造效应还极为有限，并且提出建议，要积极发展对外直接投资，并发挥其与贸易的良性互动关系。王恕立和向姣姣（2014）利用 2003～2013 年中国对 45 个国家和地区的直接投资及进出口贸易的实证数据研究结果表明，中国境外直接投资对进出口贸易具有显著的创造效应，而且，反向进口效应大于出口引致效应。R. 基亚皮尼（R. Chiappini，2016）研究对外直接投资与日本进出口之间的关系，利用引力模型和泊松伪极大似然估计方法研究发现，对外直接投资对贸易有创造效应。这种关系在日本制造业中占主导地位，特别是在食品和饮料、电机、初级金属和精密机械行业。乔晶和胡兵（2015）运用倾向得分匹配和倍差法考察与制造业相关的企业对外直接投资对出口产生的影响，发现中国对这些企业投资总体上呈现与出口间的互补效应。艾哈迈德和德拉兹（Ahmad and Draz，2016）运用 1981～2013 年东盟成员国 OFDI 和贸易出口的相关数据，采用线性回归、单位根检验和相关性检验的方法，研究发现 OFDI 和母国贸易出口的互补关系大于替代关系。范红忠和陈攀（2017）运用 2003～2014 年中国对全球 160 个国家的 OFDI 与出口等数据，利用扩展的贸易引力模型，从空间和时间两个维度上再次检验了中国 OFDI 的贸易效应，结果显示，中国对外直接投资具有显著的贸易促进效应，在控制了内生性的情况下，结果仍然非常显著。

2.2.3 投资贸易不确定效应

针对对外直接投资与对外贸易的关系，一些学者指出，两者并不是简单的替代关系或者互补关系，而是随着国别、企业类型等因素变化呈现出不单一、不稳定的关系。

尼莉（Neary，1994）建立了一个具体的要素模型，发现贸易的变化可能和要素流动存在一定的关系，这种关系是不确定的。戈德伯格和克莱因（Goldberg and klein，1999）分析了美国对拉丁美洲直接投资的数据，同样得到了贸易和投资不确定的关系，也就是说，美国对拉丁美洲的投资和贸易之间并没有产生紧密的联系。陈立敏（2010）提出，随着投资阶段的不同（国际化初期或国际化后期）、投资产业的不同（夕阳产业或朝阳产业）、投资国别的不同（发达国家或发展中国家）、投资动机的不同（市场寻求型或效率寻求型）、投资时效的不同（长期效应或短期效应）以及产品种类的不同（直接产品或关联产品），既有贸易创造效应，也有贸易替代效应。周昕和牛蕊（2012）利用中国对外直接投资时长 7 年的面板数据，分析了投资和出口的关系。该研究认为，中国对 40 个国家直接投资带来的贸易效应不仅具有替代效应，而且具有互补效应。张先锋、张杰和刘晓斐（2016）构建多元概率比（Probit）回归模型进行实证检验，研究发现企业出口可以促进企业对外直接投资，但对外直接投资也可能对企业出口起替代作用，不同企业类型对 OFDI 的影响也不同。

1. 不同国家类别方面

项本武（2007）利用中国对 49 个国家直接投资流量的面板数据，得出结论认为，投资和贸易之间关系不确定，并且是存在空间差异的。有的国家出口量比较大，对外直接投资会带来更大的出口促进效应；有的国家进口量比较大，对外直接投资就带来更小的进口抑制效应。柴庆春和胡添雨（2012）基于对东盟投资和欧盟投资的差异性考察发现，对外直接投资对进出口贸易具有促进作用，但促进效果不显著。并且，对外直接投资的贸易效应存在区域差异，对发展中国家投资的贸易创造效应大于对发达国家投资的贸易创造效应，对发达国家投资的主要目的是绕开贸易壁垒。张纪凤（2013）对中国对于 35 个国家 6 年直接投资的面板数据构建了混合回归模型。研究表明，中国对外直接投资对促进出口贸易具有重要作用。且无论是发达国家还是发展中国家，这种效应都存在。张海波（2014）综合测度了 71 个国家，从出口贸易品的技术含量角度出发，利用广义矩估计方法（GMM）分析投资的贸易效应。研究发现，对于发达国家来说，投资对贸易品技术含量的增加有显著的促进作用；对于发展中国家则相反，投资对贸易品技术含量的增加有抑制作用。田泽和许东梅（2016）基于 2008～2014 年的面板数据，分别运用优劣解距离法（TOPSIS）和动态面板回归，发现中国对中东地区投资的出口贸易效应同时存在替代效应和创造效应，但是对于不同的国家来说，差异性是很大的。林志帆（2016）使用 2003～2014 年中国对 155 个国家直接投资的面板数据分析发现，总体上投资带来的效应是微弱的。但是，分发展中国家和发达国家来看，对发达国家产生的是替代效应，对发展中国家产生的是创造效应，而且，这些影响在控制个体固定效应后就都不显著了。

2. 不同投资类型方面

马库森和维纳布尔斯（Markenusen and Venables，1995）通过分析认为，水平型的对外直接投资（OFDI）产生的是替代效应，即投资和贸易只要选择一样就可以，要么跨国公司在本国生产销售，要么投资建厂直接在东道国生产销售。蒋冠宏和蒋殿春（2014）对中国 1498 家境外直接投资的企业投资数据建模分析，发现投资后贸易额有先上升、再下降的趋势，总体上呈现促进的关系。其中，商贸服务型对外直接投资的出口效应最明显，并且，企业投资高收入国家的出口效应明显高于中低收入国家。全诗凡和徐清（2015）利用 146 个东道国对外直接投资 7 年的样本数据，分析了中国对外直接投资带来的出口效应，得出的结论认为，中国对高收入国家的投资是水平型的，带来的是轻微的替代效应；中国对中收入国家和低收入国家的投资是垂直型的，带来的是创造效应。焦晓松（2016）发现，中国顺梯度 OFDI 表现为资源寻求型和市场导向型，逆梯度 OFDI 表现为技术获取型，其中，技术获取型 OFDI 对出口结构优化升级的贡献最大，并且，逆梯度 OFDI 对各类商品出口的正向影响均高于顺梯度 OFDI。

3. 长短期贸易效应方面

布朗尼根（Blonigen，2001）提出，对外直接投资的贸易效应在时间长短上表现出不同的效应，即长期表现为贸易创造效应，而短期表现为贸易替代效应。俞毅和万炼（2009）利用 25 年的数据构造向量自回归（VAR）模型得出结论：中国对外直接投资对初级产品的出口和工业制成品进口的长期贸易具有替代效应,对初级产品的进口和工业制成品出口的长期贸易具有创造效应。短期内,投资的贸易效应不明显。项本武(2009)利用中国对 50 个国家投资和贸易的面板数据,通过建立误差修正模型和协整模型,结果表明,投资和贸易之间有长期协整关系。这种关系在长期对贸易的影响较大,而在短期内,对进出口的替代效应不显著。章小三(2010)根据平稳性检验和协整检验也得出了一种长期均衡关系,这种关系存在于对外直接投资和商品出口规模之间。同时,投资带来的出口效应在长期内是创造效应,在短期内是替代效应。

4. 不同产业类别方面

李文(2008)从中国企业的数据出发,针对三大产业分别进行分析得到的结论是,对第一产业直接投资带来的贸易创造效应最强,而对第三产业直接投资带来的贸易促进效应最弱。党远鸿(2009)同样从产业选择的角度考虑,提出中国对外直接投资带来的创造效应之所以不明显,是因为在产业选择上没有针对性。这一观点其实是说,对外直接投资的贸易效应在一定程度上也和产业类型有关。

此外,有关 OFDI 的贸易结构效应分析,中文文献从产业升级和技术进步等方面展开讨论。王英和刘思峰(2007)通过分析 1990~2005 年中国的 OFDI 数据和出口数据得出,OFDI 不仅促进了出口规模的增长,还促进了出口结构的优化。隋月红(2010)以及隋月红和赵振华(2008,2012)全面分析了 OFDI 产生的贸易结构效应。上述文献认为,产业结构、R&D、创新等相关因素的变化,将对一个国家的贸易结构产生重要影响。实证结果显示,中国对外直接投资对中国贸易结构的优化升级作用大于其他变量。马千里(2009)研究表明,中国对外直接投资通过改善外贸商品结构,利用发展加工贸易、优化调整贸易结构等方式,优化了中国的贸易结构。陈愉瑜(2012)通过截面数据应用时间序列模型和面板数据模型分别研究了对外直接投资的贸易结构效应,发现无论是对外直接投资流量还是对外直接投资存量,都对贸易结构产生了一定影响。李夏玲和王志华(2015)通过中国各省(区、市)对外直接投资的数据,同样得出贸易结构的优化升级和对外直接投资息息相关,有积极的促进作用。

2.3 中国与"一带一路"沿线国家贸易的影响因素

中国与"一带一路"沿线国家贸易往来日益密切,探究中国与"一带一路"沿线国家贸易的影响因素成为学界研究的热点。1962 年,丁伯根(Tinbergen)

提出贸易引力模型，将两国的经济总量和空间距离作为影响因素。1966 年，利尼曼（Linnemann）引入了人口变量。随着研究的深入，学者们不断引入新的解释变量，如是否属于同一个经济组织，是否有共同边界、关税、基础设施建设水平等。在对中国与"一带一路"沿线国家贸易的影响因素进行研究时，多数文献会将经济规模水平、市场规模、运输成本、贸易协定、制度环境等因素纳入考虑。如李晓钟等（2019）利用随机前沿引力模型和贸易非效率模型分析经济发展水平、人口数量、地理距离、金融自由度、基础设施质量、文化交流、贸易协定等因素对出口贸易的影响。还有一些文献研究了关税水平、基础设施建设水平等其他因素对国际贸易的影响。在经济全球化的今天，我们有必要对中国与"一带一路"沿线国家贸易的影响因素进行梳理和归纳，以挖掘现有研究的不足及今后可能拓展的方向。

1. 经济规模、市场规模、地理特征

经济规模通常用两国的国内生产总值来衡量，市场规模用人口总量来衡量，地理特征用两国首都的距离、是否有共同边界等来衡量。几乎所有文献在对中国与"一带一路"沿线国家贸易的影响因素进行研究时，都会将这三者考虑在内。杨青和张翠珍（2018）研究发现，中国与"一带一路"沿线国家的 GDP 会对双边贸易产生显著的正向影响，同时发现，贸易伙伴国的 GDP 对双边贸易的影响大于中国的 GDP 对贸易的影响。姚星等（2018）通过二次指派程序（quadratic assignment procedure，QAP）回归分析发现，1992 年和 2002 年的经济规模对"一带一路"沿线国家服务中间投入具有显著的正向影响，而 2013 年的影响不显著，人口规模一直具有明显的促进作用。木村·F. 和李·H. H.（Kimura F. and Lee H. H.，2006）认为，市场大小会直观地体现在人口规模上，两国的人口规模大小对贸易发展具有显著影响。地理特征包括两国的地理距离、是否有共同边界等。现有结论对地理因素影响的结论不一致。克里斯汀等（Christen et al.，2017）发现，经济发展水平和地理距离会对贸易产生显著影响。刘洪铎和蔡晓珊（2016）实证研究发现，是否具有共同边界、地理距离会显著影响贸易成本，从而影响贸易总额。万永彬（2019）研究发现，具有共同边界会促进中国与"一带一路"沿线国家的双边贸易，地理距离对贸易的影响也是显著的，但是在不同的回归模型中，正负号不一致，具有不稳定性。刘秀玲和陈浩（2020）发现，地理距离因素并不显著，认为地理距离对贸易无明显影响，技术进步使得运输成本下降，且因为互联网技术的成熟，许多贸易活动不再受地理距离限制，地理距离或已不再是影响贸易的阻碍因素。

2. 贸易便利性

提高中国与"一带一路"沿线国家贸易的畅通和便利，以降低贸易壁垒和贸易阻碍，是"一带一路"沿线国家贸易合作的关键。许阳贵和刘云刚（2019）采用美国传统基金会发布的经济自由度指数作为衡量贸易便利性的指标，研究表明，贸易便利性对国际贸易具有显著的正向影响。孔庆峰和董虹蔚（2015）采用《全球竞争力报告》（GCR）和《全球贸易便利化报告》（GETR）的数据，从4个维度（口岸与物流效率、海关与边境管理、规制环境、金融与电子商务）、22个指标对贸易便利化水平进行了全面测度。通过扩展的贸易引力模型发现，贸易便利化对国际贸易的促进作用大于进出口国家经济规模和关税减免等因素。张晓静和李梁（2015）也得出了类似结论。通过构建指标体系对贸易便利化水平进行测度，研究发现，贸易便利化水平对国际贸易影响较大。万永彬（2019）认为，"一带一路"倡议与世界贸易组织等以贸易自由化和投资便利化为核心的经济组织，对中国与"一带一路"沿线国家双边贸易具有促进作用。

3. 关税壁垒和非关税壁垒

关税具有增加财政收入和保护国家经济利益的作用。在国际竞争中处于优势地位的国家，一般采取自由贸易政策，采用低关税来提高资源配置效率。但是，在国际竞争中处于劣势的国家，通常利用关税抬高进口商品价格来实施贸易保护政策。孙金彦和刘海云（2016）、王丽丽（2017）、李萍（2018）等研究发现，关税水平对国际贸易具有显著的阻碍作用，关税壁垒仍然存在，但是随着全球关税水平的下降，非关税壁垒逐渐成为贸易保护的重要手段。梁琦和吴新生（2016）研究发现，各国的关税水平对国际贸易的负面影响正在趋于下降，但非关税贸易壁垒的阻碍作用已超过了传统的关税壁垒。

4. 区域贸易协定

区域贸易协定是为消除成员国之间的贸易壁垒，规范彼此间贸易合作关系而缔结的国际条约。因此，区域贸易协定可以明显降低成员之间的贸易壁垒。目前，许多研究文献已将区域贸易协定纳入分析体系中。方英和马芮（2018）指出，贸易协定是推动贸易发展的有利因素。王博（2019）实证研究也得出了类似结论，贸易协定是影响国际贸易的重要因素，其重要程度仅次于经济规模。但是，孙金彦和刘海云（2016）指出，与中国建立自由贸易协定（FTA）的国家在中国的贸易总量中所占的比例比较低，因此，贸易协定对国际贸易的影响还是有限的。

5. 制度环境

刘青峰和姜书竹（2002）将制度因素纳入分析系统，意外地发现贸易伙伴国之间的制度安排对双边贸易影响巨大。王丽丽（2017）指出，制度因素对双边贸易的影响具有一定的不确定性，取决于这两种力量的相对大小。但是，现有的实证研究大多表明，"一带一路"沿线国家开放的制度环境对双边贸易起促进作用。龚新蜀等（2016）和刘秀玲等（2020）都通过实证研究发现，自由的经济制度、良好的制度环境对双边贸易有显著的促进作用。除此之外，贸易伙伴国之间的制度距离，也会对双边贸易产生影响。许家云等（2017）深刻研究了制度距离对双边贸易的影响，研究发现，制度环境方面的差异对双边贸易起到显著的抑制作用，并且，这种抑制作用在长期尤为明显。

6. 基础设施建设

基础设施建设水平主要包括通信类基础设施、交通设施类基础设施和科技技术类基础设施等。罗伯特·C. 芬斯特拉（Robert C. Feenstra，1998）指出，改善基础设施所带来的运输成本下降，是全球贸易发展的重要因素。霍克曼·B. 和尼西塔·A.（Hoekman B. and Nicita A.，2011）研究发现，交通基础设施落后会抑制贸易的发展。许娇等（2016）采用全球贸易分析（global trade analysis project，GTAP）模型研究发现，交通基础设施建设能够促进经贸合作水平。曲智等（2018）通过构建基础设施水平指标体系，深入而全面地研究了基础设施水平对国际贸易的影响。研究发现，"一带一路"沿线国家基础设施水平对于对外贸易的促进作用大于国内生产总值、地理距离以及人口因素等。并且发现，通信类基础设施和交通运输类的基础设施，能显著促进双边贸易，而科技技术类基础设施对于对外贸易具有一定的抑制作用。

7. 文化差异

文化交流是国家间加强沟通、增进理解的纽带。周·M.（Zhou M.，2011）认为，国家间相似的文化会促进对外贸易发展，而文化差异则会阻碍对外贸易发展。张慧敏和刘洪钟（2020）使用文化距离来衡量国家间的文化差异，认为文化差异会带来政治风险，提高双边贸易对政治的敏感性，从而阻碍对外贸易的发展。杨文龙（2018）认为，文化圈层相近的国家对彼此间的对外贸易具有促进作用。许阳贵和刘云刚（2019）考虑了民间文化交流对于对外贸易发展的影响，采用中国与"一带一路"沿线国家间移民人数、海外华侨数量和中国对外承包工程派遣人数作为衡量指标，研究得出民间文化交流对于对外贸易发展具有积极作用。

8. 新经济

数字经济等新经济是信息化和全球化带来的经济文化成果,其对国际贸易的发展具有重要的推动作用。孙穗等(2020)研究发现,在数字经济背景下,与其他国家形成数字经济对话机制可以促进跨境电商贸易便利化,而信息通信技术水平的提高则可以促进双边贸易的发展,同时,对经济增长也具有显著的正向影响。施炳展(2016)以双边双向网址链接为变量,验证了互联网发展对中国对外贸易起促进作用。李晓钟和吕培培(2018)研究了互联网对国际贸易的影响,发现总体上互联网会促进进出口贸易规模扩大,但存在区域性差异和动态性差异。该文献实证结果表明,互联网对中国与南亚国家的贸易无显著影响。从时间上来看,2007~2011年互联网对中国对于"一带一路"沿线国家贸易的影响是不显著的,甚至抑制贸易的发展,而2012~2016年互联网能够显著促进贸易水平。潘申彪等(2018)通过实证检验发现,互联网可以同时降低国际贸易固定成本和变动成本,从而促进国际贸易发展,而两国互联网发展的差距则会对双边贸易发展产生制约作用。温珺等(2015)实证得出电子商务对中国对外贸易发展具有促进作用,电子商务削弱了地理距离对国际贸易的负面影响。李柏杏等(2016)通过对跨境电商发展和对外贸易发展进行对比,分析两者的关联程度,得出跨境电商与中国对外贸易之间存在长期的正向关系。高德步和王庆(2019)分析了跨境电商促进中国对外贸易的作用机制,并通过实证分析发现跨境电商发展水平对中国对外贸易有显著的正相关性。

9. 其他因素

除经济规模、市场规模、地理特征、贸易便利性、关税壁垒、非关税壁垒、贸易协定、制度环境、基础设施建设和文化差异之外,还有一些其他因素,如外商投资、外交水平、贸易依存度、物流绩效等同样会对国际贸易产生影响。华欣和常继莹(2019)通过实证研究发现,外商投资对一个国家对外贸易的影响不尽相同。收入水平较高的国家FDI对该国对外贸易影响是正向的,但是,收入水平较低的国家FDI影响是相反的。一般地,进口国经济对该国对外贸易的依赖程度越高,其进口贸易水平也会越高。盛斌和廖明中(2004)研究发现,进口国的贸易依存度会显著地促进双边贸易。陶章和乔森(2020)认为,物流绩效是发展国际贸易的重要因素,并通过实证研究证明物流绩效对"一带一路"沿线国家的贸易水平有显著的正向作用。

第 3 章 数字经济下比较优势转化为比较利益机制分析

在世界市场上，比较优势仅仅表明获得比较利益的一种潜在可能性，获得比较利益是要以产品价值实现为前提的。只有将比较优势转化为经济主体持续获得竞争优势的动力和能力，经济主体才能获得较多的比较利益。比较优势转化为比较利益机制的研究包括三方面内容：其一，是比较优势的利用、创造和提升，因为竞争优势的基础依然是比较优势。其二，是客观存在的比较优势能否转化为实际的竞争优势，获得较多的比较利益；若不一定，则其能转化的前提条件有哪些。其三，是较多比较利益的获得是否可持续；若不一定，则其可持续获得的条件是什么。笔者认为，在比较优势向比较利益转化过程中，微观经济主体——企业的竞争行为发挥着更为直接的重要作用，比较利益能否较多地获得以及比较利益是否可持续获得，直接取决于经济主体的能力和动力。但是，经济主体的能力并不单纯由微观主体决定，还受客观条件的影响；而其动力更是取决于政府有效制度的安排。同时，这种转化要通过市场才能实现，因而比较优势能否转化为比较利益还取决于市场的交易效率。可见，影响比较优势转化为比较利益或经济主体获得较多比较利益的关键因素主要有三个：比较优势、交易效率和制度安排。①

---

① 李晓钟. 从比较优势到竞争优势——理论与实证研究 [M]. 杭州：浙江大学出版社，2004.

3.1 影响转化的基础因素：比较优势的
利用、创造和提升

3.1.1 比较优势的层次性和动态性

各个国家和地区由于存在明显的地理位置、资源禀赋、产业技术水平和产业基础等客观的差别，故生产要素禀赋不尽相同，比较优势的表现形式各异，但对各自产业的国际竞争优势都起着基础性的作用。

1. 比较优势的层次性

比较优势是经济主体获得竞争优势的必要条件，但经济主体要获得较多或持续的比较利益，则取决于比较优势的层次。本书认为，比较优势可以分为低层次比较优势和高层次比较优势。低层次比较优势是指，凭借此类比较优势获得的比较利益相对较少或易于被竞争对手所赶超取代的比较优势。一般而言，由初级生产要素①所带来的生产成本优势属于低层次比较优势。低层次比较优势在企业竞争优势中扮演重要的角色。如泰国等，就是以低工资缔造快速增长的制造业竞争力；又如由于新加坡具有位于中东和日本的航运中途点的区位优势，使其成为修船中心。生产要素形式多样，每个产业对它们的依赖程度也因产业性质而不同。目前，在以天然产品或农业为主的产业（如石油业、林业等），以及对技能需求不高或技术已经普及的产业中，初级生产要素所带来的比较优势在其竞争中占据重要地位。但是，对除此以外的产业而言，大部分自然资源和劳动力资源等带来的成本优势，在国际竞争中的相对重要性在下降。这是因为在当今经济全球化的条件下，生产要素、生产资源可以在国际间流动；在技术进步浪潮的推动下，经过投资和新技术的采用，自然资源可以被改良、人工合成，也可以被新材料所替代；经过人力资本的投资、培训，劳动力技能和素质也可提高，从而在一定程度上克服劳动力数量的不足。可见，在世界市场上，对初级生产要素的需求相对减少，供给却相对增加，竞争对手能够通过全球市场寻找新的廉价生产环境和资源来复制这类比较优势，或直接投入当地市场，即可使原有的比较优势丧失。

高层次比较优势是指，凭借此类比较优势可以获得较多的比较利益或持续获得比较利益。高层次比较优势往往与高级生产要素②相联系。高级生产要素是以

①② Micheal E. Porter. The Competitive Advantage of Nations［M］. London：The Macmillan Press，1990.

初级生产要素为基础的，但它相对初级生产要素来讲比较稀缺，这是因为一是它需要先在人力资本和物质资本上大量而持续地投资；二是作为培养高级生产要素的研究或教育计划本身就需要高层次的人力资本和技术；三是这类高级生产要素在国际市场或海外子公司较难获得。高级生产要素对许多产业的重要性是不容置疑的。高层次的比较优势通常有如下特征：一是具有一定的人力资本存量，如高级技术人员、管理人员和营销人员；二是通过长期积累并持续对设备、专业技术、高风险研究发展、营销等投资，获得的公司信誉、客户关系和丰富的专业技术知识等；三是具有对人力资本及技术持续投资，不断提升比较优势层次的内在动力。一个国家要想建立强大而又具有持久竞争优势的产业，则必须努力发展高级生产要素。

此外，高级生产要素中的人力资本、知识和一般资本可以在各国间流动。当一国任凭它拥有的人力资本等生产要素流出时，这一部分生产要素也就不成为该国的优势。一个国家若能有效地利用这些流动的生产要素，提高本国生产率，通常也是国际竞争中的赢家。

2. 比较优势的动态性与渐进性

李嘉图的比较成本论和赫克歇尔－俄林的要素禀赋论中与现实相背离的一系列假定，使比较优势具有静态性的特点。弗农（Vernon，1966）的产品生命周期理论将产品生命周期在不同国家间的演化，作为国际贸易发生和流向的主要动因。产品生命周期理论描述了产品由出口再到进口的国际贸易发生的全过程，领先国家在其中扮演了产品创新和产品开发的角色，由于其他国家能够学习和掌握产品的制造技术，比较优势就会在国际间发生转移。产品生命周期理论的重要贡献是将比较优势动态化，并与产业竞争力的跨国转移相结合。国际贸易实践中多数制成品经历了领先国家开发，再被其他国家效仿，最后转移到发展中国家的阶梯性移动过程。较为典型的产品有纺织品、耐用消费品、电子类消费品，乃至汽车、钢铁和机械等都有在发达国家之间转移及向新兴工业化国家间转移的迹象。

在新古典贸易理论框架内，对比较优势动态化的代表性观点有三种。

第一，克鲁格（Krueger，1977）将赫克歇尔－俄林定理的前提扩展为两种生产要素、n 种产品和 m 个国家。按劳动－资本比由低至高排列，不同的生产要素比对应不同的商品，同种商品具有等同的要素投入比例。各国根据各自的生产要素状况，在此序列中寻找到国际分工的位置。由此克鲁格（1977）得出结论，如果一个国家同时生产多种产品，这些产品所含生产要素的数值呈相邻状态排列。它们是属于出口品还是进口替代品，则取决于该国与潜在的贸易对象国之间生产要素禀赋的对比以及需求状况。产品组合的关键不在于是出口品或进口替代品，而在于生产要素密度所决定的各国生产能力。他认为，生产要素禀赋序列中处于中间位置的国家倾向于分工制造要素密度含量居中的商品。它们自劳动力资源丰富的国家进口劳动密集型商品，从拥有较高资本—劳动禀赋比的国家进口资本密集型商品。[①] 这一理论模型的贡献在于，不再假定各国仅拥有积累下来的要素禀赋，而是强调了要素比例的变化和国际分工的动态化。当要素的积累改变一个国家的比较优势时，赶超式的资本积累就成为国际贸易分工由出口劳动密集型商品向出口资本密集型商品转移的重要基础。当然，在某一静态时点上，一种商品是属于出口品或进口替代品不仅取决于要素禀赋状况，也受需求因素的制约。

第二，迪尔多夫（Deardorff，1979）更强调国际间的贸易分工和比较优势是呈链形分布的。[②] 在自由竞争条件下，国际间生产要素的比价在均衡实现之前，商品是呈链形分布的。国际贸易商品既可能是最终产品，也可能是中间性产品。正常情况下，一个国家的比较优势反映在它所出口的商品上，其处于优势的生产要素含量超过所有进口品中同类生产要素的含量。在此基础上，各国形成了比较优势链条。赫克歇尔－俄林定理指出，各国在商品生产中的分工决定了国际贸易，而链形比较优势论将其发展成为商品中所含的要素密集程度决定着商品排列的位置。对每一个国家而言，要素禀赋的状况使竞争力阶梯的最高位置形成完全出口的商品，最低位置形成完全进口的商品。以资本密集程度提高为产业优势增强的演变方向，链形商品的排列就转变成人们所熟悉的现实中各国优势产品的集束或组合。它们反映出每个国家所从事的国际分工的范围：出口的是优势集束内的产品，进口的是该集束以外的商品。处于集束临界面上的商品既可能被出口，也可能被进口，或者形成平衡型的贸易。可见，根本上制约优势产品集束的仍然是资本—劳动比例。该比例的迅速上升使产业竞争力升级，资本积累迅速的国家则登上更高的比较优势阶梯。

由生产要素价格比例决定国际间产业分工和贸易分工的类型并实现产业竞争力的动态转换，使各国的经济资源均得到有效配置，从而获取比较利益。然而，这一原理只有在要素价格正确地反映生产要素的禀赋和生产真实成本的前提下才是有效的。

第三，巴拉萨（Balassa）提出了阶梯比较优势理论。按巴拉萨所假设的阶梯

---

① Krueger A. Growth, Distortions and Patterns of Trade among Many Countries [J]. Princeton Studies in International Finance, No. 40, Princeton University, Princeton, 1980 (1): 129 - 133.

② Deardorff A. Weak Links in the Chain of Comparative Advantage [J]. Journal of International Economics, 1979 (9): 197 - 209.

比较优势理论，各国在生产要素积累上的差异，导致了国际间产业分工和贸易分工的动态变化，由此形成的国际贸易比较优势的阶梯是连续性分布的。该理论主要包括以下两方面：一是以多级化产业分工阶梯取代资本密集型的发达国家和劳动密集型的发展中国家这样简单的两级，使国际贸易理论更适合于分析差异性显著不同国家比较优势的实际状况。依此标准，世界产业分工和贸易分工的主要阶梯有：发达国家、新兴工业化国家、次级新兴工业化国家和其他发展中国家。在每一阶梯国家之间的比较优势和国际分工具有相似性。二是由于各国间生产要素积累的速度存在差异，比较优势会出现动态变化。更为重要的是，比较优势发展阶梯的存在，使国际间产业分工的变动不会引起国际市场容量的冲突。处于低发展阶梯的国家升入高一级的发展阶梯后，固然会取代原处于该阶梯国家的产业分工，竞争的结果将促使原先高阶梯国家发展出新的产业分工，从而扩大了国际分工的种类和国际市场的容量。同时，进入高一级发展阶梯的国家，因其比较优势的变化而进行产业分工和贸易分工的调整，将其丧失竞争优势的产业向处于低一级发展阶梯的国家转移，并最终从后者进口丧失竞争力的产品。产业的转移既可以是低阶梯国家竞争所实现的，也可以由高阶梯国家以对外投资的方式完成。①

上述三种观点，都以各国的比较优势能够转化为竞争优势，并获取贸易比较利益为前提。世界上绝大多数国家在生产过程中实施产业的鼓励措施或限制措施、国际贸易中普遍存在的关税壁垒与非关税壁垒都可能导致转化失败。各国的产业分工和国际贸易只有在自由竞争的环境中，才能体现出真实的贸易优势。

比较优势的动态化为各国提升比较优势、获得更多比较利益拓宽了思路。从经济人利润最大化角度来讲，经济主体会想方设法提升比较优势层次，以获得较多比较利益或持续获得比较利益。然而，比较优势的提升受各国客观条件的制约。迈克尔·E. 波特研究了许多国家特定产业发展、参与国际竞争的历史，认为一个国家产业参与国际竞争的过程大致可分为要素驱动（factor - driven）、投资驱动（investment - driven）、创新驱动（innovation - driven）和财富驱动（wealth - driven）四个阶段。前三个阶段是产业国际竞争力增长时期，第四个阶段则是产业国际竞争力下降时期。在产业国际竞争的不同阶段，一个国家不同产业的国际竞争力及其决定因素会发生显著变化，整个国家的产业结构也会发生重大变化。产业国际竞争的阶段演进，反映了该国比较优势的转移，并会在特定产业竞争态势中表现出来。

以中国为例，改革开放以来，中国的比较优势由资源密集型（在 20 世纪 80

---

① 吴建伟. 国际间产业竞争与市场容量 [M]. 上海：上海三联书店，上海人民出版社，1999.

年代以前)、劳动密集型(80 年代中期到 90 年代初)向劳动—资本密集型(1994 年以后至今)发展。① 中国之所以没有直接全力发展资本密集型产业、技术密集型产业,是因为这类比较优势的培育受到国内资源禀赋和比较成本的制约;而盲目追求产业结构升级,过早放弃低层次比较优势,只会欲速则不达。如韩国,过早放弃或转移劳动密集型产业,大力发展重化、重工、汽车、微电子产业,实行大而全的模式。但建立起来的产业主要依靠本国相对稀缺的资源——资金、技术和人才等,导致在 1997 年金融风暴冲击下经济面临困境。因此,对于发展中国家来讲,在国际市场竞争日趋激烈的背景下,要获得高级生产要素、大幅度提高比较优势层次在短期内是不现实的。只有通过充分发挥现有的比较优势,才能实现理论上表现为要素价格均等化的国内资源配置效率,提升生产要素结构,从而为本国技术创新和传统劳动密集型产业升级打下基础。

3.1.2 比较优势的利用、创造和提升

由于比较优势具有动态性和渐进性,因而一方面,经济主体可以主动创造、提升比较优势;另一方面,比较优势层次的提升,又要受到客观条件的影响。为了使本国在国际市场上获得更多的比较利益,各国不仅要充分利用已有的比较优势,而且要创造条件,加快本国比较优势提升的速度。比较优势利用、创造和提升的实现途径主要有以下六种。

1. 资本积累

经济发展的一个基本条件是生产要素的积累,尤其是资本要素的积累。对于发展中国家来说,在生产诸要素中,一般而言,自然资源(包括土地)是既定的,劳动力是比较充裕的(经济发展模型一般假定劳动力供应是无限的),生产要素积累的核心是资本的积累。②

资本要素的积累一般可以通过以下三条途径来实现:一是本国储蓄转化为资本;二是出口商品和劳务所得的外汇资本;三是国际资本的流入。从国内考察,有三个因素直接影响资本积累的速度以及资本积累推动要素丰裕程度变化的速度。其一,储蓄率的高低,即剩余产品分割为消费和储蓄的比例,只有较高的储蓄率,才可能有较高的投资率和积累率。其二,储蓄是否可以全部转化为投资,如果可以全部转化,则资本积累就较快。其三,积累资本的投向。积累的资本只

---

① 杨帆. 比较优势的动态性与中国加入 WTO 的政策导向 [J]. 管理世界,2001(6):26–32.

② 如刘易斯的"劳动无限供给条件下的经济发展模型"和"哈罗德–多马经济增长模型",均将资本积累作为约束产出增加的重要因素。

有依靠市场价格信号来配置，才能使其产品的比较优势得到加强，并进一步升级。当某个产业生产效率提高后，市场机制会促使资源向该产业转移。这种转移的结果可进一步促进生产效率的提高，从而动态地优化产业结构，并为新兴的、资本（或技术）密集型产业积累资金、技术，培养企业家才能，推动比较优势的提升。从对外开放视角来考察，随着外汇资金的积累和国际资本的流入，引进先进技术和设备的规模不断扩大。先进技术和设备的引进，一方面，有利于加强对现有企业的技术改造，促进产业结构的优化；另一方面，通过国际贸易的"技术溢出"效应，有利于引进国家学习创新，进而促进比较优势的形成和提升。某些经济增长较快的发展中国家和新兴工业化国家（地区）的发展已经证明：随着资本积累的增加，工业部门的投资规模进一步扩大，推动了产业结构的优化和比较优势的提升。从最初生产并出口初级产品逐步转移到生产并出口劳动密集型产品，再提升到资本（技术）密集型产品。可见，发展中国家可以借助发展对外贸易和利用外资，加快资本积累，进而促进比较优势的形成和提升，以获得更多的比较利益。

　　资本的积累不仅包括上述实物资本的积累，而且包括人力资本的积累。在知识经济时代，真正占主导地位的生产要素既不是农业经济时代的土地和劳动，也不是工业经济时代的有形资本，而是知识，它是联系、组织、带动、更新其他要素的核心。人作为知识的载体，在目前和未来的国际间产业竞争中极为重要，人力资本取代实物资本正成为关键的生产要素，在经济全球化的背景下对人力资本的投入和利用，正成为重要的国际绝对优势和国际相对优势的源泉。当然，人力资本不可能取代其他生产要素而独立发挥作用，在国际分工体系中，生产要素资源的相对比例仍然是竞争力的基础。

　　2. **外部经济、后发优势与技术创新**

　　一般而言，技术变动的源泉有两种：一种是经过专门研究开发而产生的，这种技术变动是一种革新（innovation），它一般是 R&D 的结果；另一种则是通过贸易等经济行为接受技术外溢（spillovers）而学来的，称为"干中学"（learning by doing）。这里所说的技术不仅是生产技术，还包括管理知识。在大多数情况下，技术进步并非都是一种前所未有的新发明，而只是通过接受"技术外溢"学到了别人已有的先进技术。作为先进技术的拥有者，有时也并非有意转让他们的技术，而是在贸易或其他经济行为中自然地输出了技术。无论是什么技术，都有一个外溢的过程。"干中学"式的技术进步，大部分是从技术外溢中获得的。国际贸易具有重要的技术外溢效应和"干中学"效应。通过贸易活动可引进国外的先进技术和先进经营理念，并将其外溢到国内产业。实际上，国际贸易是与企业家及技术专家的进进出出相关的。由于他们的进出，信息流更快地形成了，技术穿过国界得到了更有效的转移。此外，要出口商品必须了解国外的市场需求，国外买主的订单往往涉及需求商品的设计、款式、生产工艺、用料、成本等多种有价值的信息。这类"外部经济"与"后发优势"，可提升各国（特别是发展中国家）比较优势的等级。后发优势是指，在世界上存在众多发达国家的条件下，发展中国家可以从发达国家已走过的经济发展道路（或轨迹中）吸取正反两方面的经验（或教训），结合本国的实际情况，做出更明智的发展战略选择，从而避免走"先发"国家已走过的"弯路"，以更短的"捷径"、更快的速度缩短自己与发达国家之间经济水平上的距离。大部分发展中国家与发达国家的技术差距很大，仅仅依靠从内部演化出现代经济结构的过程是极其缓慢的，恐怕等不到演化成功之日就已在激烈的国际竞争中出局了。因此，对于发展中国家来讲，借鉴发达国家的成功经验，结合自己的国情，更好地利用外部经济与后发优势是创造比较优势并提升本国现有比较优势层次的重要举措。

3. 基于现代适用技术改造传统产业的国际竞争优势

高技术是一个动态、相对的概念，对于大多数传统产业，应该强调现代适用技术。技术创新是以市场需求为出发点和"试金石"的，它不仅是高新技术产业的主要特征，也是传统产业增强竞争力的必由之路。技术成果在技术上最优并不等同于经济上也是最优。如果某项成果实施成本过高或难以产业化，就只能处于"样品"阶段。在产业内贸易量趋于增加的背景下，一个国家或地区生产与出口什么产品已不是最重要的事，更重要的是要看运用什么技术和方法来生产这种产品。比如，同是生产谷物，既可以用刀耕火种的方法生产，也可用机械甚至生物基因工程技术去生产。以中国为例，欲将中国劳动力资源相对丰富的比较优势转化为国际市场上的竞争优势有两条途径：其一是通过技术创新，将高新技术，包括从国外引进后消化、吸收的技术与中国的劳动力结合，生产在市场上有竞争力的产品，这时的比较优势就在于同是高技术产品，但在中国生产的成本更低，因而具有价格竞争优势；其二是通过技术创新，对传统的劳动密集型产品进行深加工、细加工，提高其附加值，形成易被市场接受的产品差异特性，这时的比较优势就在于同是劳动密集型产品，但中国企业生产的更具特色，因而具有非价格竞争优势。这两条途径也可兼而用之。

4. 基于市场细分的比较优势

没有一个国家在所有的商品出口上都处于净出口国的地位。某个国家的企业选择产品的种类与其内需市场、相关产业表现、企业发展目标和竞争对手等钻石因素里的其他关键因素有关。企业要在国际市场上比竞争对手获得更持久的竞争优势，产品的市场定位非常重要，很多能在国际竞争中脱颖而出的企业，通常具有各不相同的比较优势，而且，这些优势通过市场细分而转化为现实的竞争优势。竞争优势既可来源于"低成本"，也可来源于"差异性"。当企业能以较低的成本竞争时，它比竞争对手更能低成本地设计产品、生产产品和营销产品，因而在市场上更具有价格竞争优势。很多发展中国家常常利用本国资源和劳动力的比较优势来获得某些产品的价格竞争优势。差异性竞争优势则是指，企业向客户提供独特而优异的价值，包括产品的质量、专业功能或售后服务等。这种优势不仅使企业获得国际竞争优势，而且由于产品的附加值较高，可以获得更多利润。每个企业的人力资源与物质资源都有一定的限制，企业可以根据自己的比较优势进行市场定位，最理想的状况是将资源应用到生产率最高的领域。

影响企业市场定位的另一个重要因素，是竞争范围（competitive scope）。竞争范围包括，产品的类别范围、营销渠道、客户类型、产品销售区域及可能相互竞争的相关产业。竞争范围的重要性与产业的部门分工特性有关。几乎所有产业都有多样且差异明显的产品、多重选择的产品渠道以及不同类型的顾客群。产品的差异性是为了满足不同消费者不同的需求。企业产品市场定位决定了企业的竞争战略，以及所依赖的竞争资源。可见，企业通过市场细分，可以在某个层次的市场建立领先于竞争对手的独特优势，更好地满足消费者的需求，并获得更多的比较利益。因此，市场细分可以为企业创造新的比较优势或使企业潜在比较优势显化，从而改善或巩固其在国际市场中的竞争地位。

5. 重视出口产品市场经营环节比较优势的积累和提升

近年来，一些发达国家出于效率和成本的考虑，已不再一味地追求完整地占领一个产业，而是根据自身的综合实力和比较优势，尽力抢占一个产业的高技术生产环节和高附加值生产环节，同时，把劳动密集型生产环节和低附加值生产环节留给其他国家，从而形成新的国际分工体系。同一种产品（如汽车和大型电信设备）可以同时分布在十几个、几十个国家生产，使每个国家发挥其技术、劳动力成本等方面的优势，使最终产品成为多国参与的"国际性产品"，产生明显的技术优势和成本竞争优势。即使是在全球处于垄断地位的波音公司，其飞机零部件也来自十几个国家和地区。这些大型企业由于国际化生产而带来明显的全球化特点。国际贸易发展引致的一国生产规模扩大可推动一国生产的国际化，专业分工越来越细。专业化程度的提高可使利润不再只是从最终产品中获得，每个生产环节都可以独立出来，都有获利的可能，对利润的追逐使生产的每个环节（零部件或工序）上都有技术创新的动力。事实上，劳动密集型产品在生产中有资本密集型生产环节、技术密集型生产环节，而资本密集型产品、技术密集型产品在生产中也有劳动密集型生产环节。因此，各国应利用当前经济全球化进程中产业结构调整的机会，充分发挥和巩固本国原有的比较优势，创造新的比较优势。对发展中国家而言，更要充分利用发达国家对发展中国家的产业转移。要破除认为劳动密集型产业就一定是技术落后产业，以及发展高新技术产业就不能利用低成本优势的旧观念。

随着适用技术，如微电子技术、信息技术、生物技术和新材料技术向越来越多的产业渗透，劳动密集型产业的技术含量也大大提高。同时，我们还要看到，在资本—技术密集型产业中，包括高新技术产业中也有劳动密集型的生产环节。此外，从提升动态比较优势的目标来看，各国企业应在任何一种产品的生产中都努力在更重要的生产环节积累、形成自己的比较优势。例如，在纺织品生产中，中国企业已经在加工环节具有比较优势，但在上游面料及辅料、设计等生产环节尚不具有很强的优势。再如，增加出口产品的附加值，既取决于生产环节，也取决于流通环节，往往后者的附加值更高。因此，在有条件的产品出口中，培育自己的国际营销环节是增强市场竞争力的重要措施。

6. 基于技术创新空间层次上的变化所带来的比较优势

20 世纪中叶以来，高技术园区迅速发展。世界现有各种类型的高技术园区已达 630 多个，主要分布在美洲、欧洲和亚洲诸国，以美国最多，中国次之。①高技术园区作为一种与高技术和高技术产业发展共生的经济现象、社会现象，对各国产业结构变革、竞争优势提升产生一股强烈的冲击波，日益引起世人的关注和重视。

高技术园区是在一个相对狭小的地理区域中，集中了众多的大学、科研院所、企业乃至中介组织，缩短了研究机构、大学、企业三者内部之间及相互之间相互作用的距离，使得这些实体之间可以进行高频率、高强度的信息交流。如技术信息、市场信息和人才信息等，这种广泛的信息交流可以产生智力合成效应，由此所推动的创新在力度、强度、发生概率及持续性方面均可强化熊彼特所描述

---

① 陈益升. 世界高技术园区的历史发展图景 [J]. 科学管理研究, 1996 (2): 36~38.

的创新。高科技园区可以推进技术成果转化为生产力，促进和孵化高科技产业，并通过技术、管理知识的有效外溢和扩散，提升企业的竞争优势。

　　同时，高技术园区对区域经济的发展有强烈的辐射带动作用。一方面，高技术园区是高技术及高技术产业的聚集地。随着高技术园区的发展，其必须从更大范围内取得资源供应。为此，高技术园区必须通过投资、技术转让、产品收购等形式，促进周边区域增加生产，从而拉动高技术园区周围地区的发展。这种带动作用是通过高技术园区与周边区域形成的协作网络和上下游联系实现的。另一方面，随着高技术园区的发展，高技术园区的技术密集区与周围区域空间产生了势差，这种势差构成了辐射的基础。高技术园区通过知识、技术、信息、产品及组织在区域空间的传播和扩散，使区域整体的技术水平提高，产业结构升级，带动区域经济向集约化方向发展。

　　可见，高技术园区本身以及它们之间的互相联网，具有促进新技术产生与应用及使正外部性得到更有效放大的功能，其发展对高技术园区内企业和周围企业创造新比较优势、通过模仿创新将隐性比较优势显化，进而提高国家竞争优势有着重要的作用。因此，各国都在积极开发和有效利用现有的高技术园区。高技术园区很可能成为 21 世纪各国和世界经济发展的主要形式。

3.2　影响转化的市场交易因素：交易效率

3.2.1　交易成本概念和交易效率概念

　　迪克西特·A. 和斯蒂格利茨·J.（Dixit A. and Stiglitz J.，1977）提出规模经济和多样化消费之间存在两难冲突，简称 D－S 模型，并认为由于国际贸易能增加整个市场规模，可折中这种两难冲突。D－S 模型对传统国际贸易理论及经济增长理论的重新思考起到了重大的启发作用。但是，D－S 模型不能解释国内贸易内生向国际贸易的转变。既然国际贸易的好处如此明显，为什么人们一开始不选择国际贸易，而偏要从国内贸易开始？随着分工的演进，每个人的专业化水平提高，生产率提高，贸易品种数及相关的市场个数增加，但是随着交易次数的增加，交易成本也随之增加。这就产生另一对两难冲突：如果利用专业化经济，生产效率提高，但是却带来了交易成本增加，因而要求两者之间达到适度平衡。这里就需要考虑交易成本、交易盈余和交易效率的问题。

　　交易成本的概念是罗纳德·H. 科斯（Ronald H. Coase）在其经典论文《企

业的性质》一文中引入并阐述的。交易成本的概念，现在已被广泛应用，但在对它的理解、界定和衡量上，一直有许多不同观点。罗纳德·H. 科斯认为，交易成本是指，利用市场机制配置资源的成本。K. J. 阿罗认为，交易成本是经济制度的运行成本。① 张五常则把物质生产过程以外的所有成本，均视为交易成本。② 一种较为流行的定义是，交易成本包括事前为达成（arranging）一项合同而发生的成本和事后发生的监督（monitoring）、贯彻（enforcing）该项合同而发生的成本；它们区别于生产成本，即为执行（executing）合同本身而发生的成本。③ 据此，我们可以认为，交易成本是交易活动的参与者为实现交易而发生的成本，由信息搜寻成本、交易谈判成本、合同履行成本、交易风险成本组成，包括交易过程中的货币支出，也包括时间、精力等的耗费。

自 20 世纪 80 年代中期以来，诺斯及其合作者的实证研究表明，随着国际贸易的兴起和发展，交易成本在发达国家国内生产总值（GDP）中的比重已大大增加。例如，按照约翰·华勒士（John Wallis）和 D. C. 诺斯于 1986 年的估算，在美国经济中，1870～1970 年，交易成本已从 1870 年占国民生产总值（GNP）的 25%，上升到 1970 年的 45%。在另一篇文章中，D. C. 诺斯也曾估计到，在今天的西方发达国家中，交易成本大致占国内生产总值的 50%。

交易主体进行贸易时，在付出交易成本的同时，也获得了交易盈余。交易盈余是指，通过交易达到某种"双赢"状态。它既包括各类剩余，④ 又包括交易双方的满意程度（一种抽象的表达）。若从宏观层次上来讲，此类两两交易的总和意味着社会福利的增进。从支付意愿（willing pay）来衡量，生产成本和交易成本的降低都可以增加生产者和消费者的剩余，从这个意义上来讲，在交易成本一定的情况下，生产成本对交易盈余仍具有举足轻重的影响。交易盈余与交易成本一样影响经济主体的交易行为。交易成本不变，交易盈余增加；或交易盈余不变，交易成本减少；或交易成本减少同时交易盈余增加都可增加交易的发生，从而提高交易量。为此，我们可引出交易效率概念。

交易效率可定义为交易盈余与交易成本的比较。交易成本不变，交易盈余增加；或交易盈余给定，交易成本减少；或交易成本减少同时交易盈余增加都可提

---

① ［美］威廉姆森. 资本主义的经济制度（英文版）［M］. 纽约：自由出版社，1985：18.

② ［英］约翰·伊特韦尔. 新帕尔格雷夫经济学大辞典（第二卷）（中译本）［M］. 伦敦：麦克米伦出版公司，1987.

③ R. Matthews. The Economics of Institutions and the Sources of Growth ［J］. Economic Jonrnal，1986（96）：903－910.

④ 包括生产者盈余和消费者盈余。

高交易效率。

在给定交易盈余不变的条件下，交易效率与交易成本负相关，各种交易成本越高，则交易效率越低。如果交易效率极低，此时，交易成本往往超过专业化带来的好处，则经济主体的最优决策就是自给自足，因而无须国际贸易和国内贸易。如果交易效率得到改进，则国内贸易将因一国之内的分工水平提高而产生。但如果交易效率改进的幅度不是很大，则贸易可能在各个地方性市场内进行，但全国统一市场尚未形成。随着交易效率的进一步改进，全国性市场便因分工水平的提高而产生。如果交易效率继续提高，则高效率的分工水平便会要求更大的市场规模与其相适应，此时，局限于一国市场之内的贸易无法充分利用高水平的分工经济，因此，国际贸易便会从国内贸易中产生。国际贸易之所以一般在国内贸易之后发展起来，是因为和国内贸易相比，国际贸易往往需要更多的交易成本，如国家之间的关税壁垒和非关税壁垒、长距离的运输费用、保险费等。可见，交易效率的提高会扩大市场容量，促进市场一体化，相互分割的局部市场将逐渐发展成一体化的市场。此时，一个大的市场也会为折中分工的好处与交易成本之间的两难冲突提供更大余地。同样，一个国家参与国际贸易的程度，可以用分工水平和交易效率来解释。发达国家的交易效率要比发展中国家的高，因此，发达国家之间的贸易量，远远超过发达国家与发展中国家之间的贸易量。

交易效率的高低在本章论题中之所以极为关键，就在于，传统、主流的基于比较优势的贸易理论均忽视了比较优势与获得比较利益的差异，而比较利益的获得必须通过市场上"惊险的一跃"，而这"一跃"，又几乎视交易效率而定。因此，本章中心论点中有关"转化"的核心，也就离不开交易效率。国内产品交易效率低，直接影响经济主体利用、创造和提升比较优势的动力和能力，从而影响潜在比较优势转化为竞争优势。同时，国际社会产品交易效率的高低对本国经济主体竞争优势的获得也有重要影响。各国交易效率越高，参与国际分工与国际贸易的国家和地区就越多，资源就可以在更大范围内得到合理配置，从而进一步增进全世界的社会福利。

值得注意的是，在其他条件不变的情况下，生产成本降低，经济主体所获得的交易盈余就增加。专业化分工可以提高生产效率，降低生产成本，因而本书所讲的交易盈余涵盖了现有国际贸易理论所强调的专业化分工所带来的贸易利益。同时，经济主体要获得专业化分工所致的贸易利益，也要经历市场"惊险的一跃"，因而也有一个交易效率问题。亚当·斯密认为："分工是经济增长的源泉""分工水平由市场大小决定。"杨格则认为："不但市场的大小决定分工程度，而且市场大小由分工的演进所制约。"① 本书认为，分工程度和市场大小还受交易效率这一重要因素的影响，市场规模和分工程度实际上都是交易效率的函数。本书的研究侧重于总的贸易利益，而该利益包括专业化分工所致的贸易利益。

3.2.2　国际贸易中的交易成本②

国际贸易是国际间货物和服务的交换，较国内贸易而言，国际贸易更复杂、更困难，风险也更大。因此，一般而言，国际贸易的交易成本，常常高于国内贸易的交易成本。其理由主要有以下五点。

第一，由于各贸易国的文化（包括语言）、商业法律、风俗习惯、宗教、信仰并不完全一样，有的差别很大，因而相应的信息障碍较多，由此所引起的信息搜寻成本、交易谈判成本、合同履行成本一般都比国内贸易高。此外，由于各国的文化、历史及政治、经济和法律制度的差异，交易双方沟通的困难和交易的风险与不确定性都增加，交易成本也更高。例如，文化方面的问题，如商业上的通用习惯用语、各地的风俗习惯等直接影响如何做广告、如何洽谈业务、如何销售商品等一系列实际问题。

第二，由于国际贸易货物运输里程一般超过国内贸易（边境贸易除外），因而使国际贸易中的交通运输费用、保险费用、通信费用等所引起的交易成本高于国内贸易。

第三，各国不同的对外贸易政策所引起的高于国内贸易的交易成本。为了维持本国经济的稳定和发展，各国执行不同的对外贸易政策，国家与国家之间存在关税壁垒、非关税壁垒及限制移民的法令，各国之间生产要素的流动受到国界的限制，即使在实行自由贸易政策的国家之间，这些限制也不可能完全取消。由于进口限额制和进口许可证制等的存在，导致一些贸易主体为了获得贸易的权利而进行大量的"直接非生产性寻利"活动，付出额外的成本。普遍存在的各国对国际贸易的干预，增加了国际贸易的交易成本；而世界贸易组织

---

① 转引自杨小凯等. 新兴古典经济学和超边际分析 [M]. 北京：中国人民大学出版社，2000.

② 根据杨小凯等的外生交易费用概念和内生交易费用概念（杨小凯等. 新兴古典经济学和超边际分析 [M]. 北京：中国人民大学出版社，2000.），交易成本可以分为两类：一类是指，在交易过程中直接或间接发生的成本，不是由于决策者的利益冲突导致经济扭曲的结果，如交通运输成本等；另一类是指，由交易者争夺更多交易盈余时的机会主义行为引起的成本。本章的交易成本包括上述两类。当然，若从制度经济学角度来看，也可不考虑运输成本，从而突出制度变迁的作用，如 D. 诺斯曾论证过的那样。但是，若从总成本角度来看，运输成本也可纳入与交易相关的费用之一，可归为广义的总的交易成本之内，如杨小凯定义的那样。

（WTO）倡导的自由化趋势，促使越来越多的成员国降低贸易壁垒，从而降低交易成本。

第四，由买卖双方对交易商品品质的信息不对称所引致的交易成本。在很多情况下，买卖双方对商品的信息掌握是不对称的，特别是在现代国际贸易中，知识技术型产品所占比重提高，而人们对这些产品的性质、特点以及技术先进程度无法在交易前做全面了解，以判断其价值。为此，信息优势方会想方设法运用 A. M. 斯宾塞的信号传递模型（signalling mode）发送信号，而信息弱势方会千方百计地运用斯蒂格利茨的信息甄别模型（screening model）甄别信息，由此产生了交易成本。

第五，国际贸易的风险比国内贸易的风险大。在国际贸易中，自买卖双方接洽开始，要经过报价、还价、确认、订约、交货、结汇等。在这一过程中，可能出现的信用风险、商业风险、汇兑风险、运输风险、价格风险和政治风险比国内多，因而相应的交易成本也较多。

由于交易成本包括交易过程中的货币支出和时间、精力的消耗等，因而要全面计量国际贸易中的交易成本很困难。然而，仅从已实现的国际贸易中可计量的运费、保险费和关税等交易成本来看，其重要性已得到充分反映。随着交通运输业的发展，单位商品的运费在下降，但仍然占据一定比例。对于不同的交易物而言，运费和保险费的比重有较大差别，关税也具有同样的特点。虽然 50 余年来关税总水平不断下降，但许多国家的关税水平仍较高。如此高的交易成本，无疑对国际贸易量和国际贸易格局产生了巨大影响。传统贸易理论和新贸易理论均未能对此加以系统分析，从而使这些理论对一些国际贸易实践无法做出很好的解释。而正因为国际贸易涉及更多的交易成本，因而就需要更多的交易盈余，即较高的交易效率与之相适应，才可能发生。

3.3　影响转化的动力因素：持续的制度创新

经济主体的竞争优势体现在不仅要将比较优势转化为可获得的比较利益，而且要持续获得较多的比较利益。那么，如何才能持续获得较多的比较利益呢？比较优势是经济主体获得比较利益的基础，因而比较优势提升的可持续性是经济主体持续获得较多比较利益的必要条件。然而，比较优势的持续提升是有条件的，如果政府不提供有效的制度安排，经济主体就缺乏提升比较优势的动力，比较利益的获得也就难以持续。

3.3.1 比较优势提升的可持续性依赖于产权明晰的市场环境

1999 年，林毅夫等在《比较优势与发展战略——对"东亚奇迹"的再解释》一文中提出了比较优势战略。① 林毅夫等（1999）认为，在经济发展的每个阶段，都要发挥资源禀赋的比较优势，随着经济发展，资本积累、人均资本拥有量提高，资源禀赋结构得以提升，主导产业从劳动密集型产业逐步转变到资本密集型产业和技术密集型产业，乃至信息密集型产业。林毅夫等（1999）认为，静态比较优势的发挥使经济发展速度加快，资本积累的速度将远远高于劳动力、自然资源增加的速度。因此，资本将由相对稀缺逐渐变为相对丰富，资本的价格将由相对昂贵逐渐变为相对便宜。企业为了竞争的需要，就要根据相对价格信号的变化，调整产业结构和技术结构，实现动态的比较优势。林毅夫等（1999）的比较优势战略的暗含前提，是资本积累的可持续性。该文献从经济学的逻辑来进行论证，即在自由贸易条件下如何充分发挥市场价格机制的作用，以实现稀缺资源的最优配置，并使经济主体得到比较利益。这一概念的最大优点，是强调了"看不见的手"的作用。只要市场价格机制起作用，只要存在资源稀缺性，比较优势就会不以人的意志为转移而客观地发生作用。因此，比较优势战略假定各国市场制度基本健全，以一般均衡为基本理论分析框架，从成熟的市场经济运行角度来考察国际经济和国际贸易，然而，对正处于转型的国家来说，这种传导机制并不一定通畅，存在一定的系统性障碍。市场机制的不健全、产权制度的不完善，会降低或削弱经济主体利用、创造和提升比较优势、获得比较利益的动力，由此资本积累难以持续，相应的产业结构升级也难以自动、顺利地实现。

笔者认为，应努力构建这样一种环境：事前，有关经济主体对其贡献性努力后所获结果的预期能稳定化；事后，有关经济主体能盈利且可持续。只有这样，经济主体才有持续创造和提升比较优势并将其转化为竞争优势的积极性。只有构建明晰的产权保护制度（包括有关个私企业的产权保护条文进入宪法），才能使资金、技术、知识逐渐由相对稀缺变为相对丰富，从而动态地优化产业结构与贸易结构，提高本国在国际竞争中的地位。由于国际市场的不完全竞争性和现代企业规模经济的存在，而制度又是由人们创造并约束人们的游戏规则，因此，制度创新不仅可使各国更好地利用其已有的比较优势，而且能启动其潜在的比较优势。因此，具有激励创新功能的制度本身就是一种尚未被人们充分认识和理解的

---

① 林毅夫等. 比较优势与发展战略——对"东亚奇迹"的再解释 [J]. 中国社会科学，1999 (5)：3 - 5.

比较优势。

3.3.2　人力资本的积累依赖于有效的制度安排

与有形资本一旦形成后可重复地产生收益相类似，人们通过教育和培训投资后，一旦拥有了熟练的技术，也可凭借技术不断获取较高的收入，故可视劳动技能为一种资本，即人力资本。人力资本概念经过"里昂惕夫之谜"的讨论而受到人们的广泛关注后几经发展，已演化为独立的生产要素，并成为经济学领域的一个重要概念。随着 20 世纪 90 年代以来科技创新能力在竞争中的重要性显著提高和知识密集型产业的兴起，人力资本正逐步取代实物资本而成为关键的生产要素。企业之间的竞争，乃至国家之间的竞争，表面上看来是经济实力和技术水平的竞争，但实际上最根本的还是人才及其拥有的人力资本之间的竞争。而人力资本的积累，有赖于一国制度的有效安排。

1. 人力资本是国际竞争中的关键因素

人力资本是指，知识、技能、资历、经验和熟练程度、健康等的总称，代表人的能力和素质。人力资本的显著标志是其既是人自身的一部分，同时又是一种资本，是未来收入的源泉。在舒尔茨看来，人力资本与物质资本既有同质性，又有异质性。同质性表现在两者都有资本的属性，都能带来收益；异质性在于两者的收益率是不同的。企业中人力资本不是指企业中所有的人，而是特指企业中的三种人——企业的管理者（企业家）、市场营销人员和技术创新者。我们知道，经济增长的源泉有二：一是增加要素（劳动和资本）的投入；二是提高综合要素的生产率。因为要素投入的增长量是有限的，因此，经济增长的根本在于提高生产率。人力资本作用的发挥可导致生产效率的提高。从世界范围来看，任何成功的企业的一个突出特征，就是始终保持了极高的人力资本投资。因此，对于企业的发展，无论其下一步增创优势的目标指向哪里，提高企业的人力资本存量应该都是明智的先期选择。实证研究表明，由于美国具有相对丰富的、拥有专门技能的劳动力，使其在一些生产高附加值产品、高技术产品的行业（如飞机制造、电子计算机软件、硬件等）中，拥有较明显的竞争优势。据美国经济学家测算：1900 ~ 1957 年，美国物质资本投资增加 4.5 倍，利润增加 3.55 倍；而人力资本投资增加 3.5 倍，利润却增加 17.55 倍。1919 ~ 1957 年，美国国民生产总值增长额有 49% 是人力资本投资的结果。① 可见，人力资本投入的收益率比物质资本投

① 资料来源：http://www2.sdg.com.cn/monthly/1997/11/1r7.htm.

入的收益率高得多。因此，人力资本存量的扩张和质的提高，是当代经济发展的重要因素。

人力资本属于无形资产，是体现在劳动者身上的知识与技能所具有价值的凝固。一般而言，人力资本是智力资本和体力资本的总和，同时，具有资本和人的双重特性。人力资本最主要的特点是属于个人，具有私有性、差异性、隐蔽性和主动性。人力资本完全属于其载体——人，而别人难以强令其输出。这就产生了一个如何才能有效激励及约束的问题。

2. 有效的制度安排有利于人力资本积累

有活力的制度是国际竞争力提升的必要条件，如果制度缺乏活力，经济主体就缺少获得比较利益的动力。即使有了丰富的生产要素，比较优势的利用和提升也会受到抑制，国际竞争优势的构建就无从谈起。

新制度经济学的研究表明，如果一个国家的制度因素制约了该国人力资本的积累，那么，该国的社会发展和财富积累就会受到严重影响。反之，则可能形成某种良性循环。即一个国家的制度创新可更多地激励人们对人力资本积累的投入，由此导致该国经济竞争力的增强和财富的增多，能使其有更强的能力增加对人力资本积累的投入。因此，由制度创新所致的人力资本增多，可以构成一个国家经济增长和外贸发展的内生变量。

企业的发展、壮大，甚至最终取得垄断地位，唯有依靠先进的技术，在资本市场日益成熟的今天更是如此。当今世界知名的制造企业无不拥有自己的核心技术，这些核心技术既是使自己获取超额利润的来源，也是阻止竞争对手进入该领域的有效手段。只有不断进行技术创新的企业才能领导市场的潮流，产品老化、技术落后的企业则只能被市场所淘汰，这已为企业界和学界所公认。而在现代经济中，技术越来越多地体现出"属人"的特性，即技术不再像以前那样仅仅凝结在企业物质资本中，而是更多地储存在技术人员的头脑中。这时的技术人员已不仅是企业雇用的高素质劳动者，更是资本的载体。D. C. 诺斯先把技术创新和制度创新联系起来，并把技术创新最终归结为产权制度对技术创新激励的结果，"取决于一个驱动模型和激励结构的存在"。

在企业层次，人力资本对企业国际竞争力的影响，突出地表现在企业家作用的发挥上。法国经济学家让·巴蒂斯特·萨伊（Jean Baptiste Say）认为，企业家是把土地、劳动力、资本这三个要素结合在一起的第四生产要素。[1] 随着经济全

---

[1] ［法］萨伊. 政治经济学概论［M］. 北京：商务印书馆，1963.

球化的发展，企业家的作用就更为突出。在国际商务领域，交易比国内商务更加复杂。跨国远距离贸易与本地集市贸易有本质的不同。集市贸易虽然存在信息不对称，但竞争程度较大的市场结构能够把这种不对称性限制在较小范围，而跨国远距离贸易则存在大量的信息问题：语言、文化、历史、风俗、偏好、商业习惯等差异及较远的地理距离，都使交易双方较难建立稳固的信誉来确保信息的可信程度，履约保障也存在较大的不确定性。因而，交易的成功在很大程度上靠企业家才能，其中，包括企业家特有的知觉和"成事能力"（put things-through）。新贸易理论将规模经济视为贸易发展的一个主要动因，而企业的规模实际上是企业家能力的函数。企业家能力的发挥，是企业规模发展的基本前提之一。可见，规模经济的重要来源之一，是企业家的人力资本。因此，若一个国家的制度因素能对企业家拥有的特殊人力资本的形成提供足够的激励，就可以更快地产生一大批熟谙国际贸易和海外市场的企业家，从而直接影响该国国际贸易的发展，促进其原有比较优势的发挥。

同时，制度创新有利于改善企业的组织结构，从而提高企业的国际竞争力。在市场经济条件下，以提高国际竞争力为目的的企业组织结构演进需要遵循两条原则。其一是产权明晰的原则。企业组织结构自我演进得以进行的根本条件和逻辑起点是允许并鼓励经济主体（包括企业和个人）对自身利益正当、合法的追求，并通过制度对人们以贡献性努力而得到的正当利益予以维护。否则，经济主体就会失去追求降低交易成本的动力，企业组织结构自我演进的活力源泉就会被堵塞。产权明晰有助于各国企业在激烈的国际市场竞争中，为了获得更大的利益而不断探索建立一种更能节约交易成本、生产成本和组织成本的新的组织结构。其二是资产组合与资产重组的效率导向原则。在市场经济中，无论是托拉斯还是康采恩，其形成的主要动因就是人们对提高经济效率的追求。对于参与国际经贸的大批中小企业而言，可以股权或契约等方式将自己的产销活动纳入大企业（集团）的经营体系，还可以通过商会、行业协会等机构建立相互支持、补充、服务的横向联系，以形成某种群效应（clustering），从而大大降低参与国际商务的交易成本与交易风险，增强自身的国际竞争力。

经济史表明，在有利于人力资本积累的各种制度安排中，产权明晰界定且可得到明确保障是最有效的。萨伊指出："安稳地享用自己的土地、资本和劳动的果实，乃是诱使人们把这些生产要素投入生产用途的最有力动机。"① 从理性预期的角度来看，产权明晰的制度可为人们进行人力资本自我投资和自我积累提供

---

① ［法］萨伊. 政治经济学概论［M］. 北京：商务印书馆，1963.

确切的预期，故可对一个国家具有国际水准的企业家群体的产生提供可持续的有力激励。欧洲发达诸国早年大批具有国际水准的企业家的涌现及由此导致的海外商贸的发达，在很大程度上得益于此。如果一个国家的制度因素和非制度因素制约了企业家的形成，没有为其成长提供足够的激励，企业家人力资本存量则不足。而这会影响比较优势转化为竞争优势和可获得比较利益的多少，从而直接影响该国对外贸易的发展。

3.4　数字经济对比较优势转化为比较利益的影响

随着数字经济时代的到来，互联网、物联网、云计算、大数据等在传统产业研发设计、生产制造、营销管理等领域不断渗透、交叉甚至重组，推动中国传统产业设计、生产、管理、经营和服务的信息化、数字化、网络化和智能化水平的提高，有利于传统产业新竞争优势的形成和国际竞争力的提升，数字经济已成为推动中国实体经济高质量发展的新动能。

1. 数字经济推动传统产业研发设计网络化和柔性化

中国传统产业在核心技术研发、产品设计等方面，与国外先进水平差距较大。数字经济的发展，为传统产业发展带来了新的机遇。例如，在纺织服装产业，利用信息网络技术，研究开发印染生产网络监控系统、数字化印花集成技术等印染生产线的数字化技术；利用物联网技术研究设计可穿戴设备类的智能纺织产品；通过感测器等电子元件，捕捉纺织产品使用者的生理信息，从而赋予纺织产品新的功能，可更好地满足消费者的差异化需求。根据国际数据公司（international data corporation）预测，穿戴式装置出货量将以 18.4% 的年复合成长率（CAGR）增长，从 2017 年的 1.132 亿支快速增加，预测在 2021 年时将增加到 2.223 亿支。① 随着信息网络技术应用到量体、样品制作、裁剪和生产技术上，3D 扫描和设计公司定制、计算机辅助设计等生产技术应用广泛，纺织服装企业不仅通过大规模定制提供更多的差异性产品，而且通过网络协同设计、基于互联网平台的众包设计，可以提升企业协同设计能力，从而形成新的竞争优势。又如，爱斯达服饰有限公司自主研发了智能裁缝机器人，以远程定制为商业模式，通过"智能裁缝"定制平台，消费者既可自行选择面料、色

---

① 2021 年穿戴式设备出货量将超 2 亿支，见国际电子商情网.

彩、图案、款式，进行 DIY 设计，又可与设计师直接交流（即 D2C 模式），选择符合自己理念和个性化需求的设计，实现了个性化定制产品批量化生产，生产效率提高了 30% ~ 50%，成为全球首个"服装远程定制和快速制造平台"（www. idiymall. com）。① 青岛红领集团构建了订单提交、设计打样、生产制造、物流交付一体化的酷特互联网平台，将个性化定制和大规模工业化生产融于一体，全球客户都可以在这个平台上参与设计、提交个性化定制的需求，企业经济效益大幅度提高，设计成本下降了 40%，原材料库存减少了 60%，生产周期缩短了 40%，产品储备周期缩短了 30%，生产成本下降了 30%。②

2. 数字经济推动传统产业生产过程自动化和智能化

数字经济的快速发展为智能装备产业发展奠定了基础，推进了传统产业制造设备的智能化改造，推动了传统产业生产过程的自动化、数字化、网络化和智能化。主要体现在两个方面：一是机器换人，不仅可缓解劳动力短缺，而且还可提高传统产业管控一体化应用程度，从而提升企业的生产效率。如江苏盛虹集团引进工业机器人并导入互联网技术，企业整体用工减少 34%。③ 二是生产制造设备的智能化改造。例如，在纺织产业，3D 编织、数字化印染等数字自动化设备等智能化装备的大量应用，建立数字化生产线，实现生产过程智能化，全程监控从纺丝至成衣加工制作的整个流程；生产制造中广泛采用大数据分析、智能决策的智能制造模式，通过物联网与服务网将智能机器、存储系统和生产设施融入实体物理系统，可全面提高全产业链的自动化程度、智能化程度，智能制造单元、智能生产线、智能车间、智能工厂、智慧纺织日益增多。可见，传统产业技术与数字技术的融合，可提升制造设备数字化、自动化和智能化水平，从而摒弃粗放型制造，形成差异化竞争优势。

3. 数字经济推动传统产业管理过程的数字化和可视化

企业可通过建立以客户为中心的信息系统和管理信息化平台，促进管理过程的数字化与可视化，提高信息反馈能力和市场预警预测能力；通过构建互联网社交化软件建立社会化参与的产品设计生态圈，可拓展全球 B2B 线上及线下合作

① 爱斯达. 新华社解读什么是"爱斯达模式" [N]. 经济参考报，2016 - 02 - 01.

② 红领集团：个性化定制工业化生产，世界互联网工业大会 [EB/OL]. [2015 - 09 - 14]. http：// www. wiicqd. com/focus/web/2015/0828/43. html.

③ 互联网 +，加出苏州产业新动能 [N]. 新华日报，2016 - 10 - 04.

伙伴渠道,将供应商、制造商、分销商、零售商,直到最终用户连成一个整体的功能网链结构,从而推进信息流、物流、资金流和商流高效协同。例如,浙江报喜鸟公司通过持续优化开放式平台架构,构建了自主创新开发信息系统,打通了生产营销系统,实现了线上、线下互动营销,为消费者对公司(C2B)全品类私人定制业务、电子商务业务提供技术支持,从而实现了产销无缝对接,物耗下降了10%,能耗下降了10%[①],有效降低了企业库存,提升了企业的核心竞争力。

4. 数字经济推动传统产业营销模式创新和营销渠道拓展

传统产业与数字技术的深度融合和互促共进,创新了营销网络模式。随着信息网络技术的发展,电子商务等新型营销模式日益被企业接受并采用,传统产业与电子商务不断融合、渗透。随着电子商务基础设施、电子商务物流、网络支付、法律法规等逐渐完善,网络市场迅速发展,淘宝网、京东商城等电子商务模式的崛起,通过公司到公司、公司到消费者(B2B、B2C)等电商营销平台,拓展国际市场销售渠道。与传统销售模式相比,新型模式具有销售环节少、商品信息透明度高、交易成本低、受地域和时间影响较小等特点,从而促进了其竞争优势的提升。例如,2014年以来,纺织产品已成为中国全球跨境网购的热销产品;2018年,中国跨境电商出口产品中纺织产品规模名列第二;网上轻纺城在2012年6月实现在线交易功能,2018年网上市场实现交易额420.4亿元,线上、线下成交额累计突破2000亿元。[②]

5. 数字经济推动传统产业"制造+服务"的融合创新

数字技术和先进制造技术的革命性突破和交叉融合,催生了传统产业新模式和新业态。传统企业利用大数据、互联网、物联网等技术,在专业服务平台的支撑下,可以创新和完善传统产业增值服务模式。例如,在纺织产业,可以把用户的需求放在价值链的首端,按照市场需求进行大批量资源配置和信息检索,实现纺织制造资源的智能化配置;可以通过互联网、电子商务、实体店等线上、线下的多元销售渠道和商务交流活动,实现纺织企业产品与市场需求快速对接,并通过全过程数据化驱动跟踪和网络化运作,优化产品的设计与质量。通过开发智能纤维,织成智能面料;通过开发新型染色或后整理加工方法,或与电子智能元器件相结合,使普通织物具有智能特性等。智能纺织产品具有感知、分析、通信等功能,可适用于军事、医疗、防护、运动等领域。例如,智能

---

① 报喜鸟公司:拥抱互联网,服装产业仍是主业 [EB/OL]. http://www.baoxiniao.com.cn/article/show/id/1546.html.

② 网上轻纺城, http://www.qfc.cn。

家纺可以与智能家居合作，利用移动互联网技术和云计算技术，开展睡眠健康监测及相关增值服务。因此，数字技术融入纺织产业的全生命周期、全产业链，可培育制造与服务融合共生发展的新型产业业态，从单一的"制造＋销售"传统业态转向"制造＋服务"为整体的新型业态，推动企业开展在线增值服务，拓展产品价值空间，推进"中国制造"向"中国智造"转型升级，从而促进中国产业竞争力的提升。

可见，数字经济重塑了中国传统产业的国际竞争优势。中国要进一步加强传统产业信息基础设施建设，提高数字技术的自主创新能力，通过传统产业与数字技术的深度融合，推动中国传统产业技术进步、效率提升和组织变革，推动传统产业从价值链低端向价值链高端攀升，从而实现中国传统产业由大到强的转变。

第4章　中国与"一带一路"沿线国家贸易现状及贸易特征

//////////////

改革开放使得中国经济迅速发展，对外贸易不断拓展，2001 年加入 WTO 之后，对外贸易环境不断优化，对外贸易额不断攀升。"一带一路"沿线国家数量众多，已逐渐成为中国对外贸易的重要市场。

4.1　中国对"一带一路"沿线国家的贸易规模

"一带一路"沿线国家①为 65 个国家②，将其按地区划分，包括：中亚的哈萨克斯坦、乌兹别克斯坦、土库曼斯坦、塔吉克斯坦、吉尔吉斯斯坦；东亚的东盟十国和蒙古国，其中，东盟十国包括印度尼西亚、马来西亚、菲律宾、新加坡、泰国、文莱、越南、老挝、缅甸、柬埔寨；南亚的印度、巴基斯坦、孟加拉国、阿富汗、斯里兰卡、马尔代夫、尼泊尔、不丹；中东欧的波兰、立陶宛、爱沙尼亚、拉脱维亚、捷克、斯洛伐克、匈牙利、斯洛文尼亚、克罗地亚、波黑、黑山、塞尔维亚、阿尔巴尼亚、罗马尼亚、保加利亚、马其顿；独联体的

---

① http://ydyl.people.com.cn/n1/2017/0420/c411837 - 29225243.html；中国一带一路网，https://www.yidaiyilu.gov.cn/。此外，2019 年初，马其顿共和国更名为北马其顿共和国，简称北马其顿，https://www.yidaiyilu.gov.cn/gbjg/gbgk/897.htm.

② 在"一带一路"沿线国家中，因蒙古国和埃及的数据不全，故在 4.2 节、4.3 节的东亚地区样本中未包括蒙古国，只包括东盟；在 4.1 节、4.2 节、4.3 节的样本中，未包括埃及。

乌克兰、白俄罗斯、格鲁吉亚、阿塞拜疆、亚美尼亚、摩尔多瓦、俄罗斯；西亚的伊朗、伊拉克、土耳其、叙利亚、约旦、黎巴嫩、以色列、巴勒斯坦、沙特阿拉伯、也门、阿曼、阿拉伯联合酋长国、卡塔尔、科威特、巴林、希腊、塞浦路斯和埃及。[①] 随着"一带一路"倡议的提出和推进，中国与"一带一路"沿线国家的贸易规模不断扩大，结构不断优化。

1. 中国对"一带一路"沿线国家贸易规模迅速扩大

中国对"一带一路"沿线国家贸易总额从 2003 年的 1588.27 亿美元增加到 2018 年的 12558.77 亿美元，年均增长率达到 14.78%；中国与"一带一路"沿线国家双边贸易额占中国对外贸易总额之比持续上升，从 2003 年的 18.66% 增加到 2018 年的 27.17%，如表 4-1、表 4-2 所示，说明"一带一路"沿线国家已成为中国越来越重要的贸易伙伴。[②]

表 4-1　　　　　中国对"一带一路"沿线国家进出口贸易额　　　单位：亿美元

年份	进口总额	出口总额	贸易总额
2003	824.20	764.07	1588.27
2004	1124.09	1016.03	2140.13
2005	1408.80	1347.33	2756.13
2006	1697.38	1850.41	3547.79
2007	2077.32	2623.01	4700.33
2008	2617.27	3308.83	5926.10
2009	2185.88	2787.95	4973.82
2010	3221.29	3655.37	6876.66
2011	4387.90	4519.30	8907.20
2012	4577.64	4976.09	9553.73
2013	4700.82	5656.65	10357.47
2014	4827.10	6307.72	11134.83
2015	3875.26	6049.82	9925.08
2016	3660.47	5737.40	9397.87
2017	4535.24	6278.49	10813.73
2018	5618.31	6940.46	12558.77

资料来源：国家统计局年度数据，http：//data.stats.gov.cn/easyquery.htm? cn = C01.

① 本章的地区划分，仅是对本章选取的"一带一路"沿线国家的样本的分类。在本章中，除特别说明外，中亚、东亚、南亚、中东欧、独联体、西亚，都是按照上述分类标准对"一带一路"沿线国家进行分类。

② 中国对"一带一路"沿线国家的贸易数据，来自国家统计局年度数据，http：//data.stats.gov.cn/easyquery.htm? cn = C01.

表4-2　　　中国对“一带一路”沿线国家贸易总额占中国对外贸易总额之比　　　单位:%

年份	贸易总额占比	年份	贸易总额占比
2003	18.66	2011	24.46
2004	18.54	2012	24.71
2005	19.38	2013	24.90
2006	20.15	2014	25.89
2007	21.60	2015	25.11
2008	23.12	2016	25.50
2009	22.53	2017	26.33
2010	23.12	2018	27.17

资料来源:国家统计局年度数据,http://data.stats.gov.cn/easyquery.htm? cn = C01.

2. 中国对“一带一路”沿线地区进出口贸易规模差异较大

中国与东盟的贸易发展是最为迅速的,进出口贸易额是六个地区中最大的。2018年,中国对东盟出口3189.97亿美元,中国从东盟进口2686.07亿美元,而西亚地区仅次于东盟并与中国贸易联系最为紧密,2018年中国对西亚出口1157.92亿美元,进口1592.28亿美元。其他四个地区与东盟、西亚相比,贸易额较小,2018年,中国对独联体和中东欧出口分别为580.59亿美元和591.83亿美元;中国从中亚进口贸易额最少,2018年,中国从中亚进口仅为191.02亿美元,如表4-3、表4-4所示。

表4-3　　　　2003~2018年中国对“一带一路”沿线地区出口贸易额　　　单位:亿美元

年份	东盟	西亚	南亚	中亚	独联体	中东欧
2003	309.27	220.49	71.91	20.63	72.26	67.95
2004	428.99	247.06	112.31	30.15	108.09	87.09
2005	553.67	309.30	159.61	52.29	161.34	107.93
2006	713.11	409.05	233.93	77.38	202.60	209.99
2007	941.47	593.76	351.15	126.92	353.13	249.75
2008	1143.17	738.12	443.90	225.96	421.23	327.38
2009	1062.57	642.05	418.62	168.25	223.08	262.70
2010	1381.60	799.09	576.08	165.30	372.90	345.90
2011	1700.71	1004.35	713.02	185.85	486.43	401.63
2012	2042.55	1057.98	704.48	213.04	543.46	388.03
2013	2440.40	1198.92	752.48	232.41	602.76	405.20
2014	2720.46	1412.38	858.29	240.53	616.86	437.05
2015	2772.91	1317.13	942.44	175.63	404.42	421.58
2016	2560.68	1151.43	958.64	179.69	439.46	437.62
2017	2795.02	1186.02	1073.60	213.20	503.46	494.82
2018	3189.97	1157.92	1177.71	225.99	580.59	591.83

资料来源:国家统计局年度数据,http://data.stats.gov.cn/easyquery.htm? cn = C01.

表4-4　　　　2003～2018年中国从“一带一路”沿线地区进口贸易额　　单位：亿美元

年份	东盟	西亚	南亚	中亚	独联体	中东欧
2003	473.28	150.34	48.85	20.11	111.24	17.33
2004	629.67	223.14	83.62	28.28	134.03	20.54
2005	749.94	317.48	107.25	34.98	171.93	21.61
2006	895.27	417.06	114.27	43.20	184.58	31.32
2007	1083.86	493.26	159.01	69.69	210.23	47.55
2008	1170.03	820.29	214.68	82.27	256.57	57.98
2009	1067.49	581.68	152.05	69.20	241.12	60.53
2010	1547.01	902.46	229.64	136.03	287.46	92.98
2011	1930.18	1376.18	261.10	210.66	445.10	127.48
2012	1958.92	1492.45	226.11	246.44	481.50	132.55
2013	1995.58	1604.80	210.05	270.33	439.01	145.75
2014	2082.40	1653.36	201.87	209.59	463.57	165.08
2015	1944.75	1048.26	169.63	150.54	383.22	140.70
2016	1963.07	882.86	148.47	120.78	359.57	149.29
2017	2359.51	1147.20	193.86	145.59	452.27	184.94
2018	2686.07	1592.28	223.59	191.02	631.35	230.37

资料来源：国家统计局年度数据，http://data.stats.gov.cn/easyquery.htm? cn=C01.

3. 中国对“一带一路”沿线地区进出口贸易差额差异较大

由表4-5可知，2012年以来，中国对西亚在较多的年份里都存在较大的贸易逆差、贸易收支状况波动比较大，2015年，中国对西亚形成268.87亿美元顺差额，2018年却转变为434.36亿美元的逆差；与中亚几乎保持着贸易平衡状态，与东盟、南亚、中东欧保持贸易顺差状态。对于东盟，贸易顺差额总体呈先上升、后下降态势，2015年形成最大贸易顺差828.16亿美元。中东欧贸易顺差额较为稳定，南亚保持明显的增长态势，尤其在2018年达到954.12亿美元贸易顺差额。

表4-5　　　中国对“一带一路”沿线地区贸易差额（出口额-进口额）　　单位：亿美元

年份	东盟	西亚	南亚	中亚	独联体	中东欧
2012	83.63	-434.47	478.37	-33.39	61.96	255.49
2013	444.82	-405.88	542.42	-37.92	163.75	259.45
2014	638.05	-240.98	656.42	30.94	153.28	271.96
2015	828.16	268.87	772.81	25.09	21.19	280.88
2016	597.61	268.57	810.17	58.91	79.89	288.33
2017	435.52	38.82	879.74	67.61	51.19	309.88
2018	503.90	-434.36	954.12	34.97	-50.76	361.46

资料来源：国家统计局年度数据，http://data.stats.gov.cn/easyquery.htm? cn=C01.

4.2 中国对"一带一路"沿线地区的出口商品结构

中国对"一带一路"沿线地区的出口商品结构以工业制成品（SITC5 ~ SITC8）[①] 为主，且工业制成品出口占比较高，西亚、南亚、中亚、独联体、中东欧年均占比分别为 96.68%、96.07%、97.54%、94.84%、97.98%；东盟占比较低，年均占比为 89.89%，如表 4 - 6 所示。

表 4 - 6 　中国对"一带一路"沿线地区工业制成品出口占比 　　　　单位:%

年份	东盟	西亚	南亚	中亚	独联体	中东欧
2007	90.45	96.34	94.90	97.94	95.34	97.62
2008	91.77	96.63	94.84	98.32	95.26	97.65
2009	88.86	96.54	96.18	98.11	93.53	97.84
2010	88.34	96.31	96.11	97.58	94.55	97.96
2011	88.96	96.70	96.12	97.45	94.40	97.64
2012	90.70	96.90	97.07	97.60	95.20	98.03
2013	90.42	97.10	96.51	97.29	95.48	98.04
2014	90.59	97.05	96.19	96.98	95.45	98.09
2015	91.48	97.03	96.54	96.46	94.57	98.19
2016	89.60	96.80	96.19	97.64	94.55	98.20
2017	88.76	96.81	96.23	97.58	94.79	98.22
2018	88.73	95.92	95.94	97.58	94.97	98.22
2007 ~ 2018 年均占比	89.89	96.68	96.07	97.54	94.84	97.98

资料来源：联合国贸易数据库，https：//comtrade.un.org。

为进一步分析中国对"一带一路"沿线地区出口的商品结构，对出口商品进行划分，按照使用要素密集程度不同，可以将 SITC5 ~ SITC8 类商品分为两类，SITC5 类商品和 SITC7 类商品作为资本—技术密集型产品、SITC6 类商品和 SITC8 类商品作为资源—劳动密集型产品，从生产要素角度分析各地区出口商品结构（李晓钟等，2018）。

---

　　① 中国对"一带一路"沿线国家的 SITC 分类的贸易数据都来自联合国贸易数据库（https：//comtrade.un.org/），分类标准采用《国际贸易标准分类》第四版（SITC Rev.4）。SITC0 指食品及主要供食用的活动物，SITC1 指饮料及烟类，SITC2 指燃料以外的非食用粗原料，SITC3 指矿物原料、润滑油及有关原料，SITC4 指动植物油脂及油脂，SITC5 指化学产品及制品，SITC6 指按原料分类的制成品、橡胶制品等按原料分类的制成品，SITC7 指机械及运输设备，SITC8 指杂项制品，SITC9 指没有分类的其他商品。一般把 SITC0 ~ SITC4 类商品作为初级产品，SITC5 ~ SITC8 类商品作为工业制成品。

1. 中国对东盟、南亚和中东欧的出口商品结构以资本—技术密集型产品为主

自 2007 年以来,中国对东盟、南亚和中东欧的出口商品结构一直比较稳定,2007~2018 年,中国对东盟出口的资本—技术密集型产品年均占比为 50.51%,资源—劳动密集型产品年均占比为 39.38%。中国对南亚出口的资本—技术密集型产品年均占比为 58.93%,资源—劳动密集型产品年均占比为 37.14%。中国对中东欧出口的资本—技术密集型产品年均占比为 58.44%,资源—劳动密集型产品年均占比为 39.53%。①

如表 4-7~表 4-9 所示,2007~2018 年中国对东盟、南亚和中东欧出口最多的都是 SITC7 类商品(机械及运输设备),2018 年中国对东盟出口 SITC7 类商品 1309.30 亿美元,占中国对东盟出口总额的 40.83%,2018 年中国对南亚和中东欧分别出口 SITC7 类商品为 516.40 亿美元和 321.61 亿美元,占中国对南亚和中东欧出口总额的 43.75% 和 54.23%,而且,都有明显增长态势。但中国对三个地区出口 SITC5 类商品(化学产品及制品)较少,2018 年对东盟、南亚和中东欧分别出口 271.50 亿美元、191.52 亿美元和 26.99 亿美元,占中国对东盟、南亚和中东欧出口总额的 8.47%、16.23% 和 4.55%。

表4-7	2007~2018 年中国对东盟出口的主要商品			单位:亿美元
年份	SITC5	SITC6	SITC7	SITC8
2007	69.65	215.01	450.13	121.96
2008	92.87	256.42	555.68	144.15
2009	78.54	190.40	524.30	151.35
2010	107.37	286.17	625.35	201.67
2011	140.72	388.91	733.84	249.49
2012	155.24	475.62	842.51	379.39
2013	175.07	596.47	960.82	474.19
2014	204.07	710.51	1044.87	505.05
2015	202.65	733.61	1106.11	494.20
2016	202.76	692.80	992.91	405.39
2017	235.45	690.92	1129.35	425.17
2018	271.50	802.26	1309.30	462.28

资料来源:联合国贸易数据库,https://comtrade.un.org.

表4-8	2007~2018 年中国对南亚出口的主要商品			单位:亿美元
年份	SITC5	SITC6	SITC7	SITC8
2007	56.89	100.89	152.60	23.74
2008	71.67	115.63	203.83	29.87
2009	62.23	102.13	206.22	32.04
2010	98.88	152.05	253.55	49.22
2011	128.63	188.02	303.27	65.40

---

① 资料来源:联合国贸易数据库,https://comtrade.un.org.

续表

年份	SITC5	SITC6	SITC7	SITC8
2012	124. 17	184. 27	292. 22	83. 16
2013	125. 42	204. 88	290. 61	105. 28
2014	154. 23	242. 89	309. 84	118. 61
2015	162. 16	266. 35	352. 01	129. 32
2016	137. 26	250. 79	411. 91	121. 97
2017	150. 45	262. 92	487. 21	132. 56
2018	191. 52	290. 62	516. 40	133. 80

资料来源：联合国贸易数据库，https：//comtrade. un. org.

表4-9　　　　　　　　2007~2018 年中国对中东欧出口的主要商品　　　　　单位：亿美元

年份	SITC5	SITC6	SITC7	SITC8
2007	7. 45	36. 56	130. 83	69. 68
2008	9. 61	42. 24	177. 98	89. 87
2009	7. 23	26. 59	156. 59	67. 36
2010	10. 19	35. 80	205. 53	87. 34
2011	14. 64	50. 09	225. 43	102. 00
2012	15. 33	52. 23	206. 70	106. 13
2013	16. 04	53. 96	216. 79	110. 48
2014	17. 71	59. 44	237. 23	114. 31
2015	16. 94	54. 93	229. 89	112. 18
2016	17. 07	59. 06	234. 22	119. 23
2017	21. 02	68. 87	259. 60	136. 53
2018	26. 99	81. 34	321. 61	152. 57

资料来源：联合国贸易数据库，https：//comtrade. un. org.

如表4-10~表4-12所示，2007年中国对东盟出口资本—技术密集型产品519.78亿美元，占中国对东盟出口总额的54.88%；中国对东盟出口资源—劳动密集型产品贸易额为336.97亿美元，占中国对东盟出口总额的35.58%。到2018年，中国对东盟出口资本—技术密集型产品贸易额为1580.80亿美元，但占比有所下降，为49.30%，而中国对东盟资源—劳动密集型产品出口占比有所上升，为39.44%。中国对南亚的出口商品结构较稳定，2007~2018年，资本—技术密集型产品年均占比为58.93%，资源—劳动密集型产品年均占比为37.14%。2018年，中国对中东欧资本—技术密集型产品出口占比为58.78%，资源—劳动密集型产品出口占比为39.44%。

表4-10　　　2007~2018 年中国对东盟不同要素密集度商品的出口额及占比

年份	初级产品		工业制成品			
			资本—技术密集型产品		资源—劳动密集型产品	
	出口额（亿美元）	占中国对东盟总出口额的百分比（%）	出口额（亿美元）	占中国对东盟总出口额的百分比（%）	出口额（亿美元）	占中国对东盟总出口额的百分比（%）
2007	89. 17	9. 41	519. 78	54. 88	336. 97	35. 58
2008	93. 26	8. 16	648. 55	56. 73	400. 57	35. 04
2009	117. 57	11. 06	602. 85	56. 71	341. 75	32. 15

续表

| 年份 | 初级产品 | | 工业制成品 | | | |
| | | | 资本—技术密集型产品 | | 资源—劳动密集型产品 | |
	出口额（亿美元）	占中国对东盟总出口额的百分比（%）	出口额（亿美元）	占中国对东盟总出口额的百分比（%）	出口额（亿美元）	占中国对东盟总出口额的百分比（%）
2010	160.48	11.62	732.72	53.03	487.84	35.31
2011	184.68	10.86	874.56	51.42	638.40	37.54
2012	184.50	9.03	997.75	48.84	855.00	41.86
2013	231.09	9.47	1135.89	46.55	1070.66	43.87
2014	254.52	9.36	1248.94	45.91	1215.56	44.68
2015	231.89	8.36	1308.76	47.20	1227.81	44.28
2016	249.45	9.74	1195.68	46.71	1098.18	42.90
2017	299.71	10.72	1364.80	48.83	1116.09	39.93
2018	349.14	10.89	1580.80	49.30	1264.53	39.44

资料来源：联合国贸易数据库，https：//comtrade.un.org.

表 4 - 11　2007~2018 年中国对南亚不同要素密集度商品的出口额及占比

| 年份 | 初级产品 | | 工业制成品 | | | |
| | | | 资本—技术密集型产品 | | 资源—劳动密集型产品 | |
	出口额（亿美元）	占中国对南亚总出口额的百分比（%）	出口额（亿美元）	占中国对南亚总出口额的百分比（%）	出口额（亿美元）	占中国对南亚总出口额的百分比（%）
2007	13.71	3.89	209.49	59.50	124.64	35.40
2008	20.72	4.67	275.51	62.06	145.50	32.78
2009	14.80	3.54	268.45	64.13	134.17	32.05
2010	21.84	3.79	352.43	61.18	201.26	34.94
2011	27.05	3.79	431.90	60.57	253.42	35.54
2012	20.67	2.93	416.39	59.11	267.43	37.96
2013	26.27	3.49	416.03	55.29	310.16	41.22
2014	32.72	3.81	464.07	54.07	361.50	42.12
2015	32.51	3.45	514.18	54.56	395.67	41.98
2016	36.21	3.78	549.17	57.30	372.76	38.89
2017	39.83	3.71	637.66	59.39	395.49	36.84
2018	46.99	3.98	707.92	59.98	424.42	35.96

资料来源：联合国贸易数据库，https：//comtrade.un.org.

表 4 - 12　2007~2018 年中国对中东欧不同要素密集度商品的出口额及占比

| 年份 | 初级产品 | | 工业制成品 | | | |
| | | | 资本—技术密集型产品 | | 资源—劳动密集型产品 | |
	出口额（亿美元）	占中国对中东欧总出口额的百分比（%）	出口额（亿美元）	占中国对中东欧总出口额的百分比（%）	出口额（亿美元）	占中国对中东欧总出口额的百分比（%）
2007	5.95	2.38	138.28	55.20	106.24	42.41
2008	7.66	2.34	187.59	57.30	132.11	40.35
2009	5.67	2.15	163.81	62.18	93.96	35.66
2010	7.01	2.03	215.72	62.36	123.14	35.60
2011	9.46	2.35	240.07	59.77	152.09	37.87

续表

年份	初级产品		工业制成品			
			资本—技术密集型产品		资源—劳动密集型产品	
	出口额（亿美元）	占中国对中东欧总出口额的百分比（%）	出口额（亿美元）	占中国对中东欧总出口额的百分比（%）	出口额（亿美元）	占中国对中东欧总出口额的百分比（%）
2012	7.65	1.97	222.03	57.22	158.36	40.81
2013	7.93	1.96	232.83	57.46	164.43	40.58
2014	8.35	1.91	254.93	58.33	173.74	39.75
2015	7.62	1.81	246.83	58.55	167.12	39.64
2016	7.54	1.72	251.29	57.44	178.29	40.76
2017	8.20	1.66	280.62	56.71	205.39	41.51
2018	9.94	1.68	348.60	58.78	233.91	39.44

资料来源：联合国贸易数据库，https://comtrade.un.org.

与中国对东盟的出口相比，中国对南亚和中东欧的出口中，资本—技术密集型产品占比较大，但初级产品产品占比较小。

2. 中国对独联体的出口商品结构从以资源—劳动密集型产品为主过渡到以资本—技术密集型产品为主

在中国对独联体出口的商品结构中，2007年，资源—劳动密集型产品占中国对独联体总出口额的百分比为59.49%，资本—技术密集型产品占比为35.84%。到2017年，资本—技术密集型产品占比超过资源—劳动密集型产品，资本—技术密集型产品占中国对独联体总出口额的百分比为48.45%，资源—劳动密集型产品占中国对独联体总出口额的百分比为46.34%。

如表4-13所示，在2015年以前，中国对独联体出口的SITC7类商品（机械及运输设备）与SITC8类商品（杂项制品）相差不大。在2015年，SITC7类商品和SITC8类商品分别出口137.92亿美元和144.82亿美元，在2015年以后，SITC7类商品（机械及运输设备）增长较快，超过SITC8类商品（杂项制品），到2018年，SITC7类商品出口为253.44亿美元，而SITC8类商品出口仅有161.57亿美元。

表4-13　　　　　2007~2018年中国对独联体出口的主要商品　　　单位：亿美元

年份	SITC5	SITC6	SITC7	SITC8
2007	18.01	58.33	109.01	152.49
2008	22.99	84.27	150.32	143.68
2009	14.08	42.71	69.38	82.44
2010	21.19	70.17	132.19	129.04
2011	28.21	95.36	184.80	150.81
2012	30.07	106.04	217.96	163.32
2013	33.22	117.74	217.27	207.30
2014	35.56	117.92	213.42	221.91
2015	26.48	73.22	137.92	144.82

年份	SITC5	SITC6	SITC7	SITC8
2016	28.12	73.60	178.18	135.40
2017	33.62	81.85	209.85	151.03
2018	40.51	94.85	253.44	161.57

资料来源：联合国贸易数据库，https：//comtrade. un. org.

如表 4 - 14 所示，在 2016 年以前，中国对独联体的出口商品结构以资源—劳动密集型产品为主，在 2016 年以后，资本—技术密集型产品占比超过资源—劳动密集型产品，至 2018 年，中国对独联体资本—技术密集型产品出口额为 293.94 亿美元，占中国对独联体总出口额的百分比为 50.72%；中国对独联体资源—劳动密集型产品出口额为 256.42 亿美元，占中国对独联体总出口额的百分比为 44.25%，但两者差距较小。

表 4 - 14　2007 ~ 2018 年中国对独联体不同要素密集型商品的出口额及占比

年份	初级产品		工业制成品			
			资本—技术密集型产品		资源—劳动密集型产品	
	出口额（亿美元）	占中国对独联体总出口额的百分比（%）	出口额（亿美元）	占中国对独联体总出口额的百分比（%）	出口额（亿美元）	占中国对独联体总出口额的百分比（%）
2007	16.50	4.66	127.02	35.84	210.82	59.49
2008	19.96	4.74	173.31	41.14	227.94	54.11
2009	14.33	6.43	83.46	37.42	125.15	56.11
2010	20.23	5.42	153.38	41.13	199.22	53.42
2011	27.08	5.57	213.01	43.79	246.17	50.61
2012	26.09	4.80	248.03	45.64	269.36	49.56
2013	27.22	4.52	250.50	41.56	325.04	53.93
2014	28.03	4.54	248.98	40.36	339.83	55.09
2015	21.98	5.43	164.40	40.65	218.04	53.92
2016	23.21	5.28	206.30	46.96	209.00	47.58
2017	25.19	5.01	243.46	48.45	232.88	46.34
2018	28.25	4.87	293.94	50.72	256.42	44.25

资料来源：联合国贸易数据库，https：//comtrade. un. org.

3. 中国对西亚和中亚的出口商品结构以资源—劳动密集型产品为主

中国对西亚的出口商品结构比中亚更为稳定，2007 ~ 2018 年，中国对西亚的资本—技术密集型产品出口额占中国对西亚总出口额的年均百分比为 44.28%，中国对西亚的资源—劳动密集型产品出口额占中国对西亚总出口额的年均百分比为 52.39%，两者占比差距较小。而中国对中亚的资本—技术密集型产品出口份额一直在增长，从 2007 年的 24.67% 到 2018 年的 33.49%；中国对西亚的资源—劳动密集型产品则一直在下降，从 73.26% 下降到 64.08%。①

————————————

① 资料来源：联合国贸易数据库，https：//comtrade. un. org.

由表 4 - 15 可知，中国对西亚出口额第一为 SITC7 类商品（机械及运输设备），2018 年中国对西亚出口 486.41 亿美元；第二为 SITC6 类商品（轻纺织品、橡胶制品等按原料分类的制成品）；第三为 SITC8 类商品（杂项制品）；但中国对西亚出口 SITC5 类商品（化学产品及制品）的贸易额较低，2018 年出口额仅为 85.77 亿美元。

表 4 - 15　　　　　2007~2018 年中国对西亚出口的主要商品　　　　单位：亿美元

年份	SITC5	SITC6	SITC7	SITC8
2007	31.29	188.29	207.96	139.08
2008	39.85	246.23	286.56	148.85
2009	33.12	168.23	272.22	145.06
2010	45.43	220.02	326.39	177.86
2011	62.57	286.02	399.70	222.84
2012	62.98	293.13	399.10	271.33
2013	70.24	333.23	427.04	325.30
2014	81.91	388.46	520.90	388.53
2015	70.66	362.67	492.02	367.07
2016	66.00	308.97	448.84	312.45
2017	76.97	303.91	483.41	316.51
2018	85.77	305.57	486.41	291.07

资料来源：联合国贸易数据库，https://comtrade.un.org.

由表 4 - 16 可知，中国对中亚出口最多的商品是 SITC8 类商品（杂项制品），2008 年出口最多，高达 131.21 亿美元；2018 年有所下降，出口 91.02 亿美元；SITC6 类商品（轻纺织品、橡胶制品等按原料分类的制成品）和 SITC7 类商品（机械及运输设备）出口额相近，2018 年分别出口 53.55 亿美元和 64.40 亿美元。

表 4 - 16　　　　　2007~2018 年中国对中亚出口的主要商品　　　　单位：亿美元

年份	SITC5	SITC6	SITC7	SITC8
2007	4.26	28.26	27.06	64.73
2008	5.93	54.29	30.73	131.21
2009	5.47	52.24	27.30	78.54
2010	5.79	44.51	31.80	79.21
2011	7.19	50.57	43.00	80.34
2012	8.29	61.23	59.16	79.26
2013	9.57	66.78	61.33	88.43
2014	9.18	58.17	61.56	104.35
2015	7.96	44.90	49.83	66.72
2016	7.25	42.40	40.24	85.54
2017	9.29	47.23	48.86	102.65
2018	11.15	53.55	64.40	91.02

资料来源：联合国贸易数据库，https://comtrade.un.org.

由表 4 - 17 可知，在中国对西亚的出口商品结构中，资源—劳动密集型产品和资本—技术密集型产品占比都较大，除 2007 年、2013 年、2014 年和 2015 年外，资本—技术密集型产品与资源—劳动密集型产品差额比较大，两者占比差额超过 10%，其他年份两者占比差额在 10% 以内。

表 4-17　2007～2018 年中国对西亚不同要素密集度商品的出口额及占比

| 年份 | 初级产品 | | 工业制成品 | | | |
| | | | 资本—技术密集型产品 | | 资源—劳动密集型产品 | |
	出口额（亿美元）	占中国对西亚总出口额的百分比（%）	出口额（亿美元）	占中国对西亚总出口额的百分比（%）	出口额（亿美元）	占中国对西亚总出口额的百分比（%）
2007	20.90	3.55	239.26	40.68	327.38	55.66
2008	25.16	3.37	326.41	43.72	395.08	52.91
2009	21.26	3.32	305.33	47.65	313.29	48.89
2010	29.43	3.68	371.82	46.52	397.87	49.78
2011	33.01	3.29	462.27	46.03	508.86	50.67
2012	32.79	3.09	462.08	43.62	564.46	53.28
2013	34.54	2.90	497.28	41.78	658.53	55.32
2014	41.88	2.95	602.81	42.40	776.98	54.65
2015	39.52	2.97	562.68	42.24	729.75	54.79
2016	37.08	3.16	514.84	43.86	621.42	52.94
2017	38.08	3.12	560.38	45.94	620.43	50.87
2018	48.68	3.99	572.18	46.96	596.64	48.96

资料来源：联合国贸易数据库，https：//comtrade. un. org.

由表 4-18 可知，中国对中亚的出口商品结构是以资源—劳动密集型产品为导向的，2007～2018 年，中国对中亚资源—劳动密集型产品出口额占中国对中亚总出口额的年均百分比为 70.71%，中国对中亚资本—技术密集型产品出口额占中国对中亚总出口额的年均百分比为 26.83%，相差较大。但从 2008 年以后，中国对中亚资源—劳动密集型产品占中国对中亚总出口额的年均百分比呈下降态势，中国对中亚资本—技术密集型产品占中国对中亚总出口额的年均百分比呈上升态势，两者差距在缩小。

表 4-18　2007～2018 年中国对中亚不同要素密集度商品的出口额及占比

| 年份 | 初级产品 | | 工业制成品 | | | |
| | | | 资本—技术密集型产品 | | 资源—劳动密集型产品 | |
	出口额（亿美元）	占中国对中亚总出口额的百分比（%）	出口额（亿美元）	占中国对中亚总出口额的百分比（%）	出口额（亿美元）	占中国对中亚总出口额的百分比（%）
2007	2.59	2.04	31.32	24.67	92.99	73.26
2008	3.75	1.66	36.66	16.23	185.50	82.10
2009	3.11	1.86	32.77	19.66	130.78	78.46
2010	3.97	2.40	37.59	22.74	123.72	74.84
2011	4.67	2.51	50.20	27.01	130.91	70.44
2012	5.10	2.39	67.45	31.66	140.49	65.94
2013	6.21	2.67	70.90	30.51	155.21	66.78
2014	7.23	3.00	70.74	29.41	162.52	67.57
2015	6.15	3.50	57.79	32.91	111.62	63.55
2016	4.21	2.34	47.50	26.43	127.94	71.20

年份	初级产品		工业制成品			
			资本—技术密集型产品		资源—劳动密集型产品	
	出口额 （亿美元）	占中国对中 亚总出口额的 百分比（％）	出口额 （亿美元）	占中国对中 亚总出口额的 百分比（％）	出口额 （亿美元）	占中国对中 亚总出口额的 百分比（％）
2017	5.13	2.41	58.15	27.28	149.88	70.30
2018	5.44	2.41	75.55	33.49	144.56	64.08

资料来源：联合国贸易数据库，https：//comtrade.un.org.

4.3 中国从"一带一路"沿线地区进口的商品结构

中国从"一带一路"沿线地区进口的商品结构与各地区自身优势相关。

1. 中国从西亚、中亚和独联体进口以 SITC3 类商品（矿物原料、润滑油及有关原料）、SITC2 类商品（燃料以外的非食用粗原料）两类初级产品为主

中国主要从西亚进口 SITC3 类商品（矿物原料、润滑油及有关原料）。如表4－19 所示，中国从西亚进口的 SITC3 类商品占中国从西亚进口贸易总额的份额最高达83.53%，最低为71.89%，2007～2018 年年均占比为77.55%。中国从西亚进口的第二类商品为 SITC5 类商品（化学产品及制品），年均占比为13.78%，其他多类商品都在1% 以下。中国从西亚进口的商品，主要集中于 SITC3 类商品。

表4－19　　　　2007～2018 年中国从西亚进口 SITC3 类商品贸易额及其占比

年份	中国从西亚进口 SITC3 类商品 贸易额（亿美元）	中国从西亚进口 SITC3 类商品贸易额 占中国从西亚进口贸易总额的百分比（％）
2007	392.46	79.57
2008	685.16	83.53
2009	454.27	78.10
2010	683.56	75.75
2011	1078.89	78.40
2012	1195.80	80.14
2013	1280.39	79.79
2014	1340.69	81.09
2015	782.74	74.67
2016	636.16	72.06
2017	824.72	71.89
2018	1204.56	75.68

资料来源：联合国贸易数据库，https：//comtrade.un.org.

　　在西亚、中亚和独联体中，在中国从西亚进口的商品结构中，初级产品占比从 2007 年的 85.48% 下降至 2018 年的 79.79%，见表 4-20；中国从中亚进口的商品结构略有波动，2007～2018 年初级产品年均占比为 73.07%。在中国从独联体进口的商品结构中，初级产品占比持续上升，从 2007 年的 78.55% 上升到 2018 年的 88.39%，见表 4-21。

表 4-20　　2007～2018 年中国从西亚进口不同要素密集度商品的贸易额及占比

年份	初级产品		工业制成品			
			资本—技术密集型产品		资源—劳动密集型产品	
	进口额（亿美元）	占中国从西亚进口总额的百分比（%）	进口额（亿美元）	占中国从西亚进口总额的百分比（%）	进口额（亿美元）	占中国从西亚进口总额的百分比（%）
2007	421.61	85.48	60.95	12.36	10.49	2.13
2008	736.16	89.74	72.09	8.79	11.80	1.44
2009	483.16	83.07	81.63	14.03	16.78	2.88
2010	744.88	82.54	139.88	15.50	16.76	1.86
2011	1150.23	83.59	201.73	14.66	24.12	1.75
2012	1266.91	84.90	201.61	13.51	23.71	1.59
2013	1362.11	84.88	216.75	13.51	25.26	1.57
2014	1404.48	84.95	223.85	13.54	22.92	1.39
2015	830.70	79.25	192.83	18.40	22.24	2.12
2016	682.24	77.28	174.31	19.74	24.31	2.75
2017	890.89	77.66	229.10	19.97	25.79	2.25
2018	1269.90	79.79	288.85	18.15	31.39	1.97

资料来源：联合国贸易数据库，https：//comtrade.un.org.

　　如表 4-20 所示，中国从西亚进口最多的为初级产品，年均占比为 82.76%，其中，绝大多数来自 SITC3 类商品（矿物原料、润滑油及有关原料），之后为资本—技术密集型产品，资源—劳动密集型产品年均占比仅为 1.98%。而且，中国从西亚进口的商品结构较稳定，三者占比变化幅度都比较小。

　　结合前面中国对西亚出口的商品结构分析可以发现，中国对西亚出口最多的是资源—劳动密集型产品，但中国从西亚进口最少的是资源—劳动密集型产品；中国对西亚出口最少的是初级产品，但中国从西亚进口最多的是初级产品。这说明，中国与西亚存在较强的贸易互补性，中国与西亚的产业内贸易程度较低。

　　表 4-21 和表 4-22 表明中国从独联体、中亚进口的商品结构。中国从独联体、中亚进口的商品结构以初级产品为主。但是，中国从独联体、中亚进口的初级产品并不是单一集中于 SITC3 类商品（矿物原料、润滑油及有关原料），中国从独联体和中亚进口的商品中还存在另外一种较重要的初级产品，即 SITC2 类商

品（燃料以外的非食用粗原料），如表4-23、表4-24所示。

表4-21　　　2007~2018年中国从独联体进口不同要素密集度商品的贸易额及占比

年份	初级产品		工业制成品			
			资本—技术密集型产品		资源—劳动密集型产品	
	进口额（亿美元）	占中国从独联体进口总额的百分比（%）	进口额（亿美元）	占中国从独联体进口总额的百分比（%）	进口额（亿美元）	占中国从独联体进口总额的百分比（%）
2007	162.12	78.55	27.51	13.33	16.62	8.06
2008	200.91	78.73	33.39	13.08	20.84	8.17
2009	162.86	68.12	24.90	10.42	51.09	21.37
2010	214.09	73.69	41.31	14.22	34.96	12.03
2011	361.44	81.02	42.79	9.59	41.79	9.37
2012	408.83	84.48	42.01	8.68	32.83	6.79
2013	379.11	85.79	32.43	7.34	30.21	6.84
2014	405.27	86.73	32.28	6.91	29.18	6.24
2015	308.12	80.95	29.55	7.76	41.58	10.92
2016	296.64	81.02	29.21	7.98	37.99	10.38
2017	396.42	86.87	25.88	5.67	31.13	6.82
2018	560.71	88.39	26.92	4.24	44.65	7.04

资料来源：联合国贸易数据库，https：//comtrade. un. org.

表4-22　　　2007-2018年中国从中亚进口不同要素密集度商品的贸易额及占比

年份	初级产品		工业制成品			
			资本—技术密集型产品		资源—劳动密集型产品	
	进口额（亿美元）	占中国从中亚进口总额的百分比（%）	进口额（亿美元）	占中国从中亚进口总额的百分比（%）	进口额（亿美元）	占中国从中亚进口总额的百分比（%）
2007	44.35	63.63	1.36	1.95	23.99	34.42
2008	58.92	71.62	1.53	1.86	21.82	26.53
2009	42.33	61.55	5.72	8.31	20.72	30.13
2010	93.80	69.06	15.21	11.20	26.80	19.73
2011	167.20	79.54	16.66	7.93	26.35	12.54
2012	204.39	82.96	14.80	6.01	27.19	11.04
2013	221.71	82.01	21.22	7.85	27.40	10.14
2014	168.25	80.28	19.09	9.11	22.16	10.57
2015	111.76	74.24	18.04	11.98	20.61	13.69
2016	82.30	68.14	15.49	12.82	22.93	18.99
2017	101.23	69.53	15.29	10.50	29.04	19.95
2018	141.83	74.24	13.02	6.82	36.15	18.92

资料来源：联合国贸易数据库，https：//comtrade. un. org.

表 4 - 23   2007~2018 年中国从中亚进口 SITC2 类商品和 SITC3 类
商品的贸易额及占比

年份	SITC2 类商品 进口额（亿美元）	SITC3 类商品 进口额（亿美元）	SITC2 类商品占中国从中亚 总进口额百分比（%）	SITC3 类商品占中国从中亚 总进口额百分比（%）
2007	11.52	32.81	16.53	47.07
2008	15.50	43.39	18.84	52.74
2009	13.70	28.61	19.92	41.60
2010	25.38	68.29	18.69	50.28
2011	23.77	143.36	11.31	68.20
2012	23.77	180.03	9.65	73.07
2013	22.65	198.61	8.38	73.47
2014	18.79	148.18	8.96	70.70
2015	9.56	101.27	6.35	67.27
2016	9.72	71.46	8.05	59.16
2017	16.16	83.58	11.10	57.41
2018	20.27	119.18	10.61	62.38

资料来源：联合国贸易数据库，https：//comtrade. un. org.

表 4 - 24   2007~2018 年中国从独联体进口 SITC2 类商品和 SITC3 类
商品的贸易额及占比

年份	SITC2 类商品 进口额（亿美元）	SITC3 类商品 进口额（亿美元）	SITC2 类商品占中国从 独联体总进口额百分比（%）	SITC3 类商品占中国从 独联体总进口额百分比（%）
2007	53.68	93.93	26.01	45.51
2008	66.15	121.44	25.92	47.59
2009	54.15	95.67	22.65	40.01
2010	70.29	129.51	24.19	44.58
2011	110.98	232.63	24.88	52.15
2012	94.44	297.82	19.52	61.54
2013	87.53	270.75	19.81	61.26
2014	83.09	299.18	17.78	64.02
2015	71.74	203.44	18.85	53.45
2016	71.44	193.97	19.51	52.98
2017	85.81	279.73	18.80	61.30
2018	93.68	424.55	14.77	66.92

资料来源：联合国贸易数据库，https：//comtrade. un. org.

中国从中亚和独联体的进口结构都是以初级产品为主，相比之下，中国从独联体进口的商品更集中在初级产品，而中国从中亚进口的商品则要分散一点，资源—劳动密集型产品的比重比中国从独联体进口的高。

2. 中国从南亚进口的商品结构由以初级产品为主转为以资源—劳动密集型产品为主

南亚是中国对"一带一路"沿线地区进口结构变化最大的地区,主要是两类商品进口的变化引起结构变化,如表 4 - 25 所示。

表 4 - 25　　　　　2007 ~ 2018 年中国从南亚进口的主要商品　　　　单位:亿美元

年份	SITC2	SITC5	SITC6
2007	104. 83	13. 73	28. 08
2008	164. 04	12. 49	22. 05
2009	91. 18	11. 71	33. 14
2010	146. 87	14. 59	44. 17
2011	145. 70	21. 67	65. 52
2012	87. 26	23. 34	79. 94
2013	60. 15	22. 32	93. 88
2014	47. 94	20. 72	97. 62
2015	27. 70	20. 53	84. 57
2016	27. 91	16. 82	67. 48
2017	40. 49	27. 68	84. 86
2018	34. 37	47. 96	84. 68

资料来源:联合国贸易数据库,https://comtrade.un.org.

在中国从南亚进口的商品结构中,2007 年,初级产品占比为 68.64%,占主导地位;2013 年,初级产品急剧下降到 35.02%,资源—劳动密集型产品上升至 49.07%,中国从南亚进口的转变为以资源—劳动密集型为主导的进口结构,见表 4 - 26。

中国从南亚进口的主要商品是 SITC2 类商品(燃料以外的非食用粗原料),SITC5 类商品(化学产品及制品),以及 SITC6 类商品(轻纺织品、橡胶制品等按原料分类的制成品)。SITC2 类商品在 2011 年以前是中国从南亚进口最多的产品,在 2011 年后开始急剧下降,2011 年中国从南亚的进口额为 145.70 亿美元,下降至 2018 年的 34.37 亿美元。在 2012 年以后,SITC6 类商品成为中国从南亚进口最多的产品。

由表 4 - 26 可知,在 2013 年以前,中国从南亚进口最多的是初级产品,之后为资源—劳动密集型产品。但在 2013 年以后,资源—劳动密集型产品成为中国从南亚进口最多的产品,初级产品急骤下降,至 2018 年中国从南亚进口的资源—劳动密集型产品 99.59 亿美元,占比为 44.44%,而中国从南亚进口资本—技术密集型产品与初级产品的进口额非常接近,分别为 63.57 亿美元和 60.66 亿美元,而引致这一态势出现的主要原因是中国从南亚 SITC2 类商品进口额(燃料以外的非食用粗原料）的下降和中国从南亚 SITC6 类商品进口额（轻纺织品、橡胶制品等按原料分类的制成品）的上升。

表 4 - 26　2007 ~ 2018 年中国从南亚进口不同要素密集型商品的贸易额及占比

| 年份 | 初级产品 | | 工业制成品 | | | |
| | | | 资本—技术密集型产品 | | 资源—劳动密集型产品 | |
	进口额（亿美元）	占中国从南亚进口总额的百分比（%）	进口额（亿美元）	占中国从南亚进口总额的百分比（%）	进口额（亿美元）	占中国从南亚进口总额的百分比（%）
2007	109.14	68.64	19.40	12.20	30.11	18.94
2008	172.18	80.20	17.93	8.35	24.33	11.33
2009	96.91	63.79	18.90	12.44	35.91	23.63
2010	158.20	68.89	23.40	10.19	47.92	20.87
2011	156.86	60.07	32.15	12.31	72.11	27.62
2012	105.08	46.47	33.13	14.65	87.93	38.88
2013	73.56	35.02	33.36	15.88	103.08	49.07
2014	60.51	29.98	33.28	16.49	108.06	53.53
2015	41.56	24.50	31.65	18.66	96.22	56.72
2016	39.45	26.57	28.61	19.27	80.23	54.04
2017	54.17	27.95	41.80	21.56	97.67	50.38
2018	60.66	27.07	63.57	28.37	99.59	44.44

资料来源：联合国贸易数据库，https：//comtrade.un.org.

3. 中国从东盟和中东欧进口的商品结构以 SITC7 类（机械及运输设备）资本—技术密集型产品为主

中国从中东欧进口的商品结构较稳定，2007 ~ 2018 年，资本—技术密集型产品年均占比为 66.43%。中国从东盟进口的商品结构中资本—技术密集型产品份额有所下降，从 2007 年的 68.12% 降至 2018 年的 56.11%，但是依旧保持主导地位。

如表 4 - 27 所示，中国从东盟进口的 SITC7 类商品占中国从东盟总进口额的年均占比为 48.39%，中国从中东欧进口的 SITC7 类商品占中国从中东欧总进口额的年均占比为 61.50%，中国从中东欧与东盟进口 SITC7 类商品贸易额都呈上升态势，但是，中国从东盟进口的 SITC7 类商品占比呈下降态势，而中国从中东欧进口的 SITC7 类商品的占比较稳定。

表 4 - 27　2007 ~ 2018 年中国从东盟与中东欧进口 SITC7 类商品的贸易额及占比

| 年份 | 东盟 | | 中东欧 | |
	进口额（亿美元）	占中国从东盟总进口额百分比（%）	进口额（亿美元）	占中国从中东欧总进口额百分比（%）
2007	634.00	58.43	29.44	61.93
2008	643.63	55.01	35.53	61.29

续表

年份	东盟		中东欧	
	进口额（亿美元）	占中国从东盟总进口额百分比（%）	进口额（亿美元）	占中国从中东欧总进口额百分比（%）
2009	562.09	52.67	36.54	60.39
2010	783.60	50.67	57.67	62.03
2011	883.72	45.78	81.76	64.11
2012	908.57	46.39	82.76	62.43
2013	889.36	44.57	86.67	59.47
2014	885.46	42.52	98.08	59.41
2015	912.46	46.92	81.76	58.11
2016	918.46	46.79	94.09	63.02
2017	1052.89	44.62	112.40	60.78
2018	1245.58	46.29	149.99	65.08

资料来源：联合国贸易数据库，https：// comtrade. un. org.

对比表 4 - 28 和表 4 - 29，比较中国从东盟、中东欧进口的商品结构，可以看出，虽然中国从东盟、中东欧进口的商品结构都是以资本—技术密集型产品为主，但是在另外两类产品上有差别。中国从东盟除了进口资本—技术密集型产品以外，进口最多的就是初级产品，年均占比为 28.81%。而中国从中东欧进口占比第二的是资源—劳动密集型产品，年均占比为 23.98%。中国对中东欧的进口商品结构更类似于中国对中东欧的出口结构，两者产业内贸易程度更高，而中国对东盟的进口商品结构与中国对东盟的出口结构有差异，即东盟的初级产品与中国的资源—劳动密集型产品存在贸易互补。

表 4 - 28　　　　2007 ~ 2018 年中国从东盟进口不同要素密集度商品的贸易额及占比

年份	初级产品		工业制成品			
			资本—技术密集型产品		资源—劳动密集型产品	
	进口额（亿美元）	占中国从东盟进口总额的百分比（%）	进口额（亿美元）	占中国从东盟进口总额的百分比（%）	进口额（亿美元）	占中国从东盟进口总额的百分比（%）
2007	254.77	23.48	739.18	68.12	89.55	8.25
2008	325.21	27.79	746.13	63.77	96.80	8.27
2009	301.81	28.28	666.59	62.47	97.54	9.14
2010	467.99	30.26	936.61	60.55	140.98	9.11
2011	667.10	34.56	1079.72	55.94	182.28	9.44
2012	655.44	33.46	1102.73	56.30	199.57	10.19
2013	663.57	33.25	1111.09	55.68	219.72	11.01
2014	604.88	29.05	1123.34	53.94	351.36	16.87
2015	512.21	26.34	1100.99	56.61	247.84	12.74
2016	489.66	24.94	1091.08	55.58	250.37	12.75
2017	659.30	27.94	1259.02	53.36	279.71	11.85
2018	710.48	26.40	1509.92	56.11	333.19	12.38

资料来源：联合国贸易数据库，https：// comtrade. un. org.

表 4 - 29　　2007 ~ 2018 年中国从中东欧进口不同要素密集度商品的贸易额及占比

| 年份 | 初级产品 | | 工业制成品 | | | |
| | | | 资本—技术密集型产品 | | 资源—劳动密集型产品 | |
	进口额 （亿美元）	占中国从中 东欧进口总额 的百分比（%）	进口额 （亿美元）	占中国从中 东欧进口总额 的百分比（%）	进口额 （亿美元）	占中国从中 东欧进口总额 的百分比（%）
2007	4.74	9.96	33.24	69.90	9.58	20.14
2008	4.37	7.53	39.48	68.11	14.13	24.36
2009	4.30	7.10	40.93	67.65	15.28	25.25
2010	9.73	10.47	63.54	68.34	19.70	21.18
2011	11.63	9.12	87.08	68.29	28.80	22.58
2012	12.32	9.29	88.39	66.68	31.85	24.03
2013	18.40	12.63	92.23	63.28	35.11	24.09
2014	19.20	11.63	103.96	62.97	41.92	25.40
2015	14.51	10.31	87.81	62.41	38.38	27.28
2016	13.61	9.11	99.43	66.60	36.21	24.25
2017	17.59	9.51	118.98	64.34	48.21	26.07
2018	19.07	8.27	158.06	68.58	53.22	23.09

资料来源：联合国贸易数据库，https：//comtrade. un. org.

4.4　中国对"一带一路"沿线国家的贸易主体和贸易方式[①]

由表 4 - 30 和表 4 - 31 可知，中国对"一带一路"沿线国家[②]出口以民营企业为主，而且，民营企业出口持续增加，从 2013 年的 3535.5 亿美元增长到 2017 年的 4325.4 亿美元，年均增长率为 5.17%。但是，中国从"一带一路"沿线国家进口却以外资企业为主，2013 ~ 2017 年无较大波动。而且，民营企业和国有企业在 2013 年进口额有明显差距，但是，随着国有企业对"一带一路"沿线国

① 中国对"一带一路"沿线国家贸易主体分类数据和贸易方式分类数据都来自国家信息中心发布的《"一带一路"大数据报告 2018》，http：//www. sic. gov. cn/News/553/9536. htm.
② 本节的"一带一路"国家采用《"一带一路"大数据报告 2018》的标准。亚洲地区、大洋洲地区的 14 个国家，包括蒙古国、韩国、新西兰、东帝汶和东盟 10 国（新加坡、马来西亚、泰国、印度尼西亚、菲律宾、文莱、柬埔寨、缅甸、老挝、越南）；中亚地区的 5 个国家，包括哈萨克斯坦、乌兹别克斯坦、土库曼斯坦、塔吉克斯坦和吉尔吉斯斯坦；西亚地区的 18 个国家，包括格鲁吉亚、阿塞拜疆、亚美尼亚、伊朗、伊拉克、土耳其、叙利亚、约旦、黎巴嫩、以色列、巴勒斯坦、沙特阿拉伯、也门、阿曼、阿拉伯联合酋长国、卡塔尔、科威特和巴林；南亚地区的 8 个国家，包括印度、巴基斯坦、孟加拉国、阿富汗、斯里兰卡、马尔代夫、尼泊尔和不丹；东欧地区的 20 个国家，包括俄罗斯、乌克兰、白俄罗斯、摩尔多瓦、波兰、立陶宛、爱沙尼亚、拉脱维亚、捷克、斯洛伐克、匈牙利、斯洛文尼亚、克罗地亚、波黑、黑山、塞尔维亚、阿尔巴尼亚、罗马尼亚、保加利亚和马其顿；非洲及拉丁美洲地区的 6 个国家，包括南非、摩洛哥、埃塞俄比亚、马达加斯加、巴拿马和埃及。

家进口额的下降，两者差距正在缩小。

表 4-30　　　　按贸易主体分类中国对"一带一路"沿线国家出口额　　　单位：亿美元

贸易主体	2013 年	2014 年	2015 年	2016 年	2017 年
民营企业	3535.5	4171.1	4139.8	3972.4	4325.4
外资企业	2420.1	2515.2	2398.6	2236.5	2420.4
国有企业	1012.6	1039.4	967.7	902.0	977.0
其他企业	11.7	11.6	14.6	23.3	19.7

资料来源：国家信息中心."一带一路"大数据报告 2018［EB/OL］. http：//www. sic. gov. cn/News/553/9536. htm.

表 4-31　　　　按贸易主体分类中国从"一带一路"沿线国家进口额　　　单位：亿美元

贸易主体	2013 年	2014 年	2015 年	2016 年	2017 年
外资企业	2895.5	2986.5	2811.4	2543.8	2845.5
民营企业	1566.7	1731.9	1523.2	1557.5	1874.3
国有企业	2352.0	2295.5	1600.6	1343.6	1818.8
其他企业	309.0	275.0	72.1	116.6	121.9

资料来源：国家信息中心."一带一路"大数据报告 2018［EB/OL］. http：//www. sic. gov. cn/News/553/9536. htm.

由表 4-32 和表 4-33 可知，中国无论是从"一带一路"沿线国家进口还是对"一带一路"沿线国家出口，都是以一般贸易为主。由表 4-34 可知，在中国对"一带一路"沿线国家出口中，一般贸易的比重在 2013 年为 60.70%；2017年为 61.37%；在 2013~2017 年，一般贸易比重都在 60% 以上；2013~2017 年，加工贸易（包括进料加工贸易和来料加工装配贸易）在中国对"一带一路"沿线国家出口中所占比重逐年下降，从 2013 年的 26.27% 下降至 2017 年的 22.99%。在中国对"一带一路"沿线国家进口中，2013~2017 年，一般贸易的年均比重超过 50%，2017 年为 54.89%，加工贸易（包括进料加工贸易和来料加工装配贸易）年均占比为 28.86%，2017 年仅为 26.29%，是 2013~2017 年最低的。

表 4-32　　　　按贸易方式分类中国对"一带一路"沿线国家出口额　　　单位：亿美元

贸易方式	2013 年	2014 年	2015 年	2016 年	2017 年
一般贸易	4236.7	4775.0	4667.9	4398.4	4751.5
进料加工贸易	1566.2	1598.5	1493.3	1387.5	1480.4
其他贸易	610.4	722.4	804.2	830.1	917.8
来料加工装配贸易	267.3	278.8	258.2	262.4	299.8
边境小额贸易	299.4	362.6	297.2	255.8	293.1
出口总额	6980.0	7737.4	7520.8	7134.2	7742.6

资料来源：国家信息中心."一带一路"大数据报告 2018［EB/OL］. http：//www. sic. gov. cn/News/553/9536. htm.

表 4 - 33　　　按贸易方式分类中国从"一带一路"沿线国家进口额　　　单位：亿美元

贸易方式	2013 年	2014 年	2015 年	2016 年	2017 年
一般贸易	3832.2	3853.2	2988.1	2840.9	3656.1
进料加工贸易	1545.4	1689.2	1320.1	1099.3	1328.4
其他贸易	1150.9	1118.6	1105.0	1059.4	1166.9
来料加工装配贸易	459.0	532.9	525.6	494.4	422.7
边境小额贸易	135.6	95.0	68.4	67.6	86.4
进口总额	7123.1	7288.9	6007.2	5561.6	6660.5

资料来源：国家信息中心."一带一路"大数据报告 2018［EB/OL］. http：//www. sic. gov. cn/News/553/9536. htm.

表 4 - 34　　中国对"一带一路"沿线国家一般贸易和加工贸易的比重　　单位:%

年份	出口		进口	
	一般贸易比重	加工贸易比重	一般贸易比重	加工贸易比重
2013	60.70	26.27	53.80	28.14
2014	61.71	24.26	52.86	30.49
2015	62.07	23.29	49.74	30.72
2016	61.65	23.13	51.08	28.66
2017	61.37	22.99	54.89	26.29

资料来源：国家信息中心."一带一路"大数据报告 2018［EB/OL］. http：//www. sic. gov. cn/News/553/9536. htm.

4.5　中国各地区对"一带一路"沿线国家的贸易规模

为了方便讨论，根据《"一带一路"大数据报告2018》的划分标准，将中国的 31 个省（区、市）分为四个地区：

东部地区：含 10 个省市，包括北京、天津、河北、上海、江苏、浙江、福建、山东、广东和海南。

中部地区：含 6 个省，包括山西、安徽、江西、河南、湖北和湖南。

西部地区：含 12 个省（区、市），包括内蒙古、广西、重庆、四川、贵州、云南、西藏、陕西、甘肃、青海、宁夏和新疆。

东部地区：含 3 个省，包括辽宁、吉林和黑龙江。

据统计，中国对"一带一路"沿线国家进出口贸易主要集中在中国的沿海地区，中西部相比之下差距较大。在中国对"一带一路"沿线国家的进出口贸易中，进出口贸易额排第一和第二的分别是广东和上海。广东对"一带一路"沿线国家 2019 年进出口额达到 17100 亿元，与 2018 年相比增长 6.30% 。上海名列第二,上海 2018 年进出口额为 15799.4 亿元,2019 年进出口额为 16728.5 亿元,同比增长 5.88%。2019 年,中国对"一带一路"沿线国家的进出口贸易中,进出口额在 10000 亿元以上的还有北京、江苏和浙江,其中,北京市 2019年对"一带一路"沿线国家贸易总额为 11697.2 亿元,与 2018 年相比略下降。2019 年,江苏省对"一带一路"沿线国家贸易总额为 10644.3 亿元,浙江省为 10500 亿元,两省与 2018 年同期相比都有所上升。而中部的山西 2018 年对"一带一路"沿线国家贸易总额只有 305.6 亿元,少于中部其他省份。西部地区的四川、重庆和广西对"一带一路"沿线国家贸易总额较大。东北地区的辽宁贸易总额较大。①

在我国,对"一带一路"沿线国家的贸易一直以东部地区为主,如表 4-35所示,占中国对"一带一路"沿线国家贸易总额的 80% 左右,但是,东部省市贸易差别也较大,海南在 2015 年贸易总额为 413.8 亿元,2019 年贸易总额为352.3 亿元,出现明显下降。而广东省在 2013 年贸易总额达到 11100 亿元,7 年间年均增长率为 7.47%。浙江省是东部贸易发展较快的省,从 2015 年的 5541.6亿元增加到 2019 年的 10500 亿元,年均增长率达到 17.32%。②

表 4-35　　　　中国各地区对"一带一路"沿线国家贸易总额　　　单位:亿美元

地区	2013 年	2014 年	2015 年	2016 年	2017 年	2018 年	2019 年
东部地区	11256.4	11773.7	10704.1	10165.3	11494.1	11552.8	11977.0
西部地区	1316.5	1609.6	1374.7	1240.6	1434.2	1404.7	1586.0
中部地区	730.9	835.1	845.5	784.2	858.0	782.6	923.8
东北地区	799.4	807.8	603.8	505.7	616.9	565.6	576.7

注:由于中国各省(区、市)统计局网站对"一带一路"沿线国家贸易统计得比较晚,早期数据有缺失,所以,这里 2013~2017 年数据来自《"一带一路"大数据报告 2018》,单位为美元;2018~2019 年数据来自各省(区、市)统计年鉴、各省(区、市)统计公报和中华人民共和国海关总署网站,单位是人民币。为了与前面年份可比,采用了 2019 年的平均汇率 6.8985,2018 年的平均汇率 6.6174 换算成美元(汇率数据来自国家统计局)。

资料来源:2013~2017 年数据来自国家信息中心发布的《"一带一路"大数据报告 2018》;2018~2019 年数据来自各省(区、市)统计年鉴、统计公报和中华人民共和国海关总署网站。

中国的西部地区对"一带一路"沿线国家的贸易总额仅次于东部地区,但是西部地区有 12 个省(区市),贸易总额最低的省(区市)都在西部地区,宁夏从 2017 年的 82.8 亿元降至 2019 年的 69.2 亿元,青海 2019 年贸易总额仅有14.4 亿元。而广西、云南、重庆、四川是西部地区最主要的贸易地区。广西

①② 资料来源:各省(区、市)统计年鉴、各省(区、市)统计公报和中华人民共和国海关总署网站。

2019 年贸易总额为 2618.1 亿元，与 2014 年贸易总额 1403.1 亿元相比，年均增长率为 13.29%；2019 年，云南省、重庆市和四川省贸易总额也都接近 2000 亿元。[①]

中国的中部地区贸易额增长较快，从 2013 年的 730.9 亿美元增长至 2019 年的 923.8 亿美元。其中，湖南对"一带一路"沿线国家贸易发展最快，从 2016 年的 409.8 亿元增长到 2019 年的 1232.37 亿元，年均增长率为 44.34%，高于中部地区同期增长率 38.73%。除此之外，河南省对"一带一路"沿线国家贸易总额也从 2014 年的 703.4 亿元增长到 2019 年的 1428.48 亿元，6 年内翻了一番。[②]

中国的东北地区对"一带一路"沿线国家贸易额相比国内其他地区有下降态势，从 2013 年的 799.4 亿美元降至 2019 年的 576.7 亿美元，[③] 而 2019 年黑龙江省、辽宁省都有较小幅度的增长，但是吉林省出现了较小幅度下降。

由表 4-36 可知，中国各地区对"一带一路"沿线国家贸易额同比增长速度的变化态势较接近，2015 年、2016 年、2018 年下降，2014 年、2017 年、2019 年上升。总体来说，2013~2019 年，中国各地区的进出口额波动较大，除东北地区以外，其余三个地区都呈现出波动上升的态势。

表 4-36　中国各地区对"一带一路"沿线国家贸易额同比增长速度　单位:%

地区	2014 年	2015 年	2016 年	2017 年	2018 年	2019 年
东部地区	4.60	-9.08	-5.03	13.07	0.51	3.67
西部地区	22.26	-14.59	-9.75	15.61	-2.06	12.91
中部地区	14.26	1.25	-7.25	9.41	-8.79	18.04
东北地区	1.05	-25.25	-16.25	21.99	-8.32	1.97

资料来源：各省（区、市）统计年鉴、各省（区、市）统计公报和中华人民共和国海关总署网站。

4.6　中国跨境电商发展规模与发展水平

1. 中国跨境电商总体情况

由表 4-37 可知，中国跨境电商飞速发展，总规模从 2010 年的 11000 亿元增长至 2018 年的 90000 亿元，出口规模从 2010 年的 10100 亿元增长至 2018 年的 71000 亿元，进口规模从 2010 年的 900 亿元增长至 2018 年的 19000 亿元。而且，中国跨境电商的出口规模远大于进口规模。

①②③　资料来源：各省（区、市）统计年鉴、各省（区、市）统计公报和中华人民共和国海关总署网站。

表4-37 　　　　　　　　　中国跨境电商交易规模　　　　　　　　单位：亿元

年份	总规模	出口	进口
2010	11000	10100	900
2011	17000	15500	1500
2012	21000	18600	2400
2013	31500	27000	4500
2014	42000	35700	6300
2015	54000	45000	9000
2016	67000	55000	12000
2017	80600	65600	15000
2018	90000	71000	19000

资料来源：中国跨境电商的交易数据来自电子商务中心. 2019年全球电子商务数据报告[EB/OL]. http：//www.100ec.cn/detail.

2. 中国对"一带一路"沿线国家跨境电商的发展

目前，尚未找到中国对"一带一路"沿线国家跨境电商的系统数据，根据阿里研究院发布的报告——《eWTP助力"一带一路"建设——阿里巴巴经济体的实践》，借用报告中的ECI指数反映中国与"一带一路"沿线国家的跨境电商发展水平。[①]

ECI指数即跨境贸易联通指数，用来反映中国与"一带一路"沿线国家跨境电商方面的连接紧密度。出口指数越高，代表该国消费者购买中国制造的商品越多；进口指数越高，代表中国消费者购买该国商品越多。

由表4-38可知，俄罗斯是中国跨境电商连接最紧密的国家，而且，出口指数远大于进口指数，说明中国对俄罗斯跨境电商出口远大于跨境电商进口。而且，中国对几乎所有"一带一路"沿线国家都是出口指数大于进口指数，说明中国对"一带一路"沿线国家主要还是跨境电商出口；也可以观察到，ECI指数较高的国家多分布在独联体和中东欧，东盟仅有新加坡与中国跨境电商的连接较为紧密。随着"一带一路"倡议的推进，中国与"一带一路"沿线国家的基础设施互通互联网络快速发展，物流体系更加畅通。跨境电商颠覆了传统供应链，重塑了贸易体系。因此，中国要进一步理顺对外开放的体制机制，将跨境电商作为"一带一路"建设的重要抓手，促进中国进一步对外开放，带动"一带一路"沿线国家与中国共同发展。

① 阿里研究院，http：//www.aliresearch.com/cn/presentation.

表 4-38　　　　　　　　2016 年"一带一路"沿线国家 ECI 指数

排序	国家	ECI 出口指数	ECI 进口指数	ECI 总指数	排序	国家	ECI 出口指数	ECI 进口指数	ECI 总指数
1	俄罗斯	29.0	0.9	29.9	34	克罗地亚	2.7	0	2.7
2	以色列	10.9	2.8	13.7	35	科威特	2.7	0	2.7
3	泰国	4.6	6.9	11.5	36	阿曼	2.6	0	2.6
4	乌克兰	10.3	0	10.3	37	阿塞拜疆	2.6	0	2.6
5	波兰	8.4	0.7	9.1	38	卡塔尔	2.5	0	2.5
6	捷克	6.8	1.1	7.9	39	巴基斯坦	2.3	0.1	2.4
7	摩尔多瓦	7.8	0	7.8	40	阿尔巴尼亚	2.4	0	2.4
8	土耳其	7.4	0.2	7.7	41	巴林	2.2	0	2.2
9	白俄罗斯	7.0	0	7.1	42	黑山	2.1	0	2.1
10	新加坡	4.0	2.3	6.4	43	越南	1.6	0.4	2.0
11	匈牙利	5.1	0.8	5.9	44	斯里兰卡	1.7	0.2	2.0
12	沙特阿拉伯	5.7	0	5.7	45	乌兹别克斯坦	1.6	0	1.6
13	拉脱维亚	5.1	0.2	5.3	46	格鲁吉亚	1.6	0	1.6
14	斯洛伐克	5.2	0	5.2	47	文莱	1.4	0	1.4
15	保加利亚	4.7	0.4	5.0	48	柬埔寨	1.3	0	1.3
16	罗马尼亚	4.2	0.6	4.8	49	约旦	1.3	0	1.3
17	立陶宛	4.7	0.1	4.8	50	埃及	1.3	0	1.3
18	马来西亚	2.9	1.8	4.7	51	伊拉克	1.1	0	1.1
19	印度	4.4	0.2	4.7	52	土库曼斯坦	1.0	0	1.0
20	印度尼西亚	3.9	0.7	4.6	53	孟加拉国	0.9	0	0.9
21	哈萨克斯坦	4.6	0	4.6	54	吉尔吉斯斯坦	0.9	0	0.9
22	爱沙尼亚	4.2	0	4.2	55	波黑	0.8	0	0.8
23	不丹	4.2	0	4.2	56	缅甸	0.6	0	0.7
24	希腊	2.9	1.2	4.1	57	老挝	0.5	0	0.6
25	黎巴嫩	3.4	0	3.4	58	蒙古国	0.5	0	0.5
26	塞尔维亚	3.3	0	3.4	59	塔吉克斯坦	0.5	0	0.5
27	亚美尼亚	3.3	0	3.3	60	巴勒斯坦	0.3	0	0.3
28	马其顿	3.2	0.1	3.3	61	尼泊尔	0.3	0	0.3
29	斯洛文尼亚	3.1	0.2	3.3	62	阿富汗	0.2	0.1	0.3
30	阿拉伯联合酋长国	3.1	0.1	3.2	63	也门	0.2	0	0.2
31	塞浦路斯	2.3	0.7	2.9	64	叙利亚	0	0.1	0.1
32	菲律宾	2.5	0.3	2.8	65	伊朗	0	0.1	0.1
33	马尔代夫	2.7	0	2.7					

资料来源：阿里研究院，《eWTP 助力"一带一路"建设》。

第5章 中国与"一带一路"沿线国家贸易效率及贸易潜力研究

5.1 引言

改革开放以来，尤其是自 2013 年 9 月和 10 月首次提出共建"丝绸之路经济带""21 世纪海上丝绸之路"以来，中国与"一带一路"沿线国家①贸易往来日益密切。"一带一路"倡议成为中国面临经济进入"新常态"、全球贸易保护主义抬头等情况下的新增长点。据统计，中国对"一带一路"沿线国家的贸易总额从 2007 年的 4751.46 亿美元增加到 2016 年的 9528.67 亿美元，年均增长率为 8.04%②；中国对"一带一路"沿线国家贸易总额占中国对外贸易总额的比重逐

---

① 本章依据新华社发布的《"一带一路"沿线国家都有哪些?》（http://silkroad. news. cn/2017/1225/76186. shtml），确定除中国以外的 65 个"一带一路"沿线国家，按地区分包括：东亚的东盟 10 国和蒙古国，东盟 10 国（新加坡、马来西亚、印度尼西亚、缅甸、泰国、老挝、柬埔寨、越南、文莱和菲律宾）；西亚的 18 国（伊朗、伊拉克、土耳其、叙利亚、约旦、黎巴嫩、以色列、巴勒斯坦、沙特阿拉伯、也门、阿曼、阿拉伯联合酋长国、卡塔尔、科威特、巴林、希腊、塞浦路斯和埃及）；南亚的 8 国（印度、巴基斯坦、孟加拉国、阿富汗、斯里兰卡、马尔代夫、尼泊尔和不丹）；中亚的 5 国（哈萨克斯坦、乌兹别克斯坦、土库曼斯坦、塔吉克斯坦和吉尔吉斯斯坦）；独联体的 7 国（俄罗斯、乌克兰、白俄罗斯、格鲁吉亚、阿塞拜疆、亚美尼亚和摩尔多瓦）；中东欧的 16 国（波兰、立陶宛、爱沙尼亚、拉脱维亚、捷克、斯洛伐克、匈牙利、斯洛文尼亚、克罗地亚、波黑、黑山、塞尔维亚、阿尔巴尼亚、罗马尼亚、保加利亚和马其顿）。本章的地区划分，仅是对本章选取的"一带一路"沿线国家的样本的分类。在本章中除特别说明外，如东亚、西亚、中亚、独联体、中东欧都是按照上述分类标准对"一带一路"沿线国家的分类。

② 资料来源：UN Comtrade 数据库。

年上升，从2007年的1/5提高到2016年的1/4；中国对"一带一路"沿线国家贸易顺差额占中国对外贸易顺差总额的比重从2007年的22.35%上升到2016年的43.10%。可见，"一带一路"倡议对中国与"一带一路"沿线国家贸易规模扩大产生了显著的促进作用。因此，本章利用"一带一路"倡议提出前后中国与"一带一路"沿线国家的进出口贸易数据进行相关实证研究。

关于贸易效率、贸易潜力的研究由来已久。丁伯根（Tinbergen，1962）首次将传统的引力模型应用于国际贸易领域，认为贸易流量与国家规模成正比，与双边距离成反比。在此基础上，艾格纳等（Aigner et al.，1977）提出了随机前沿估计方法，此后，随机前沿引力模型在贸易领域有了广泛应用。拉维尚卡和斯塔克（Ravishankar and Stack，2014）利用随机前沿引力模型测算东欧国家的贸易潜力，发现大多数国家贸易效率较高，尤其是捷克和匈牙利等区域核心国。类似的采用随机前沿分析方法测算贸易效率和贸易潜力的文献还有很多。例如，阿巴西、切比和塔米尼（Abbassi，Chebbi and Tamini，2016）、维奥里卡（Viorica，2015）。相关中文文献也较为丰富。鲁晓东和赵奇伟（2010）对中国的出口水平以及出口潜力进行估计，指出中国出口处于低效率状态，仍具有较大的出口潜力。陈创练、谢学臻和林玉婷（2016）估算了全球85个国家的贸易效率和贸易潜力，并从贸易多样化、贸易集中化和贸易互补指数这三个影响因素的角度进行分析。近年来，针对"一带一路"沿线区域贸易效率及贸易潜力的研究逐渐成为热点。谭秀杰和周茂荣（2015）指出，"海上丝绸之路"沿线国家的贸易效率在不断提升，中国对"海上丝绸之路"的出口仍有很大潜力。类似的文献还有文淑惠和张昕（2017）、王亮和吴浜源（2016）。综上可知，诸多学者的研究焦点主要集中于某个国家或区域整体的贸易效率及贸易潜力，对单个行业的贸易效率及贸易潜力研究较少，围绕装备制造业产品、农产品贸易效率和贸易潜力的研究更是空白。

本章拟分别以中国与"一带一路"沿线国家的整体进出口贸易、装备制造业产品以及农产品为研究对象，估算贸易效率与贸易潜力，探讨贸易潜力可拓展的空间，探究贸易效率提升的路径，以期为相关部门决策提供理论依据。

5.2 中国与"一带一路"沿线国家整体贸易效率及贸易潜力分析

5.2.1 问题的提出

中国与"一带一路"沿线国家的贸易问题，已成为学界研究的热点。李丹等（2015）认为，构筑以中国为核心的全球性自贸区群，"一带一路"倡议将从全球贸易投资格局、亚洲产业分工体系、全球治理模式等方面重构全球经贸格局。方英等（2018）发现，中国与"一带一路"沿线国家文化贸易潜力较大，且文化贸易潜力具有不均衡性。李林玥等（2018）探讨了能在一定程度上反映区域发展水平的夜间灯光数据作为有效经济指标的可行性，发现夜间灯光数据与GDP显著正相关且具有可替代性，但对经济的反映有一定的滞后性。中文文献采用了多种方法研究中国与"一带一路"沿线国家的贸易问题。李浩学等（2016）采用轴心测量指数（hubness measurement index，HMI）分析中国与"一带一路"沿线国家农产品贸易依赖程度，并采用随机前沿引力模型探讨 2005～2014 年中国与 30 个"一带一路"沿线国家农产品贸易潜力和影响因素。李敬等（2017）运用网络分析方法，构建 2005 年和 2013 年各六个贸易关系网络进行密度分析、中心性分析和块模型分析，细致地研究了中国与"一带一路"沿线国家货物贸易的竞争互补关系及动态变化。谭秀杰等（2015）和刁莉等（2017）均采用随机前沿引力模型，分别探讨了中国与"21 世纪海上丝绸之路"和"丝绸之路经济带"沿线国家的贸易潜力和影响因素。总体来看，近年来，随机前沿引力模型被更广泛地应用于估计贸易潜力（龚静等，2016；方英等，2018）。

本节拟在前人研究的基础上，在三个方面做进一步探索：一是建立随机前沿引力模型并引入贸易非效率模型，分析影响中国与"一带一路"沿线国家贸易的自然因素和非效率因素；二是测算贸易效率与贸易潜力，估算贸易潜力可拓展的空间；三是探讨贸易效率提升的路径，以期为中国政府相关部门决策提供理论依据。

5.2.2　模型构建与数据说明

1. 随机前沿引力模型和贸易非效率模型

巴蒂斯和科利（Battese and Coelli，1992）针对面板数据提出了时变无效性随机生产前沿模型，弥补了艾格纳等（Aigner et al.，1977）和米森等（Meeusen et al.，1977）提出的随机前沿生产函数模型只适用于横截面数据的缺陷。为了进一步研究影响生产效率的因素，巴蒂斯和科利（Battese and Coelli，1995）提出了一步法模型，该模型将非效率项及其影响因素在随机前沿模型中同时回归。

为分析贸易潜力，本节建立随机前沿引力模型和贸易非效率模型，如式（5-1）、式（5-2）所示。

$$lnEXP_{ijt} = \beta_0 + \beta_1 lnPCGDP_{it} + \beta_2 lnPCGDP_{jt} + \beta_3 lnPOP_{it} + \beta_4 lnPOP_{jt}$$
$$+ \beta_5 lnDIST_{ij} + \beta_6 BORDER_{ij} + \beta_7 SEA_j + v_{ijt} - u_{ijt} \qquad (5-1)$$

在式（5-1）中，EXP_{ijt}表示 t 年 i 国对 j 国的出口贸易额。$PCGDP_{it}$和 PCG-DP$_{jt}$分别表示 t 年 i 国的人均 GDP 和 j 国的人均 GDP，该解释变量反映了两国的经济规模，同时还能反映经济发展水平的高低，预期与被解释变量 EXP_{ijt}呈正相关。POP_{it}和 POP_{jt}分别表示 t 年 i 国的总人口数量和 j 国的总人口数量，该解释变量反映了国内的市场规模，对 EXP_{ijt}的影响不确定。$DIST_{ij}$表示 i 国和 j 国的空间距离，本节采用两国首都的球面距离，反映两国运输成本，预期与 EXP_{ijt}呈负相关。$BORDER_{ij}$是虚拟变量，若 i 国与 j 国存在共同边界，则取值为 1，否则取值为 0，预期与 EXP_{ijt}呈正相关。SEA_j也是虚拟变量，若 j 国是沿海国，则取值为 1，若 j 国是内陆国，则取值为 0。一般来说，海运的便利性和载荷能力相对于铁路、航空等运输方式更强，因此，预期与 EXP_{ijt}呈正相关。

$$u_{ijt} = \delta_0 + \delta_1 FIN_{jt} + \delta_2 PS_{jt} + \delta_3 LPI_{jt} + \delta_4 WTO_{jt} + \delta_5 FTA_{ijt} + \varepsilon_{ijt} \qquad (5-2)$$

在式（5-2）中，u_{ijt}是被解释变量，即贸易非效率，表示 t 年 i 国对 j 国出口流量中没能实现的这部分贸易潜力。FIN_{jt}表示 t 年 j 国的金融自由度，包括政府对银行服务和其他金融服务的管制程度、金融服务公司开业和运营的难易程度、政府对信贷资金分配影响的大小，取值范围为 [0, 100]，取值越高，代表金融自由度越高，预期与 u_{ijt}呈负相关。PS_{jt}表示 t 年 j 国的政治稳定性和社会暴力存在度，取值范围为 [-2.5, 2.5]，取值越高，代表更高的政治稳定性和更少的社会暴力，预期与 u_{ijt}呈负相关。LPI_{jt}表示 t 年 j 国的物流绩效指数中的贸易和运输相关基础设施的质量，取值范围 [1, 5]，取值越高，代表相关基础设施质量越高，预期与 u_{ijt}呈负相关。WTO_{jt}表示 j 国是否为 WTO 成员方，若是，则取值 1，否则取 0，预期与 u_{ijt}呈负相关。FTA_{ijt}表示 i 国是否与 j 国签订自由贸易协定，若已签订，则取值 1，否则取 0，预期与 u_{ijt}呈负相关。

2. 样本选取和数据来源

本节根据 2016 年中国对各国出口额占该国所属地区的比重以及数据的可得性，确定各地区比重前 50% 的国家作为样本，共 33 个国家（不包括中国）。具体国家为，东盟中的五国：新加坡、马来西亚、印度尼西亚、泰国和越南；西亚中的九国：伊朗、土耳其、约旦、以色列、沙特阿拉伯、阿拉伯联合酋长国、科威特、希腊和埃及；南亚的四国：印度、巴基斯坦、孟加拉国和斯里兰卡；中亚的三国：哈萨克斯坦、乌兹别克斯坦和吉尔吉斯斯坦；独联体的三国加蒙古国：俄罗斯、乌克兰、白俄罗斯和蒙古国；中东欧中的八国：波兰、立陶宛、拉脱维亚、捷克、斯洛伐克、匈牙利、斯洛文尼亚和罗马尼亚。

出口额数据来自联合国商品标准贸易统计数据库（UN Comtrade）；人均 GDP 和人口数据来自世界银行世界发展指标数据库（WB WDI）；距离、共同边界和是否为沿海国，均来自法国前景研究与国际中心（CEPII）；[①] 金融自由度来自美国传统基金会的经济自由度指数报告；政治稳定性和社会暴力存在度来自世界银行全球治理指标数据库（WB WGI）；物流绩效指数来自世界银行世界发展指标（WB WDI）数据库；是否为世界贸易组织（WTO）成员国来自 WTO 官网；是否签订自由贸易协定，来自中国自由贸易区服务网站。其中，i 国代表中国，j 国代表“一带一路”沿线国家，时间跨度为 10 年（2007~2016 年）。在本节中，若无特别说明，图表数据均根据上述数据计算而得。

5.2.3 影响贸易规模和贸易效率的因素分析

1. 随机前沿引力模型选择与实证结果

为确定随机前沿引力模型最终的函数形式，本节采用似然比检验方法对其适用性和时变性进行检验，结果如表 5-1、表 5-2 所示。由表 5-1 可知，贸易非效率项不存在的假设被拒绝，说明随机前沿引力模型适用。由表 5-2 可知，贸易非效率不随时间变化的假设被拒绝，说明采用时变模型更妥当。

表 5-1　　　　　　　随机前沿引力模型适用性假设检验结果

原假设	lnL（H_0）	lnL（H_1）	LR 统计量	1% 临界值	结论
H_0：$\gamma = 0$	-322.56	6.62	658.36	11.34	拒绝

表 5-2　　　　　　　随机前沿引力模型时变性假设检验结果

原假设	lnL（H_0）	lnL（H_1）	LR 统计量	1% 临界值	结论
H_0：$\eta = 0$	1.48	6.62	10.28	9.21	拒绝

为了检验结果的稳健性，本节一并给出时变模型检验结果和非时变模型检验结果，如表 5-3 所示。由表 5-3 可知，两个模型中的 γ 值分别为 0.95 和 0.94，且均在 1% 显著性水平上显著。这进一步证明贸易非效率项的存在。μ 值大于 0 且通过显著性检验，说明贸易非效率项服从截断正态分布的假设是合理的。η 在 1% 显著性水平上显著，再次说明时变模型比非时变模型更适用，η 值为正，说明贸易非效率随时间递减，即中国对“一带一路”沿线国家的出口效率提升。

---

① 转引自武昌首义学院（原华中科技大学武昌分院，http://library.wsyu.edu/cn/tsg/sjkg/62864.htm）。

表 5 - 3　　　　　　　　　　随机前沿引力模型估计结果

估计方法	时变模型		非时变模型	
变量	系数	T 值	系数	T 值
常数	11. 98 ***	11. 87	11. 84 ***	11. 84
PCGDP$_i$	0. 20 ***	2. 80	0. 50 ***	14. 89
PCGDP$_j$	0. 69 ***	11. 07	0. 65 ***	10. 99
POP$_i$	− 0. 03	− 0. 14	0. 04	0. 20
POP$_j$	0. 68 ***	6. 5	0. 62 ***	5. 95
DIST$_{ij}$	− 0. 79 *	− 1. 78	− 1. 09 **	− 2. 36
BORDER$_{ij}$	0. 42	1. 04	0. 28	1. 05
SEA$_j$	0. 59 *	1. 70	0. 32	0. 98
σ^2	0. 61 ***	4. 02	0. 58 ***	3. 90
γ	0. 95 ***	112. 07	0. 94 ***	87. 04
μ	1. 53 ***	7. 91	1. 48 ***	5. 77
η	0. 02 ***	4. 97	—	—
对数似然值	6. 62		1. 48	
LR 检验值	658. 35		648. 08	

注: *、** 和 *** 分别表示在 10%、5% 和 1% 的显著性水平上显著。"—"表示无数据。

由表 5 - 3 可知,两国人均 GDP 均与出口额呈正相关,说明两国经济发展水平越高,越能促进中国对"一带一路"沿线国家的出口贸易。而进口国的人均 GDP 对中国与"一带一路"沿线国家出口的影响大于中国的人均 GDP,说明进口国的经济发展水平越高,国民需求水平越高,其进口能力越强。中国的人口数量与出口额呈负相关,但没有通过显著性检验。"一带一路"沿线国家的人口数量与中国对"一带一路"沿线国家的出口额呈显著的正相关。这说明,"一带一路"沿线国家人口越多,进口需求越大,从而促进了中国与"一带一路"沿线国家的出口贸易发展。两国距离与中国对"一带一路"沿线国家出口额呈负相关,通过 10% 显著性水平检验,这与预期相符。是否拥有共同边界没有通过检验。另外,是否为沿海国与中国对其出口额呈正相关,且通过 10% 显著性水平检验,这与预期相符。海运具有优越的便利性和载荷能力,一直是国际贸易中的首选运输方式,因此,拥有海岸线和深水港的国家,其国际贸易水平相比内陆国更高。

2. 贸易非效率模型选择与实证结果

在确定贸易非效率模型的最终形式之前,有必要对是否引入各变量进行假设检验,即对贸易非效率模型适用性的检验。本节设置六个假设检验:①是否存在贸易非效率；②是否引入 FIN_{jt}；③是否引入 PS_{jt}；④是否引入 LPI_{jt}；⑤是否引入 WTO_{jt}；⑥是否引入 FTA_{ijt}。检验结果如表 5-4 所示，不存在贸易非效率的原假设被高度拒绝，说明随机前沿分析方法适用；不引入 FIN_{jt}、LPI_{jt}、WTO_{jt}、FTA_{ijt} 的原假设被拒绝，说明这四个变量不应被剔除；不引入 PS_{jt} 的原假设不能拒绝，说明该变量不是有效变量，考虑剔除。因此，调整后放入贸易非效率模型，如式（5-3）所示。

$$u_{ijt} = \delta_0 + \delta_1 FIN_{jt} + \delta_2 LPI_{jt} + \delta_3 WTO_{jt} + \delta_4 FTA_{ijt} + \varepsilon_{ijt} \qquad (5-3)$$

表 5-4 贸易非效率模型适用性假设检验结果

原假设	$\ln L$（H_0）	$\ln L$（H_1）	LR 统计量	1% 临界值	结论
不存在贸易非效率	-322.56	-263.15	125.58	11.34	拒绝
不引入 FIN_{jt}	-267.13	-263.15	7.96	6.64	拒绝
不引入 PS_{jt}	-256.76	-263.15	-12.78	6.64	不能拒绝
不引入 LPI_{jt}	-270.48	-263.15	14.66	6.64	拒绝
不引入 WTO_{jt}	-268.40	-263.15	10.50	6.64	拒绝
不引入 FTA_{ijt}	-299.13	-263.15	71.96	6.64	拒绝

本节对式（5-2）和式（5-3）进行实证，结果如表 5-5 所示。由表 5-5 可知，金融自由度与贸易非效率呈负相关，但弹性较小，说明"一带一路"沿线国家金融自由度越高，对其与中国的贸易阻碍会减少，但是影响效果并不明显。政治稳定性和社会暴力存在度与贸易非效率呈正相关，这与预期相背。可能的原因是，政治稳定性越高、社会暴力越少的国家，其进口标准设置得越严格。例如，欧盟国家的绿色壁垒，客观上阻碍了中国对该国的出口贸易，从而使得贸易效率降低。贸易和运输相关基础设施的质量与贸易非效率呈显著负相关，说明"一带一路"沿线国家的基础设施对促进中国与其的出口贸易具有重要作用。"一带一路"沿线国家是否为 WTO 成员与贸易非效率呈负相关，通过 1% 显著性水平检验。WTO 的宗旨就是通过实质性削减关税等措施，建立完整的、更具活力的、持久的多边贸易体制，以开放、平等、互惠的原则，逐步调降各成员关税壁垒与非关税壁垒，并消除各成员在国际贸易上的歧视待遇。由此可见，若"一带一路"沿线国家是 WTO 成员，则中国与其贸易阻碍会大大减少，贸易效率得以提升。"一带一路"沿线国家与中国是否签订自由贸易协定与贸易非效率呈显著负相关。自由贸易协定的目的就在于促进经济一体化，消除贸易壁垒，允许产品和服务在国家间自由流动，这是推动贸易自由化和贸易便利化的重要措施，对提升贸易效率具有极大的作用。

表 5 - 5				贸易非效率模型估计结果

变量	式（5 - 2）		式（5 - 3）	
	系数	T 值	系数	T 值
常数	3. 72 ***	6. 32	1. 64 ***	8. 28
FIN_{jt}	− 0. 01 **	− 2. 42	− 0. 0004	− 0. 35
PS_{jt}	0. 82 ***	5. 49	—	—
LPI_{jt}	− 0. 80 ***	− 3. 82	− 0. 26 ***	− 3. 54
WTO_{jt}	− 0. 31	− 1. 63	− 0. 41 ***	− 3. 51
FTA_{ijt}	− 2. 61 ***	− 6. 55	− 1. 26 ***	− 6. 29
σ^2	0. 42 ***	7. 53	0. 29 ***	12. 43
γ	0. 57 ***	5. 36	0. 04 ***	2. 54
对数似然值	− 263. 15		− 256. 76	
LR 检验值	118. 81		131. 59	

注：*、** 和 *** 分别表示在 10%、5% 和 1% 的显著性水平上显著。"—"表示无数据。

5.2.4　贸易效率与贸易潜力的估算及比较

贸易效率是实际贸易量和贸易潜力的比值，衡量的是贸易潜力的实现程度，估算公式见式（5 -4）。

$$TE_{ijt} = \left[f\left(X_{ijt}, \beta\right) \exp\left(v_{ijt} - u_{ijt}\right) \right] / \left[f\left(X_{ijt}, \beta\right) \exp\left(v_{ijt}\right) \right]$$
$$= \exp\left(-u_{ijt}\right) \tag{5-4}$$

本节利用 Frontier 4.1 软件对式（5 -3）和式（5 -4）进行估算，通过一步法得到 2007 ~ 2016 年中国与"一带一路"沿线 33 个国家的出口效率值，结果如表 5 - 6、表 5 - 7 所示。

表 5 - 6　　　2007 ~ 2016 年中国与"一带一路"沿线国家年均出口贸易效率

国家	效率	国家	效率	国家	效率
蒙古国	0. 14	捷克	0. 50	埃及	0. 77
白俄罗斯	0. 14	波兰	0. 51	以色列	0. 78
乌兹别克斯坦	0. 27	斯里兰卡	0. 53	阿拉伯联合酋长国	0. 78
哈萨克斯坦	0. 33	匈牙利	0. 57	土耳其	0. 80
科威特	0. 34	伊朗	0. 60	吉尔吉斯斯坦	0. 80
斯洛伐克	0. 34	俄罗斯	0. 62	巴基斯坦	0. 90
立陶宛	0. 34	孟加拉国	0. 65	越南	0. 90
拉脱维亚	0. 34	乌克兰	0. 66	印度尼西亚	0. 92
斯洛文尼亚	0. 34	沙特阿拉伯	0. 72	新加坡	0. 93
罗马尼亚	0. 37	约旦	0. 74	马来西亚	0. 93
希腊	0. 47	印度	0. 76	泰国	0. 94

表5-7   2007~2016 年中国与"一带一路"沿线国家出口贸易效率变动趋势

年份	东盟的五国	西亚的九国	南亚的四国	中亚的三国	独联体的三国加蒙古国	中东欧的八国	平均水平
2007	0.92	0.59	0.70	0.47	0.35	0.36	0.56
2008	0.92	0.62	0.70	0.52	0.37	0.38	0.58
2009	0.92	0.64	0.71	0.49	0.33	0.36	0.57
2010	0.92	0.65	0.71	0.46	0.37	0.41	0.59
2011	0.92	0.67	0.73	0.47	0.39	0.42	0.60
2012	0.92	0.66	0.72	0.48	0.40	0.41	0.60
2013	0.93	0.68	0.72	0.47	0.41	0.42	0.61
2014	0.93	0.70	0.68	0.43	0.45	0.45	0.62
2015	0.93	0.73	0.70	0.42	0.42	0.46	0.63
2016	0.93	0.71	0.71	0.45	0.42	0.49	0.63

由表5-6可知，中国对"一带一路"沿线33个国家的平均出口效率为0.60，高于整体平均水平的国家有17个，低于整体平均水平的国家有16个。中国对4个国家的出口效率达到0.90以上，分别是泰国（0.94）、马来西亚（0.93）、新加坡（0.93）和印度尼西亚（0.92）；中国对3个国家的出口效率不到0.30，分别是蒙古国（0.14）、白俄罗斯（0.14）、乌兹别克斯坦（0.27）。国与国之间的差距悬殊，而且存在明显的地区差异。

由表5-7可知，中国对东盟的五国的出口效率远远高于其他地区，究其原因，一是距离较近，海运便利；二是中国—东盟自由贸易区的建立极大地推动了贸易发展；三是东盟地区有大量华人华侨聚居，文化相近。中国对西亚的九国和南亚的四国的出口效率略高于平均水平，且在波动中上升，说明中国与这两个地区的贸易稳步推进。中国对中亚的三国、独联体的三国加蒙古国和中东欧的八国的出口效率低于平均水平，其中，对独联体的三国加蒙古国、中东欧的八国的出口效率波动上升，但对中亚的三国的出口效率在波动中略微下降。这三个地区的国家基本上属于"丝绸之路经济带"国家，陆路运输为主，说明中国仍需推动"丝绸之路经济带"的基础设施建设，以此提升贸易效率。2013年，中国与"一带一路"沿线国家出口贸易效率的平均水平突破0.60，并逐年稳步上升，说明中国与"一带一路"沿线国家的出口贸易态势总体向好。2008~2009年，中国对四个地区的出口效率呈现不同程度的下降，但总体下降幅度不大，说明金融危机对中国与"一带一路"沿线国家的出口造成了一定影响，但冲击有限。

由表5-8可知，2016年，中国对"一带一路"沿线33个国家的出口额为

5164.05 亿美元，而出口潜力为 6932.60 亿美元，尚有 1768.55 亿美元待挖掘。其中，中国对东盟的五国的可拓展出口额为 171.14 亿美元，对西亚的九国的可拓展出口额为 378.24 亿美元，对南亚的四国的可拓展出口额为 298.21 亿美元，对中亚的三国可拓展出口额为 227.98 亿美元，对独联体的三国加蒙古国可拓展出口额为 362.57 亿美元，对中东欧的八国可拓展出口额为 330.43 亿美元。可见，中国对西亚地区的可拓展出口额最大。2016 年，中国对 5 个国家的可拓展出口额超过 100 亿美元，即印度（169.37 亿美元）、蒙古国（111.34 亿美元）、哈萨克斯坦（136.58 亿美元）、伊朗（104.50 亿美元）和俄罗斯（184.36 亿美元）。

表 5-8　　　　　　2016 年中国与"一带一路"沿线国家贸易潜力　　　　单位：亿美元

国家	出口额	出口效率	出口潜力	可拓展出口额
新加坡	444.96	0.93	479.61	34.66
马来西亚	376.60	0.94	402.58	25.98
印度尼西亚	321.17	0.92	349.92	28.74
泰国	371.83	0.94	397.57	25.74
越南	610.94	0.92	666.96	56.02
东盟的五国总体	2125.50	0.93	2296.64	171.14
伊朗	164.17	0.61	268.68	104.50
土耳其	166.87	0.87	191.37	24.51
约旦	29.54	0.74	39.89	10.35
以色列	81.74	0.77	106.22	24.48
沙特阿拉伯	186.51	0.75	248.55	62.04
阿拉伯联合酋长国	300.67	0.84	358.70	58.03
科威特	30.01	0.43	69.53	39.52
希腊	42.01	0.55	76.39	34.38
埃及	104.36	0.84	124.78	20.42
西亚的九国总体	1105.89	0.71	1484.13	378.24
印度	583.98	0.78	753.35	169.37
巴基斯坦	172.33	0.94	183.70	11.37
孟加拉国	143.01	0.69	207.88	64.87
斯里兰卡	42.87	0.45	95.47	52.60
南亚的四国总体	942.18	0.71	1240.39	298.21
哈萨克斯坦	82.92	0.38	219.51	136.58
乌兹别克斯坦	20.07	0.22	93.04	72.97
吉尔吉斯斯坦	56.05	0.75	74.48	18.43
中亚的三国总体	159.05	0.45	387.03	227.98
俄罗斯	373.40	0.67	557.75	184.36
乌克兰	42.17	0.78	54.20	12.03
白俄罗斯	10.90	0.17	65.74	54.84
蒙古国	9.89	0.08	121.22	111.34
独联体的三国加蒙古国总体	436.35	0.42	798.92	362.57

续表

国家	出口额	出口效率	出口潜力	可拓展出口额
波兰	150.94	0.67	225.47	74.53
立陶宛	12.91	0.42	31.04	18.13
拉脱维亚	10.62	0.40	26.38	15.75
捷克	80.59	0.56	143.46	62.87
斯洛伐克	28.61	0.43	65.99	37.38
匈牙利	54.23	0.58	94.10	39.87
斯洛文尼亚	22.69	0.43	52.78	30.08
罗马尼亚	34.48	0.40	86.29	51.82
中东欧的八国总体	395.07	0.49	725.50	330.43
整体	5164.05	0.62	6932.60	1768.55

资料来源：笔者根据软件输出结果整理而得。

本节进一步将 2007~2016 年中国对"一带一路"沿线国家的平均出口效率和年均出口增长率结合在一起，如图 5-1 所示。在平均水平点上作垂直参考线和水平参考线，将坐标系分为四个区域，即贸易核心区、贸易重要区、贸易开拓区和贸易重塑区，如表 5-9 所示。

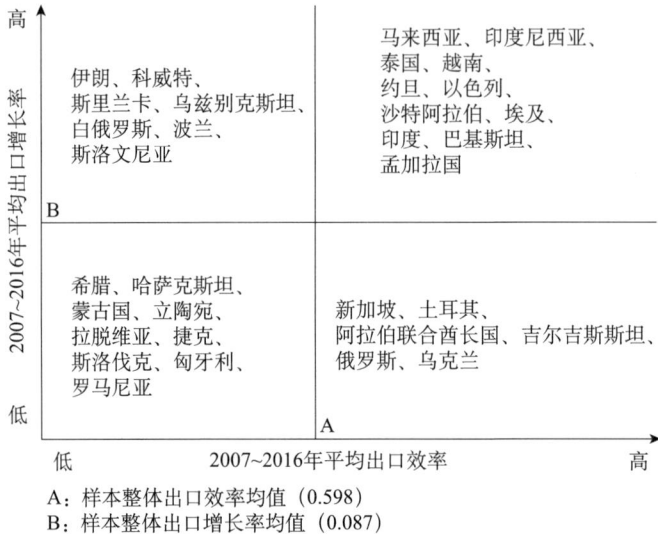

A：样本整体出口效率均值（0.598）
B：样本整体出口增长率均值（0.087）

图 5-1　中国与"一带一路"沿线国家年均出口效率及年均出口增长率

表 5-9　　　　　　　　　　　　　　　四个区域年均值比较

年均值	贸易核心区（双高）（第一象限）	贸易重要区（一低一高）（第四象限）	贸易开拓区（一高一低）（第二象限）	贸易重塑区（双低）（第三象限）
出口效率	0.788	0.786	0.373	0.382
出口增长率（%）	0.122	0.034	0.123	0.045
出口额（亿美元）	197.100	215.145	48.207	38.958
PCGDP$_j$（美元）	7555.802	19399.339	13723.187	13963.952

续表

年均值	贸易核心区（双高）（第一象限）	贸易重要区（一低一高）（第四象限）	贸易开拓区（一高一低）（第二象限）	贸易重塑区（双低）（第三象限）
POP_j（万人）	19534.331	4705.650	2552.926	905.977
$DIST_{ij}$（千米）	4927.091	5507.000	6018.714	6103.444
FIN_j	46.182	48.333	33.714	63.556
PS_j	−0.906	−0.251	−0.055	0.536
LPI_j	2.868	3.075	2.667	2.803

贸易核心区的特征，是高出口增长率—高出口效率。国家有马来西亚、印度尼西亚、泰国、越南、约旦、以色列、沙特阿拉伯、埃及、印度、巴基斯坦、孟加拉国。中国与这一类国家的贸易潜力挖掘得比较充分，且保持着较高的出口增长率。最具代表性的是东盟国家，中国—东盟自由贸易区的建设提供着强大动力，而近几年开展的澜沧江—湄公河合作与大湄公河次区域经济合作成为新的增长点。西亚的四个国家是该地区经济发展水平较高的国家。印度是世界第二人口大国，国内需求大，中国应扩大对印度出口。巴基斯坦是中国的全天候战略合作伙伴，两国较早签订自由贸易协定，中巴经济走廊的建设更是使得两国贸易跨上新台阶。

贸易重要区的特征，是高出口效率—低增长率。国家有新加坡、土耳其、阿拉伯联合酋长国、吉尔吉斯斯坦、俄罗斯、乌克兰。中国与这一类国家的贸易潜力已经得到较大挖掘，低增长率的原因之一是中国对其出口额的基数已经较为庞大，增长的绝对值较为可观。

贸易开拓区的特征是低出口效率—高增长率。国家有，伊朗、科威特、斯里兰卡、乌兹别克斯坦、白俄罗斯、波兰、斯洛文尼亚。中国与这一类国家有较低的出口效率和较高的出口增长率。这表明，中国与这类国家的出口贸易在快速增长，但贸易阻碍较大。因此，中国应创新贸易合作模式，而白俄罗斯明斯克州的中白工业园则提供了良好的经验示范。

贸易重塑区的特征是低出口效率—低增长率。国家有希腊、哈萨克斯坦、蒙古国、立陶宛、拉脱维亚、捷克、斯洛伐克、匈牙利、罗马尼亚。中国与这类国家出口贸易阻碍较大，贸易效率较低。大多因为地处中东欧，距离较遥远，运输成本较高，这再次表明"丝路"建设的核心是交通网络建设。

5.2.5　结论与建议

本节通过时变随机前沿引力模型和贸易非效率模型分析了 2007～2016 年影响中国对"一带一路"沿线 33 个国家产品出口贸易的因素，并测算了出口贸易潜力。实证结论表明：（1）中国的人均 GDP、进口国的人均 GDP 和人口数量、进口国是沿海国促进了中国与"一带一路"沿线国家的贸易规模；而两国距离对中国与"一带一路"沿线国家的贸易规模起消极作用；中国的人口数量和是否拥有共同边界的影响不显著。（2）金融自由度、贸易和运输相关基础设施质量水平的提高，自由贸易协定的签订，有利于中国与"一带一路"沿线国家贸易效率的提高。（3）2007～2016 年，中国对"一带一路"沿线国家的年均出口效率为 0.598，高于整体平均水平的国家有 17 个，低于整体平均水平的国家有 16 个。中国对东盟地区的出口效率远高于其他地区。贸易核心区和贸易重要区的平均出口效率与贸易开拓区和贸易重塑区的差距较大。中国对"一带一路"沿线国家的出口贸易，仍有很大潜力可挖掘。

为扩大中国对"一带一路"沿线国家的出口贸易规模，应进一步提升贸易效率。具体来讲：第一，中国应凭借强大的基建能力，帮助推动"一带一路"沿线国家的路网基础设施建设；中国对能源进口依赖度大，能源基础设施建设的必要性凸显，在"一带一路"沿线国家中，中国的能源进口主要集中在西亚、中亚等地区，因此，有必要在我国的西北地区和西南地区建立跨国输油管路、输气管路、输电管路，确保能源安全；中国应与"一带一路"沿线国家共同推进跨境光缆、卫星通信导航建设，提高信息互联、互通水平。第二，加快实施自由贸易区战略，积极主动地参与并推动区域经济一体化；开展安全事务对话与合作，联合反恐反海盗，保护贸易路线；开辟新航线，如北极航线。第三，深化金融合作，推进亚洲货币稳定体系、投融资体系和信用体系建设；拓宽直接融资渠道，建立"一带一路"沿线国家银行间常态化合作机制；加快推进人民币国际化，鼓励双边贸易采用本币互换；完善人民币跨境支付系统，提高人民币跨境资金的清算效率、结算效率。第四，企业作为微观主体，应在全面考虑贸易伙伴所在国家的政治风险，深入了解并尊重贸易伙伴所在国的文化习惯，充分掌握当地政策法律，熟悉贸易壁垒和知识产权保护法的前提下开展贸易活动。

5.3 中国与"一带一路"沿线国家装备制造产品出口贸易效率及贸易潜力分析

5.3.1 问题的提出

装备制造业是中国国民经济的支柱产业，也是"中国制造 2025"的重中之重。2015 年，中国装备制造业增加值占规模以上工业增加值的比重为 31.80%，[1]出口额占中国总出口额的比重为 46.59%。[2] "一带一路"倡议的适时提出，为中国装备制造业的发展带来了新的契机。中国装备制造业面向"一带一路"沿线国家的出口贸易额从 2007 年的 1072.75 亿美元增加到 2015 年的 2369.35 亿美元，年均增长率为 10.41%；占中国对全球装备制造业产品出口总额的比重，则由 18.59% 增加到 22.37%。但是，2015 年中国对"一带一路"沿线国家装备制造业产品出口额占对"一带一路"沿线国家总出口额的比重仅为 39.14%，低于 2007 年的比重（41.15%），也低于同期装备制造业产品出口额占中国总出口额的比重（46.59%）。那么，中国对"一带一路"沿线国家装备制造业产品出口贸易效率和出口贸易潜力如何？影响因素又有哪些？这对中国"一带一路"倡议的推进具有重要的现实意义。

装备制造业是中国特有的概念，国外学者一般着手于整个制造业或者某个具体行业进行研究，鲜少锁定装备制造业进行研究，对装备制造业国际贸易方面的研究更是匮乏。国内关于装备制造业的研究相对丰富，主要集中于以下三点：其一，对中国装备制造业的技术创新效率和创新能力进行研究。黄群慧和贺俊（2015）指出，中国装备制造业的核心零部件区域相对美国、日本、德国、韩国等工业强国缺乏优势，未来应不断提升其架构创新能力和集成能力。牛泽东和张倩肖（2012）对中国装备制造业的技术创新效率进行测算，指出中国装备制造业的技术创新效率有了较大提升，但仍处于低效率水平。其二，对中国装备制造业区域发展水平、产业结构升级和竞争力的研究。綦良群和李兴杰（2011）探究企业技术创新活动、技术传播与技术扩散、人力资本、对外开放程度、产业政策等因素在产业升级过程中的重要作用，并指出由于各区域间的各因素存在显著差异，因此，对不同区域装备制造业的作用效果也存在差异。陈爱贞、刘志彪和吴福象（2008）以纺织缝制装备制造业为例，指出下游行业的发展对上游装备制造业的升级有重要作用，同时需要政府外力支撑，结合"产学研合作"模式，提升国际竞争力。其三，对中国装备制造业国际地位和价值链的研究，林桂军和何武（2015）利用卡普林斯基（Kaplinsky）升级指数和中间品相对出口单价指出，中国装备制造业在全球价值链的地位偏低，但出口的大多数产品正处于升级状态。张玉芹和李辰（2016）指出，尽管近年来中国装备制造业在全球价值链中的

---

[1]　资料来源：《2015 年国民经济和社会发展统计公报》，http://www.stats.gov.cn/tjsj/zxfb/201602/t20160229_1323991.html.

[2]　资料来源：联合国 Comtrade 数据库。

地位有所提升，但仍处于低端位置。

综上所述，尽管关于贸易效率、贸易潜力、装备制造业技术创新及价值链等研究都较丰富，但对装备制造业产品贸易效率和贸易潜力的研究却较少。本节研究与以往的新意主要体现在两个方面：一是利用随机前沿分析方法，选取 62 个"一带一路"沿线国家，截取 2007~2015 年的面板数据，对中国装备制造业产品对于"一带一路"沿线国家出口的影响因素、贸易效率和贸易潜力进行分析，估算贸易效率与贸易潜力，预测可拓展的贸易量；二是从制度创新、互联网发展水平、经济开放程度和贸易便利度等研究贸易效率的影响因素，将"一带一路"倡议作为关键性"非自然变量"，研究"一带一路"倡议实施后产生的效应；以互联网普及率衡量一个国家的互联网发展水平，定量分析中国对"一带一路"沿线国家贸易效率提升的路径，以期为中国"一带一路"倡议推进提供有益的思路。

5.3.2 模型构建与数据来源

1. 模型构建

本节借助艾格纳（Aigner，1977）的随机前沿引力模型来构建研究中国对"一带一路"沿线国家装备制造业产品出口贸易效率及贸易潜力的模型。

基本理论模型表示为：

$$TE_{ijt} = T_{ijt}/T'_{ijt} = \exp(-u_{ijt}) \tag{5-5}$$

$$T'_{ijt} = f(x_{ijt}, \beta) \exp(v_{ijt}) \tag{5-6}$$

$$T_{ijt} = f(x_{ijt}, \beta) \exp(v_{ijt}) \exp(-u_{ijt}) \tag{5-7}$$

在式（5-5）中，TE_{ijt} 表示实际贸易量与贸易潜力的比值，即两国之间的贸易效率。在式（5-6）中，T'_{ijt} 表示 t 时期 i 国和 j 国之间在既定的自然资源禀赋下能够产生的最大贸易量，即贸易潜力；在式（5-7）中，T_{ijt} 表示 i 国和 j 国之间实际的贸易量；x_{ijt} 表示影响两国贸易量的主要自然因素，包括两国规模、双边距离等；β 表示相应变量的参数，v_{ijt} 表示随机误差项，且服从于均值为零的正态分布，即 $v_{ijt} \sim N(0, \sigma_v^2)$；$u_{ijt}$ 表示贸易非效率项，包括影响两国贸易量的非自然因素，通常服从于半正态分布或者截尾正态分布。

对式（5-7）取对数后，如式（5-8）所示。

$$\ln(ex_{ijt}) = \ln f(x_{ijt}, \beta) + v_{ijt} - u_{ijt} \tag{5-8}$$

$$u_{ijt} = \exp[-\eta(t-T)] u_{ij} \tag{5-9}$$

在式（5-8）中，ex_{ijt} 表示中国装备制造业产品对"一带一路"沿线国家出口的贸易额；x_{ijt} 表示影响双边贸易的自然因素，主要包括质量因素（人均 GDP 和人口）和距离因素（双边距离），此外，本节还加入了影响贸易的其他自然变量，包括是否使用共同的语言、是否为内陆国、是否为中国的邻国，这些变量短时间内不会发生变化，当然，是否一定纳入还需通过假设检验来确定；β 表示相应的参数向量；v_{ijt} 表示随机误差项；u_{ijt} 表示由未纳入模型的非自然变量所构成的贸易非效率项，这些变量短时间内可以人为改变，对贸易非效率产生正面或者负面的影响。

式（5-9）表示，贸易非效率可能具有时变性，当 $\eta = 0$ 时，贸易非效率不随时间的推移而改变；当 $\eta > 0$ 时，贸易非效率随时间的推移而减少，整体表现出的负面性减少；当 $\eta < 0$ 时，贸易非效率随时间的推移而增加，整体表现出负面性增加。非自然变量的存在，导致世界上大部分经济体表现出实际贸易量小于贸易潜力，即 $TE_{ijt} < 1$；但也可能存在少部分经济体出现"超贸易"的情况，即 $TE_{ijt} > 1$。此时，影响贸易的诸多因素综合表现为正面性，如国家政策或者法律规定对贸易呈现出较大的促进作用。

2. 数据来源

"一带一路"沿线 65 个国家，因叙利亚、巴勒斯坦、东帝汶部分数据缺失，故本节选取除此之外的 62 个"一带一路"沿线国家 2007～2015 年的相关数据。中国和贸易伙伴国人均 GDP（2010 年不变美元价）与人口的数据来源于世界银行世界发展指标（WB WDI）数据库；双边距离、邻国语言、是否为内陆国等数据来源于法国前景研究与国际中心（CEPII）数据库；中国装备制造业产品对"一带一路"沿线国家的出口贸易数据，来源于联合国商品贸易统计（UN Comtrade）数据库。在本节中，若无特别说明，表中数据均根据上述数据计算而得。

5.3.3　随机前沿引力模型回归结果

1. 随机前沿引力模型的设定

为保证随机前沿引力模型的合理性和严谨性，本节采用似然比检验来选择函数的具体形式。利用约束模型和非约束模型来判断是否接受原假设，结果如表 5-10 所示。

表 5-10　　　　　　　　　随机前沿引力模型假设检验结果

原假设	约束模型	非约束模型	LR 统计量	10% 临界值	检验结果
不存在贸易非效率	-698.32	-282.93	834.78	4.61	拒绝
贸易非效率为常数	-282.62	-280.93	3.38	2.71	拒绝
不引入语言变量	-280.93	-280.36	1.14	2.71	接受
不引入内陆变量	-280.93	-278.66	4.54	2.71	拒绝
不引入边界变量	-280.93	-279.26	3.34	2.71	拒绝

注：LR 统计量服从卡方分布。

由表 5 - 10 可知,贸易非效率是存在的,即随机前沿引力模型适用;贸易非效率是时变量,非固定常数,即 $\eta \neq 0$;语言变量不应纳入函数模型中,可能是因为在语言方面只有新加坡和马来西亚两个国家与中国相近,故只有这两个国家语言变量设为 1,其他 60 个国家均设为 0,因此,该变量不具有可参考性;内陆变量和边界变量均需纳入模型。根据随机前沿引力模型假设检验结果,本节把自然变量确定为中国和贸易伙伴国的人均 GDP 和人口、中国与贸易伙伴国之间的距离、贸易伙伴国是否为内陆国、中国和贸易伙伴国是否临界,表达式如式(5 - 10)所示。

$$\ln ex_{jt} = \beta_0 + \beta_1 \ln pgdp_{jt} + \beta_2 \ln pop_{jt} + \beta_3 \ln pgdpc_t + \beta_4 \ln popc_t + \beta_5 \ln dis_j$$
$$+ \beta_6 landlock_j + \beta_7 contig_j + v_{jt} - u_{jt} \qquad (5-10)$$

在式(5 - 10)中,ex_{jt} 表示 t 年中国装备制造业产品对"一带一路"沿线国家 j 的出口贸易额,$pgdp_{jt}$ 表示 t 年贸易伙伴国 j 的人均 GDP,pop_{jt} 表示 t 年贸易伙伴国 j 的人口,$pgdpc_t$ 表示 t 年中国的人均 GDP,$popc_t$ 表示 t 年中国的人口,dis_j 表示中国与贸易伙伴国 j 之间的距离,$landlock_j$ 表示贸易伙伴国 j 是否为内陆国家,$contig_j$ 表示中国与贸易伙伴国 j 是否临界,β_0 表示常数项,β_m(m = 1,2,…,7)表示相应变量的参数,v_{jt} 表示随机误差项,u_{jt} 表示贸易非效率项,包括影响中国装备制造业产品对贸易伙伴国 j 出口的非自然因素。j 代表"一带一路"沿线国家,为 1,2,…,62;t 代表年份,为 2007 年、2008 年、…、2015 年。

2. 装备制造业随机前沿引力模型的回归结果

本节利用随机前沿引力模型进行估计,并以随机效应广义最小二乘法(GLS)进行对比参考,探究各因素对中国装备制造业产品对于"一带一路"沿线国家出口贸易的边际影响,结果如表 5 - 11 所示。在表 5 - 11 中,模型 I 和模型 I′分别表示仅考虑贸易伙伴国特征和本国特征对中国装备制造业产品出口贸易的影响,模型 II 和模型 II′表示同时考虑双边关系特征产生的影响。由表 5 - 11 可知,$\gamma = 0.958$,而 $\gamma = u^2 / (u^2 + v^2)$,衡量的是非自然变量对实际贸易规模未达到贸易潜力的影响程度,表明非自然变量是导致中国装备制造业产品未达到贸易潜力的主要原因,而随机扰动项产生的影响微乎其微,从而证明了随机前沿引力模型比传统的引力模型更合理。同时,基于 LR 检验,由模型 I 的 log likelihood 数据和模型 II 的 log likelihood 数据可得 LR 统计量为 8.78,[①] 在 5% 水平上显著,故采用随机前沿引力模型 II 进行实证分析最为合理,这与上述随机前沿引力模型假设检验结果一致。

---

① LR 检验为似然比检验,服从卡方分布。LR 统计量的计算公式为:LR = $- 2 \times [- 282.94 - (- 278.549)] = 8.78$。

表 5 - 11　　　　　**中国装备制造业产品对"一带一路"沿线**
国家出口随机前沿引力模型估计结果

变量	随机前沿模型估计		随机效应广义最小二乘法（GLS）估计	
	模型 I	模型 II	模型 I′	模型 II′
$pgdp_{jt}$	1.232 *** (8.36)	1.217 *** (12.54)	0.997 *** (11.18)	1.122 *** (11.61)
pop_{jt}	0.930 *** (7.12)	0.929 *** (13.78)	1.101 *** (15.26)	1.071 *** (14.94)
$pgdpc_t$	4.086 *** (21.76)	4.000 *** (34.46)	4.299 *** (5.03)	4.308 *** (5.06)
$popc_t$	-49.779 *** (-324.25)	-50.240 *** (-182.57)	-51.866 *** (-3.85)	-52.461 *** (-3.91)
dis_j	—	-1.427 *** (-3.00)	—	-1.205 *** (-3.48)
$landlock_j$	—	0.194 (0.96)	—	0.030 (0.11)
$contig_j$	—	0.148 (0.26)	—	-0.108 (-0.29)
cons	1008.963 *** (978.30)	1030.285 *** (1031.25)	1047.704 *** (3.80)	1069.893 *** (3.99)
γ	0.989 *** (428.12)	0.958 *** (146.49)	—	—
sigma-squared	7.908 *** (5.45)	2.123 *** (7.28)	—	—
log likelihood	-282.940	-278.549		
obs	558	558	558	558

注：*、** 和 *** 分别表示在 10%、5% 和 1% 的显著性水平上显著。"—"表示无数据。

由表 5 - 11 中的随机前沿引力模型 II 可知：（1）贸易伙伴国特征的影响十分显著，"一带一路"沿线国家经济水平的提高和人口规模的增长，能显著地拉动对中国装备制造业产品的需求，可促进中国装备制造业产品的出口。（2）中国特征变量的显著性也较强，人均 GDP 对中国装备制造业产品的出口具有明显的促进作用，表明中国经济发展水平的提高促进了其出口；而人口规模的增长却极大地抑制了出口。究其原因，人口规模的增加会扩大国内需求，刺激装备制造业的发展，从而进一步增强国内对装备制造业产品的需求。（3）在双边关系特征中，距离因素是该模型的重要影响因素之一，估计结果与传统引力模型一致，距离每增加 1%，贸易量就降低 1.427%。内陆国家变量和共同边界变量的系数在统计上都不显著，表明这两个因素对中国装备制造业的出口影响尚未显现。这是由于中国地理位置的特点，中亚地区的内陆国尽管陆路运输不便，但因临界距离短，两作用相抵，故影响甚微；欧洲国家如匈牙利尽管身处欧洲内陆，但由于该国是中东欧地区的中资机构、华商、华人较集中的国家，故内陆并没有成为中匈两国贸易的阻碍因素，中国成为匈牙利在欧洲以外的第一大贸易伙伴国。

3. 装备制造业分行业随机前沿引力模型的回归结果

根据国际贸易商品标准分类（SITC，Rev4），装备制造业被分为九大类，其中，以石油天然气管道为代表的工业装备制造业（SITC74）、以办公室自动化设备为代表的办公器材装备制造业（SITC75）、以光缆为代表的通信装备制造业（SITC76）、以电气机械仪表用具为代表的电气装备制造业（SITC77）和以高铁为代表的交通装备制造业（SITC78）所占比重较高，五大类总计达到整个装备制造业的80%左右，如表5-12所示。

本节以这五个细分行业为代表进行进一步分析，如表5-13所示。

表5-12　　中国对"一带一路"沿线国家装备制造业细分行业产品出口占比　　单位:%

类别	2007年	2010年	2013年	2015年
SITC74	12.19	12.98	15.26	15.17
SITC75	14.41	16.44	13.75	11.56
SITC76	26.06	21.17	19.81	22.39
SITC77	22.03	21.77	22.76	24.11
SITC78	9.23	6.61	8.50	8.33
总占比	83.92	78.97	80.08	81.56

注：占比是指，中国对"一带一路"沿线国家装备制造业细分行业产品出口额占装备制造业出口总额的比重。

资料来源：联合国 Comtrade 数据库。

表5-13　　　　　　中国对"一带一路"沿线国家装备制造业
细分行业产品出口随机前沿引力模型估计结果

变量	SITC74 （工业装备制造业）	SITC75 （办公器械装备制造业）	SITC76 （通信装备制造业）	SITC77 （电气装备制造业）	SITC78 （交通装备制造业）
cons	922.416*** (923.18)	3050.652*** (3053.34)	743.296*** (744.06)	1018.653*** (941.40)	269.438 (0.72)
$pgdp_{jt}$	0.919*** (7.97)	1.852*** (18.36)	1.112*** (12.92)	0.961*** (6.76)	0.949*** (6.08)
pop_{jt}	0.863*** (10.78)	1.142*** (13.15)	1.259*** (16.67)	0.662*** (7.68)	0.813*** (5.83)
$pgdpc_t$	3.986*** (24.69)	9.267*** (38.25)	3.063*** (17.26)	3.105*** (14.57)	2.434** (2.26)

续表

变量	SITC74 (工业装备制造业)	SITC75 (办公器械装备制造业)	SITC76 (通信装备制造业)	SITC77 (电气装备制造业)	SITC78 (交通装备制造业)
$popc_t$	−45.190*** (−168.90)	−148.942*** (−730.97)	−36.701*** (−146.02)	−48.251*** (−209.36)	−13.87 (−0.76)
dis_j	−1.012** (−2.64)	−1.656*** (−4.29)	−0.893* (−1.88)	−3.297*** (−6.96)	−0.003 (−0.01)
$landlock_j$	−0.581** (−2.48)	0.780*** (3.16)	0.909*** (4.30)	−0.592*** (−2.58)	−0.711 (−1.36)
$contig_j$	0.403 (1.22)	−0.08 (−0.19)	−0.48 (−0.94)	0.150 (0.34)	1.28** (2.21)
γ	0.869*** (41.11)	0.891*** (57.66)	0.958*** (234.70)	0.977*** (179.93)	0.968*** (130.25)
sigma-squared	1.572*** (6.14)	3.371*** (6.28)	3.311*** (12.92)	6.406*** (4.67)	7.163*** (4.71)
log likelihood	−477.66	−654.94	−400.66	−415.62	−504.88
obs	558	558	558	558	558

注：*、** 和 *** 分别表示在 10%、5% 和 1% 的显著性水平上显著。

由表 5 - 13 可知：（1）贸易伙伴国人均 GDP 的提高对办公器械装备制造业出口贸易的影响相对较大，而对工业装备制造业和交通装备制造业的影响相对较小。究其原因是，一个国家对办公器械装备制造业的需求弹性相对工业装备制造业和交通装备制造业来说较大，国民对办公器械装备制造业的需求相对于其他方面表现得更加充满"弹性"。（2）贸易伙伴国人口规模的增加对通信装备制造业产品的出口产生的影响较大，这是由于随着信息技术的发展和互联网经济对各领域的渗透，国民对信息技术、网络通信等需求相对来说会较大，从而会引致对国外通信制造产品进口的增加，而中国又是重要的通信制造业出口国，"一带一路"沿线国家人口的增加，必然会带动中国通信装备制造业产品出口。（3）中国人均 GDP 的增加会促进装备制造业五个细分行业产品的出口，其中，对办公器械装备制造业的影响作用最大，对交通装备制造业的出口贸易影响最小。（4）中国人口的增加与装备制造业产品出口规模呈显著的负相关，这是由于国内人口增加会拉动内需，从而导致出口减少。（5）距离是属于随机前沿引力模型的负相关因素，然而，对于交通装备制造业、通信装备制造业、工业装备制造业、办公器械装备制造业和电气装备制造业出口的负面影响程度依次增强。可能是因为电气设备主要向距离较近的"一带一路"沿线国家出口，新加坡、马来西亚、印度、越南和泰国等是其主要的出口贸易国，而交通装备制造业的出口对距离的远近无明显的偏好，其主要出口对象既包括距离较近的孟加拉国，也包括距离较远的摩尔多瓦、波黑等国家。（6）内陆变量影响呈现出差异性。办公器械装备制造业和通信装备制造业呈现出显著的正相关，而其他细分行业则呈现出负相关的特征。（7）临界变量大都影响不显著，并没有凸显出贸易伙伴国与中国接壤的优势。（8）通过对 γ 指标进行对比，发现在通信装备制造业、交通装备制造业和电气装备制造业中，非自然变量对实际贸易规模未达到贸易潜力的影响较大；在工业装备制造业和办公器械装备制造业中，非自然变量的影响相对来说较小，但也都超过 0.85，进一步说明了随机前沿估计方法是比较适用的。

5.3.4　贸易效率、贸易潜力的估计及比较

1. 贸易效率及贸易潜力的估计

贸易效率是指，在既定的贸易资源禀赋下，实际贸易量与贸易潜力之比，是一个相对的概念。根据随机前沿引力模型Ⅱ，即式（5-10）估计的结果，如表 5-14 所示。由表 5-14 可知，中国装备制造业向"一带一路"沿线国家出口的贸易效率在 0.5 以上的有 14 个国家，在 0.3~0.5 区间的有 21 个国家，在 0.1~0.3 区间的有 24 个国家，在 0.1 以下的有 3 个国家。2015 年，中国装备制造业产品对"一带一路"沿线国家出口的贸易潜力可达到 5907.23 亿美元，但实际出口贸易额仅达到贸易潜力的约 40%，有 3537.88 亿美元的出口潜力没有得到释放。其中，对俄罗斯可拓展的贸易量最大，应重点挖掘中国装备制造业对俄罗斯的出口潜力。总体来说，中国对"一带一路"沿线国家的装备制造业产品出口贸易潜力尚未得到充分释放，贸易效率偏低，可拓展的贸易空间较大。

表 5-14　中国装备制造业对"一带一路"沿线国家的出口贸易效率及出口贸易潜力

平均贸易效率排名	国家	2007~2015年年均贸易效率	2015年贸易潜力（亿美元）	2015年可拓展贸易量（亿美元）	平均贸易效率排名	国家	2007~2015年年均贸易效率	2015年贸易潜力（亿美元）	2015年可拓展贸易量（亿美元）
1	阿拉伯联合酋长国	1	139.28	0.00	6	塔吉克斯坦	0.8930	5.86	0.61
2	约旦	0.9322	8.06	0.53	7	越南	0.8717	251.75	31.45
3	匈牙利	0.9275	39.49	2.79	8	也门	0.8044	3.81	0.73
4	新加坡	0.9209	307.74	23.69	9	马来西亚	0.7087	222.72	63.36
5	吉尔吉斯斯坦	0.9072	4.54	0.41	10	捷克	0.6828	97.98	30.36

平均贸易效率排名	国家	2007～2015年年均贸易效率	2015年贸易潜力（亿美元）	2015年可拓展贸易量（亿美元）	平均贸易效率排名	国家	2007～2015年年均贸易效率	2015年贸易潜力（亿美元）	2015年可拓展贸易量（亿美元）
11	乌克兰	0.6619	17.22	5.69	38	菲律宾	0.2879	270.97	190.17
12	柬埔寨	0.5951	13.00	5.15	39	阿尔巴尼亚	0.2714	3.56	2.56
13	塞浦路斯	0.5173	6.02	2.85	40	沙特阿拉伯	0.2466	262.64	195.27
14	缅甸	0.5171	87.25	41.29	41	黑山	0.2412	2.04	1.53
15	巴基斯坦	0.4796	111.15	56.73	42	白俄罗斯	0.2376	17.25	12.98
16	爱沙尼亚	0.4599	10.20	5.40	43	阿富汗	0.2236	7.26	5.57
17	格鲁吉亚	0.4553	5.83	3.11	44	蒙古国	0.2232	20.21	15.50
18	黎巴嫩	0.4369	12.52	6.92	45	希腊	0.2098	63.31	49.43
19	伊拉克	0.4353	66.05	36.62	46	以色列	0.197	111.83	88.78
20	伊朗	0.4058	186.98	109.15	47	克罗地亚	0.1944	13.54	10.79
21	拉脱维亚	0.4053	9.44	5.52	48	马尔代夫	0.194	2.65	2.11
22	老挝	0.3912	19.32	11.56	49	塞尔维亚	0.1893	12.14	9.74
23	波兰	0.3829	160.03	97.08	50	巴林	0.1758	15.90	12.96
24	印度尼西亚	0.3752	343.32	210.92	51	哈萨克斯坦	0.1738	141.32	115.53
25	乌兹别克斯坦	0.3718	25.79	15.93	52	马其顿	0.1723	3.18	2.60
26	立陶宛	0.3662	13.10	8.16	53	俄罗斯	0.1702	652.49	535.81
27	摩尔多瓦	0.3655	1.04	0.65	54	阿曼	0.1659	41.94	34.62
28	斯里兰卡	0.3585	30.53	19.26	55	尼泊尔	0.1566	10.06	8.40
29	保加利亚	0.3496	12.24	7.83	56	亚美尼亚	0.1479	4.31	3.64
30	泰国	0.3476	456.90	293.31	57	阿塞拜疆	0.1178	13.24	11.58
31	印度	0.3393	706.70	459.55	58	科威特	0.1062	118.22	104.85
32	斯洛伐克	0.3361	40.18	26.25	59	波黑	0.1008	3.43	3.07
33	土库曼斯坦	0.3351	13.89	9.09	60	卡塔尔	0.0607	151.13	141.21
34	罗马尼亚	0.3161	47.98	32.31	61	文莱	0.0587	63.62	59.58
35	斯洛文尼亚	0.3092	22.98	15.64	62	不丹	0.0097	2.43	2.40
36	孟加拉国	0.2960	115.12	79.86		总体	0.3852	5907.23	3537.88
37	土耳其	0.2909	282.57	197.46					

由表 5 - 14 可知，中国对"一带一路"沿线国家的装备制造业产品出口贸易效率前五名分别是阿拉伯联合酋长国、约旦、匈牙利、新加坡和吉尔吉斯斯坦。其中，2007～2015 年，中国装备制造业产品向阿拉伯联合酋长国出口的年均增长率为 10.25%；中国是约旦第二大贸易伙伴和第二大商品进口来源国，2007～2015 年，中国装备制造业产品对其出口的年均增长率为 12.51%；中国是匈牙利

在欧洲以外的第一大贸易伙伴国，近年来，匈牙利政府积极利用外资，"一带一路"倡议提出后，中匈两国签订了匈塞铁路等项目，两国关系升级为"全面战略伙伴"关系；新加坡与中国有悠久的历史渊源，同根同源的语言和文化极大地促进了中国装备制造业产品的出口；2016年上半年，中国已成为吉尔吉斯斯坦最大进口来源国，主要进口机电和交通制造设备。中国对"一带一路"沿线国家的装备制造业产品出口贸易效率最低的是不丹，仅为 0.0097。

（1）细分行业贸易效率比较。由表 5 - 15 可知，装备制造业的平均贸易效率呈逐年上升态势，而细分行业的贸易效率大小及趋势变化均存在差异。其中，工业装备制造业的贸易效率高于装备制造业的平均水平，而通信装备制造业、电气装备制造业和交通装备制造业的贸易效率低于平均水平。同时，办公器械装备制造业即将赶超平均水平。在其细分的五个行业中，工业装备制造业、办公器械装备制造业和电气装备制造业的贸易效率呈逐年上升态势，并且，办公器械装备制造业贸易效率的增速最快，但交通装备制造业和通信装备制造业的贸易效率逐年下降。

表 5 - 15　　中国对"一带一路"沿线国家装备制造业细分行业出口的贸易效率

行业	2007 年	2008 年	2009 年	2010 年	2011 年	2012 年	2013 年	2014 年	2015 年
装备制造业	0.377	0.379	0.381	0.383	0.385	0.387	0.389	0.391	0.393
工业装备制造业	0.438	0.444	0.449	0.454	0.459	0.465	0.470	0.475	0.480
办公器械装备制造业	0.248	0.261	0.274	0.287	0.301	0.315	0.330	0.345	0.360
通信装备制造业	0.300	0.298	0.296	0.294	0.292	0.290	0.288	0.287	0.285
电气装备制造业	0.106	0.112	0.120	0.127	0.135	0.144	0.153	0.162	0.172
交通装备制造业	0.233	0.228	0.222	0.217	0.211	0.206	0.201	0.196	0.191

（2）丝绸之路经济带沿线国家和 21 世纪海上丝绸之路沿线国家的贸易效率比较。由表 5 - 16 可知，中国装备制造业产品对丝绸之路经济带沿线国家和 21 世纪海上丝绸之路沿线国家出口的贸易效率都是逐年增加的；对 21 世纪海上丝绸之路沿线国家出口的贸易效率，明显高于平均水平且高于对丝绸之路经济带沿线国家出口的水平。"丝绸之路经济带"和"21 世纪海上丝绸之路"地理走向不同，存在区域差异和经济差异。"丝绸之路经济带"主要是基于有众多沟壑丘陵阻碍的陆上通道，沿线交通不便，以铁路运输和管道运输为依托，连通东亚、中亚和欧洲。"21 世纪海上丝绸之路"则是以港口为支点形成的海上网络通道，形成连通东亚、南亚、西亚、北非和西欧的桥梁。这导致中国装备制造业产品对丝绸之路经济带沿线国家与 21 世纪海上丝绸之路沿线国家贸易效率呈现出如表 5 - 16 所示的差异。

表 5－16　　　　中国装备制造业产品出口到丝绸之路经济带沿线
国家和 21 世纪海上丝绸之路国家的贸易效率

类别	2007 年	2008 年	2009 年	2010 年	2011 年	2012 年	2013 年	2014 年	2015 年
"一带一路"沿线国家	0.3769	0.3790	0.3810	0.3831	0.3852	0.3873	0.3893	0.3914	0.3935
丝绸之路经济带沿线国家	0.3529	0.3549	0.3570	0.3590	0.3611	0.3632	0.3652	0.3673	0.3694
21 世纪海上丝绸之路沿线国家	0.4102	0.4123	0.4144	0.4165	0.4185	0.4206	0.4227	0.4248	0.4269

（3）分地区贸易效率的比较。根据国家所属地区的不同，本节将"一带一路"沿线国家划分为东盟、中东亚、西亚、中东欧、独联体和南亚。[①] 区域位置、要素禀赋、政治稳定性及政治关系都是影响中国与"一带一路"沿线国家贸易效率的重要因素。由表 5－17 可知，中国装备制造业产品对不同地区出口的贸易效率都是逐年增加的，但增加幅度存在差异。其中，中国对东盟出口的贸易效率最高，因为中国已与东盟各国签订了自贸协定（FTA），互惠互利的政策对贸易往来起着积极的作用；对中东亚出口的贸易效率次之，中国与中东亚国家的产能互补性较强，哈萨克斯坦南线天然气管道、瓦赫达特—亚万铁路等项目的完工，进一步加强了中国与中东亚国家之间的贸易紧密性；对西亚出口的贸易效率略高于平均水平，西亚国家是世界主要的石油供应国，但工业基础薄弱，基础设施落后，便于中国与其开展能源领域和装备制造领域的产能合作；对中东欧出口的贸易效率略低于平均水平，中东欧处于亚欧大陆桥上，应加强中国与该地区交通网络、信息网络等基础设施的连通性以及在电气装备、工业装备等装备制造业领域的优势互补性；对独联体出口的贸易效率较低，其中，对俄罗斯的出口贸易潜力最大，占独联体的 90%，而且可拓展的贸易空间较大，因此，应与俄罗斯进一步建立良好的贸易合作关系，提升双边贸易效率。中国对南亚出口的贸易效率最低。

表 5－17　　　　　　中国装备制造业产品出口到不同地区的贸易效率

地区	2007 年	2008 年	2009 年	2010 年	2011 年	2012 年	2013 年	2014 年	2015 年
东盟	0.4997	0.5016	0.5035	0.5055	0.5074	0.5093	0.5113	0.5132	0.5151
中东亚	0.4766	0.4784	0.4803	0.4821	0.4840	0.4859	0.4877	0.4896	0.4914

---

①　在"一带一路"沿线国家中，按地区分类包括：东盟的文莱、印度尼西亚、柬埔寨、老挝、缅甸、马来西亚、菲律宾、新加坡、泰国、越南；中东亚的哈萨克斯坦、吉尔吉斯斯坦、塔吉克斯坦、土库曼斯坦、乌兹别克斯坦、蒙古国，其中，蒙古国为东亚国家，其他国家为中亚国家；西亚的阿拉伯联合酋长国、巴林、塞浦路斯、希腊、伊朗、伊拉克、以色列、约旦、科威特、黎巴嫩、阿曼、卡塔尔、沙特阿拉伯、土耳其、也门；中东欧的阿尔巴尼亚、保加利亚、波黑、捷克、爱沙尼亚、克罗地亚、匈牙利、立陶宛、拉脱维亚、马其顿、黑山、波兰、罗马尼亚、塞尔维亚、斯洛伐克、斯洛文尼亚；独联体的亚美尼亚、阿塞拜疆、白俄罗斯、格鲁吉亚、摩尔多瓦、俄罗斯、乌克兰；南亚的阿富汗、孟加拉国、不丹、印度、斯里兰卡、马尔代夫、尼泊尔、巴基斯坦。

续表

地区	2007 年	2008 年	2009 年	2010 年	2011 年	2012 年	2013 年	2014 年	2015 年
西亚	0.3913	0.3932	0.3952	0.3971	0.3990	0.4009	0.4028	0.4048	0.4067
中东欧	0.3475	0.3497	0.3520	0.3543	0.3566	0.3588	0.3611	0.3634	0.3657
独联体	0.2992	0.3014	0.3036	0.3058	0.3080	0.3102	0.3125	0.3147	0.3169
南亚	0.2485	0.2506	0.2528	0.2550	0.2571	0.2593	0.2615	0.2637	0.2659

2. 影响贸易效率的因素分析

两个国家贸易效率的高低与互联网发展水平、国家的开放程度、贸易的便利程度是密切相关的。本节用互联网普及率来衡量一个国家的互联网发展水平，梅特卡夫定律（Metcalfe's Law）指出，网络价值以用户数量的平方的速度增长，因此，互联网普及率能较好地反映网络带来的红利。用经济自由度表示一个国家的开放程度，估算时综合了贸易自由度、金融自由度及货币自由度等因素，因此，当经济自由度指数较高时，政府干预较少，经济主体进行贸易的动力和能力就较大。关税水平、班轮运输连通性指数、贸易及运输相关基础设施是衡量一个国家贸易便利度大小的重要指标。关税水平较低、班轮运输连通性指数较高、贸易及运输相关基础设施较好，都对贸易效率提升有促进作用。而"一带一路"倡议的提出，对中国与"一带一路"沿线国家贸易发展的重要性也是不言而喻的。基于上述考虑，构建模型如式（5-11）所示。

$$TE_{jt} = z_0 + z_1 B\&R_t + z_2 inter_{jt} + z_3 ef_{jt} + z_4 shp_{jt} + z_5 inf_{jt} + z_6 taf_{jt} + \varepsilon_{jt} \quad (5-11)$$

在式（5-11）中，（1）TE_{jt}表示 t 年中国与贸易伙伴国 j 的贸易效率。（2）$B\&R_t$表示"一带一路"倡议是否提出，本节将 2007～2012 年设为 0，2013～2015 年设为 1。"一带一路"倡议的提出，有利于中国与"一带一路"沿线国家的双边贸易合作，有利于中国装备制造业产品出口贸易效率的提升，预期该变量与出口贸易效率正相关。（3）$inter_{jt}$表示 t 年贸易伙伴国 j 的互联网普及率，衡量互联网的发展水平，预期$inter_{jt}$与出口贸易效率正相关。（4）ef_{jt}表示 t 年贸易伙伴国 j 的经济自由度，经济自由度衡量的是政府对经济的干预程度，干预程度越小，经济越有活力，经济自由度指数越高，预期该变量与出口贸易效率正相关。（5）shp_{jt}表示 t 年贸易伙伴国 j 的班轮运输连通性指数，inf_{jt}表示 t 年贸易伙伴国 j 的贸易及运输相关基础设施指数，taf_{jt}表示 t 年贸易伙伴国 j 的关税水平，用关税及其他进口税占进口国税收的比重来衡量。这三个指标衡量的是贸易便利化程度，预期shp_{jt}、inf_{jt}与出口贸易效率正相关，taf_{jt}与出口贸易效率负相关。（6）z_0表示常数项，z_n（n = 1，2，…，6）表示相应的参数，ε_{jt}表示随机扰动项，其他字母含义同上。

上述指标数据采集的年份均为 2007～2015 年，互联网普及率（$inter_{jt}$）来源于国际电信联盟数据库；经济自由度（ef_{jt}）的数据来源于全球遗产基金会数据库；班轮运输连通性指数（shp_{jt}）来源于联合国贸易与发展会议数据库；贸易及运输相关基础设施指数（inf_{jt}）和关税水平（taf_{jt}）指数均来源于世界银行 WDI 数据库。

利用 2007～2015 年的数据对式（5-11）分别进行混合效应多元回归分析、固定效应多元回归分析和随机效应多元回归分析，回归结果如表 5-18 所示。

表 5-18　中国装备制造业产品对"一带一路"沿线国家出口贸易效率的影响因素

因素	混合回归（POLS）	固定效应回归（FE）	随机效应回归（RE）
$B\&R_t$	1.5816	0.4538 ***	0.4528 ***
	(0.54)	(8.06)	(7.91)
$inter_{jt}$	-0.2059	0.0242 ***	0.0242 ***
	(-1.28)	(11.03)	(10.83)
ef_{jt}	0.5370	0.0077	0.0078
	(0.88)	(0.79)	(0.79)
shp_{jt}	0.3723 ***	0.0049	0.0051
	(2.91)	(1.41)	(1.45)
inf_{jt}	2.1921	0.2851 *	0.2897 *
	(0.17)	(1.91)	(1.91)
taf_{jt}	-0.2795 ***	-0.0064	-0.0068
	(-2.77)	(-1.22)	(-1.27)
cons	1.7042	36.5822 ***	36.5627 ***
	(0.07)	(52.84)	(9.44)
R^2	0.35	0.77	0.77
sigma_u	—	23.7865	20.8720
sigma_e	—	0.3008	0.3008
rho	—	0.9998	0.9998
F test	Prob > F = 0.0000		—
Hausman test	—	Prob > chi2 = 0.2598	

注：*、** 和 *** 分别表示在 10%、5% 和 1% 的显著性水平上显著。"—"表示无数据。

由表 5-18 可知，本节利用三种经典的多元回归方式分别进行计量估计，并且，通过两种检验选择最合适的回归方式。在混合回归和固定效应回归中，采用 F 检验，结果表明在 1% 的显著性水平上拒绝"个体异质性的截距项为 0"的原假设。即说明，每个国家应该拥有自己的截距项，所以，此处采用固定效应回归优于混合回归。在固定效应回归和随机效应回归的选择上，通过豪斯曼检验，结果表明应接受原假设，故选择随机效应回归更为合理。

由随机效应回归结果可知：（1）"一带一路"倡议的提出与贸易效率显著正相关，表明该哑变量是促进中国装备制造业产品的出口贸易效率提升的积极因素，与预期相符合。（2）"一带一路"沿线国家的互联网普及率和贸易运输相关基础设施指数对中国装备制造业产品的出口贸易效率有显著的正面影响，与预期相符。可见，应加强中国与"一带一路"沿线国家互联网网络和交通网络的紧密连贯性。（3）经济自由度与贸易效率呈正相关，尽管不显著，但仍表明一国政府对经济的干预程度越小，经济的活跃性越强，越有利于出口贸易的发展。（4）关税水平和班轮运输连通指数对贸易效率的影响不显著，但是与预期方向一致。

5.3.5 结论与建议

本节利用随机前沿分析方法，对中国装备制造业产品与"一带一路"沿线国家出口的贸易效率和贸易潜力进行估算和比较，实证研究表明：（1）从中国与"一带一路"沿线国家装备制造业产品出口贸易规模来讲，贸易伙伴国的人均GDP和人口数量呈现出需求拉动型的特征，而中国人口数量的增加则导致内需扩大，抑制出口；双边距离是影响出口贸易规模的负面因素；边界和内陆变量对五个细分行业有不同程度的影响。（2）从中国与"一带一路"沿线国家装备制造业产品出口贸易效率的比较来讲，工业装备制造业的出口效率高于装备制造业的平均水平，而办公器械装备制造业、通信装备制造业、电气装备制造业和交通装备制造业则低于平均水平。其中，办公器械装备制造业贸易效率提升最快，即将赶超平均水平，电气装备制造业虽然贸易效率最低，但增长势头良好；通信装备制造业和交通装备制造业的贸易效率逐年下降，需要关注；中国装备制造业产品对"一带一路"沿线国家的贸易效率是逐年攀升的，并且出口"21世纪海上丝绸之路"国家的贸易效率明显地高于平均水平，且高于对"丝绸之路经济带"国家出口的水平；中国装备制造业产品对不同地区出口的贸易效率存在差异，其中，对东盟出口的贸易效率最高，对南亚出口的贸易效率最低。（3）从影响贸易效率的因素来讲，"一带一路"倡议的实施对贸易效率产生显著的积极作用；互联网发展水平的提高和贸易运输基础设施的不断完善，也有利于贸易效率的提升；尽管经济自由度、班轮运输连通指数和关税对贸易效率的影响不显著，但与预期方向一致。

为进一步挖掘中国对"一带一路"沿线国家装备制造业产品的出口贸易潜力，提升其出口贸易效率，中国应继续大力推进"一带一路"倡议的实施，积极与"一带一路"沿线国家进行双边合作，通过进一步降低关税、减少通关成本、消除投资壁垒等，提高投资贸易便利化水平；通过加快"一带一路"沿线国家传统的交通基础设施和信息网络基础设施的建设，努力构建全方位、多层次、复合型的互联互通网络；通过建设和完善跨境电子商务平台，积极探索"互联网＋"新贸易模式；通过发挥线上平台优势、线下渠道优势和大数据等，不断拓展中国与"一带一路"沿线国家装备制造业产品的贸易新空间，通过互惠互利，实现共赢发展。

5.4　中国与"21 世纪海上丝绸之路"沿线国家农产品贸易效率及贸易潜力分析

5.4.1　问题的提出

"21 世纪海上丝绸之路"① 是在 2013 年 10 月提出的。这是中国对外开放、海洋强国的重要战略。农产品贸易是古"海上丝绸之路"的主要内容之一，也是"21 世纪海上丝绸之路"的重要组成部分。2008～2017 年，中国与"21 世纪海上丝绸之路"沿线国家的农产品贸易总额从 493 亿美元上升到 1059 亿美元，②年均增长率接近 9%。其中，出口额从 217 亿美元上升到 415 亿美元，而进口额从 276 亿美元上升到 643 亿美元。中国与"21 世纪海上丝绸之路"沿线国家长期存在农产品贸易逆差，且呈现持续扩大的趋势。中国与"21 世纪海上丝绸之路"沿线国家的农产品占全部商品贸易总额的 5% 左右，略有上升。但中国与"21 世纪海上丝绸之路"沿线国家的农产品贸易总额占中国与世界农产品贸易总额的 40% 左右，出口额占比超过 50%。"21 世纪海上丝绸之路"沿线国家在中国的农产品贸易，尤其是农产品出口贸易中具有举足轻重的地位。在"一带一路"建设的大背景下，影响中国与"21 世纪海上丝绸之路"沿线国家的农产品贸易的因素有哪些？应如何扬长避短，提高贸易效率并挖掘贸易潜力？深入地研究这些问题，对探明中国与"21 世纪海上丝绸之路"沿线国家未来的发展道路，具有重要的理论价值和现实意义。

汪洁等（2015）认为，"21 世纪海上丝绸之路"分为东南亚、南亚、西亚、非洲、欧盟、南太平洋岛国和拉丁美洲七大区域。"21 世纪海上丝绸之路"则认为，

---

① 国家发展改革委，外交部，商务部. 推动共建"丝绸之路"经济带和"21 世纪海上丝绸之路"的愿景与行动［EB/OL］. http：//www. mofcom. gov. cn/article/resume/n/201504/20150400929655. shtml.

② 这里选取 49 个"21 世纪海上丝绸之路"沿线国家：日本、韩国、朝鲜、新加坡、马来西亚、印度尼西亚、泰国、柬埔寨、越南、文莱、菲律宾、澳大利亚、新西兰、缅甸、孟加拉国、印度、巴基斯坦、伊朗、伊拉克、科威特、约旦、沙特阿拉伯、巴林、卡塔尔、阿拉伯联合酋长国、阿曼、也门、斯里兰卡、马尔代夫、肯尼亚、以色列、黎巴嫩、叙利亚、塞浦路斯、土耳其、希腊、阿尔巴尼亚、黑山、波黑、克罗地亚、斯洛文尼亚、意大利、法国、西班牙、摩洛哥、阿尔及利亚、突尼斯、利比亚、埃及。

可以分为三个重要的联系方向：包括南海—太平洋通道、孟中印缅经济走廊—印度洋通道和东北亚—北极航道。中文文献对"一带一路"沿线国家农产品贸易的定量研究主要集中在三个方面：一是对贸易竞争性与互补性的测度（何敏等，2016；余妙志等，2016；胡艺等，2017；詹森华，2018），常用方法是计算显示性比较优势指数（RCA）和贸易竞争力指数（TCI）。二是贸易便利化水平，通过建立指标体系（汪洁等，2015；韩啸等，2016）测算贸易便利化水平，再通过引力模型分析贸易便利化的影响。三是贸易潜力。谭晶荣等（2016）分析了中国与中亚五国的农产品贸易潜力；卢艳平等（2017）从比较优势和互补性两方面分析了中国与新西兰的农产品贸易潜力。在研究中国与"一带一路"沿线国家贸易潜力的方法上，中文文献多采用引力模型。李浩学等（2016）运用轴心测量指数（HM）分析中国与"一带一路"沿线国家农产品贸易依赖程度后，利用随机前沿引力模型探讨 2005~2014 年中国与 30 个国家农产品贸易潜力和影响因素。谭秀杰等（2015）和刁莉等（2017）均采用随机前沿引力模型，分别探讨了中国与"21 世纪海上丝绸之路"和"丝绸之路经济带"沿线国家的贸易潜力和影响因素。总体来看，近年来，随机前沿引力模型被更广泛地应用于估计贸易潜力（龚静等，2016；方英等，2018）。

本节拟在前人研究的基础上，在三个方面做进一步探索。一是建立随机前沿引力模型并引入贸易非效率模型，分析影响中国与"21 世纪海上丝绸之路"沿线国家农产品贸易的自然因素和非效率因素；二是测算贸易效率与贸易潜力，估算贸易潜力可拓展的空间；三是探讨贸易效率提升的路径，以期为中国政府相关部门决策提供理论依据。

5.4.2 模型构建与数据说明

1. 随机前沿引力模型和贸易非效率模型

巴蒂斯和科利（Battese and Coelli，1992）针对面板数据提出了时变无效性随机生产前沿模型，弥补了艾格纳等（Aigner et al.，1977）和米森等（Meeusen et al.，1977）提出的随机前沿生产函数模型只适用于横截面数据的缺陷。为了进一步研究影响生产效率的因素，巴蒂斯和科利（Battese and Coelli，1995）提出了一步法模型，该模型将非效率项及其影响因素在随机前沿模型中同时回归。

为分析贸易潜力，本节建立随机前沿引力模型和贸易非效率模型，如式（5-12）、式（5-13）所示。

$$\ln EXP_{ijt} = \beta_0 + \beta_1 \ln PCGDP_{it} + \beta_2 \ln PCGDP_{jt} + \beta_3 \ln POP_{it}$$
$$+ \beta_4 \ln POP_{jt} + \beta_5 \ln DIST_{ij} + \beta_6 BORDER_{ij} + v_{ijt} - u_{ijt} \qquad (5-12)$$
$$u_{ijt} = \delta_0 + \delta_1 BC_{jt} + \delta_2 NET_{jt} + \delta_3 EF_{jt} + \delta_4 PS_{jt} + \delta_5 INFR_{jt}$$
$$+ \delta_6 AGRI_{jt} + \delta_7 Barrier_{jt} + \delta_8 SHP_{jt} + \varepsilon_{ijt} \qquad (5-13)$$

在式（5-12）和式（5-13）中，各变量含义、说明和预期符号，如表 5-19 所示。

表 5-19 变量的含义、说明和预期符号

变量	含义	说明	预期符号
EXP_{ijt}	t 年中国（i）对 j 的出口贸易额	被解释变量	
$PCGDP_{it}$	t 年中国（i）的人均 GDP	反映中国的经济规模和发展水平	+
$PCGDP_{jt}$	t 年 j 国的人均 GDP	反映 j 国的经济规模和发展水平	+
POP_{it}	t 年中国（i）的人口数量	人口越多，国内需求越大，出口会相对减少；另外，人口越多，国内劳动力人口比例越高，生产能力越强，出口会增加	-/+
POP_{jt}	t 年 j 国的人口数量	人口越多，需求越大，进口增加	+
$DIST_{ij}$	中国（i）与 j 国的空间距离	采用两国首都的球面距离，反映双边运输成本	-
$BORDER_{ij}$	中国（i）与 j 国是否拥有共同边界	虚拟变量，如果存在共同边界，取值 1；否则，取值 0	+
u_{ijt}	贸易非效率，t 年中国（i）与 j 国出口流量中没能实现的贸易潜力	被解释变量	
BC_{jt}	t 年 j 国海关手续负担	取值范围为 [1, 7]，取值越高，负担越小	-
NET_{jt}	t 年 j 国互联网普及率	取值范围为 [0, 100]，取值越高，互联网发展水平越高	-
EF_{jt}	t 年 j 国经济自由度	取值范围为 [0, 100]，取值越高，经济自由度越高	-
PS_{jt}	t 年 j 国政治稳定性和社会暴力存在度	取值范围为 [-2.5, 2.5]，取值越高，政治越稳定，社会暴力越少	-
$INFR_{jt}$	t 年 j 国基础设施整体质量	取值范围为 [1, 7]，取值越高，质量越好	-
$AGRI_{jt}$	t 年 j 国农业政策有效性	取值范围为 [1, 7]，取值越高，利益分配越平衡	-
$Barrier_{jt}$	t 年 j 国非关税贸易壁垒存在度	取值范围为 [1, 7]，取值越高，非关税贸易壁垒越少	-
SHP_{jt}	t 年 j 国班轮运输连通性指数	2004 年为 100，取值越高，与全球海运网络连接越紧密	-

2. 样本选取和数据来源

根据开放合作、和谐包容的原则，综合现有文献，本节将"21 世纪海上丝绸之路"区域范围界定为太平洋地区、印度洋地区、地中海地区和大西洋地区，其中，前三个地区是古"海上丝绸之路"的覆盖范围，大西洋地区则是对"21

世纪海上丝绸之路"构想的延伸。考虑到数据的可得性，本节以太平洋地区、印度洋地区和地中海地区为研究对象，选取 2008～2017 年"21 世纪海上丝绸之路"沿线 38 个国家的数据作为样本。具体来讲，太平洋地区包括日本、韩国、新加坡、马来西亚、印度尼西亚、泰国、柬埔寨、越南、菲律宾、澳大利亚和新西兰；印度洋地区包括孟加拉国、印度、巴基斯坦、科威特、约旦、沙特阿拉伯、巴林、卡塔尔、阿拉伯联合酋长国、阿曼、斯里兰卡和肯尼亚；地中海地区包括以色列、塞浦路斯、土耳其、希腊、阿尔巴尼亚、黑山、克罗地亚、斯洛文尼亚、意大利、法国、西班牙、摩洛哥、阿尔及利亚、突尼斯和埃及。

根据世界贸易组织（WTO）的定义，农产品贸易涉及的商品包括国际贸易商品标准分类（SITC）Rev.3 分类下的 0 类、1 类、2 类、4 类商品，除去第 2 类中的第 27 章商品、第 28 章商品；出口额数据来自联合国商品贸易统计（UN Comtrade）数据库；PCGDP、POP、BC、NET、SHP 数据均来自世界银行世界发展指标（WB WDI）数据库；DIST、BORDER 数据均来自法国前景研究与国际中心（CEPII）；INFR、AGRI、Barrier 数据均来自世界经济论坛（WEF）的全球竞争力报告；EF 数据来自美国传统基金会的经济自由度指数报告；PS 数据来自世界银行全球治理指标（WB WGI）数据库。在本节中，若无特别说明，图表中的数据均根据上述数据计算而得。

5.4.3 影响贸易规模和贸易效率的因素分析

1. 随机前沿引力模型选择与实证结果

为确定随机前沿引力模型最终的函数形式，本节采用似然比检验方法对其适用性和时变性进行检验。对此，本节提出两个原假设：（1）假设贸易非效率项不存在；（2）假设贸易效率具有固定效应，不随时间变化。检验结果如表 5－20 和表 5－21 所示。由表 5－20 可知，原假设（1）被高度拒绝，说明贸易非效率项存在，随机前沿引力模型适用。由表 5－21 可知，原假设（2）被拒绝，说明贸易效率随时间变化，则本节采用时变随机前沿引力模型。

表 5－20　　　　　随机前沿引力模型适用性假设检验结果

原假设（1）	lnL（H$_0$）	lnL（H$_1$）	LR 统计量	1% 临界值	结论
H$_0$: γ＝0	－443.65	－58.60	770.10	11.34	拒绝

表 5－21　　　　　随机前沿引力模型时变性假设检验结果

原假设（2）	lnL（H$_0$）	lnL（H$_1$）	LR 统计量	1% 临界值	结论
H$_0$: η＝0	－63.39	－58.60	9.58	9.21	拒绝

本节利用时变随机前沿引力模型进行估计，结果如表 5－22 所示。γ 值为

0.9533，且在 1% 显著性水平上显著，说明贸易非效率项存在，且实际贸易量与贸易潜力之间的差距主要是由贸易非效率造成的。η 值在 1% 显著性水平上显著，说明贸易效率随时间变化。中国的人均 GDP 和进口国的人均 GDP 均与中国对该国的农产品出口额呈显著正相关，且中国的人均 GDP 对农产品出口额的影响略高于进口国，说明两国的经济规模和发展水平均能促进中国的农产品出口贸易。中国的人口数量与农产品出口额呈负相关，但不显著，这与预期的人口越多、国内需求越大、出口会相对减少相符。这是因为中国对"一带一路"沿线国家出口多为资源—劳动密集型农产品，这也更符合 H - O 理论的观点，但是，由于中国人口红利消失拐点在 2012 年已经出现、国内消费水平显著提升的事实，本节认为中国正逐步转入内需型社会，尤其是对农产品的消耗将会越来越大，出口将进一步相对减少，而对进口的依赖度随之增加。进口国人口数量与农产品出口额呈正相关，说明进口国人口越多，农产品进口需求越大。双边距离与农产品出口额呈显著负相关，距离每增加 1%，出口额减少 1.2096%。这是因为农产品的耐存储性较之工业制成品差，生产、运输和销售受自然条件制约更大，反映运输成本的空间距离直接影响了农产品的出口，故距离对中国与"21 世纪海上丝绸之路"沿线国家的农产品出口贸易起着较大的阻碍作用。拥有共同边界与农产品出口额呈正相关，但不显著，说明中国与周边国家接壤对促进中国的农产品出口并没有太大作用，究其原因，是因为中国与周边国家接壤大多位于经济欠发达地区和不适宜耕种的山区，远离地区经济中心和农产品生产基地且交通不便。

表 5 - 22　　　　　　　　　　随机前沿引力模型估计结果

变量	时变模型	
	系数	T 值
β_0	52.9614	1.1354
$PCGDP_i$	0.7700 ***	9.1712
$PCGDP_j$	0.7488 ***	12.1782
POP_i	-2.2762	-1.0427
POP_j	0.7598 ***	8.1890
$DIST_{ij}$	-1.2096 ***	-3.8665
$BORDER_{ij}$	0.2185	0.3919
σ^2	1.0123 ***	4.7715
γ	0.9533 ***	82.8997
μ	1.9646 ***	6.3005
η	-0.0140 ***	-3.2233
对数似然值	-58.5976	
LR 检验值	770.0954	

注：*、** 和 *** 分别表示在 10%、5% 和 1% 的显著性水平上显著。

2. 贸易非效率模型选择与实证结果

为确定合适的贸易非效率模型，本节设定9个假设检验：（1）是否存在贸易非效率；（2）是否引入 BC_{jt}；（3）是否引入 NET_{jt}；（4）是否引入 EF_{jt}；（5）是否引入 PS_{jt}；（6）是否引入 $INFR_{jt}$；（7）是否引入 $AGRI_{jt}$；（8）是否引入 $Barrier_{jt}$；（9）是否引入 SHP_{jt}。检验结果如表5-23所示，不存在贸易非效率被拒绝，说明随机前沿分析方法适用；不引入 NET_{jt}、EF_{jt}、PS_{jt}、$Barrier_{jt}$、SHP_{jt} 被拒绝，说明这5个变量应予以保留；不引入 BC_{jt}、$INFR_{jt}$、$AGRI_{jt}$ 不能拒绝，说明这3个变量应考虑剔除。因此，本节构建包含全部8个因素和包含5个因素（剔除3个原假设被拒绝的因素）的模型，即模型A和模型B，如式（5-14）、式（5-15）所示，估计结果如表5-24所示。

$$模型A：u_{ijt} = \delta_0 + \delta_1 BC_{jt} + \delta_2 NET_{jt} + \delta_3 EF_{jt} + \delta_4 PS_{jt} + \delta_5 INFR_{jt}$$
$$+ \delta_6 AGRI_{jt} + \delta_7 Barrier_{jt} + \delta_8 SHP_{jt} + \varepsilon_{ijt} \quad (5-14)$$

$$模型B：u_{ijt} = \delta_0 + \delta_1 NET_{jt} + \delta_2 EF_{jt} + \delta_3 PS_{jt} + \delta_4 Barrier_{jt}$$
$$+ \delta_5 SHP_{jt} + \varepsilon_{ijt} \quad (5-15)$$

表5-23 贸易非效率模型适用性假设检验结果

原假设	lnL（H_0）	lnL（H_1）	LR 统计量	1% 临界值	结论
不存在贸易非效率	-443.65	-330.26	226.78	11.34	拒绝
不引入 BC_{jt}	-329.23	-330.26	-2.06	6.64	不能拒绝
不引入 NET_{jt}	-335.18	-330.26	9.84	6.64	拒绝
不引入 EF_{jt}	-340.00	-330.26	19.48	6.64	拒绝
不引入 PS_{jt}	-369.00	-330.26	77.48	6.64	拒绝
不引入 $INFR_{jt}$	-330.07	-330.26	-0.38	6.64	不能拒绝
不引入 $AGRI_{jt}$	-328.66	-330.26	-3.20	6.64	不能拒绝
不引入 $Barrier_{jt}$	-360.58	-330.26	60.64	6.64	拒绝
不引入 SHP_{jt}	-366.58	-330.26	72.64	6.64	拒绝
不引入 BC_{jt}、$INFR_{jt}$、$AGRI_{jt}$	-333.39	-330.26	6.26	11.34	不能拒绝

表5-24 贸易非效率模型估计结果

变量	模型A（式（5-14））		模型B（式（5-15））	
	系数	T值	系数	T值
β_0	101.8956 ***	73.5577	103.0933 ***	97.9454
$PCGDP_i$	0.2220	1.6099	0.2219 **	2.5372
$PCGDP_j$	0.2101 ***	4.1632	0.1867 ***	3.9742
POP_i	-4.4268 ***	-43.0101	-4.4619 ***	-58.7178
POP_j	0.8616 ***	24.8488	0.8749 ***	31.0648
$DIST_{ij}$	-0.6776 ***	-7.9394	-0.7248 ***	-9.7154
$BORDER_{ij}$	-0.5444 ***	-4.2009	-0.6916 ***	-5.2020
δ_0	6.0415 ***	12.3264	6.3991 ***	14.6179

续表

变量	模型 A（式（5-14））		模型 B（式（5-15））	
	系数	T 值	系数	T 值
BC_j	0.1633	1.2712	—	—
NET_j	-0.0109 ***	-3.2146	-0.0099 ***	-3.6804
EF_j	-0.0331 ***	-3.8109	-0.0244 ***	-4.0421
PS_j	-0.0498	-0.9992	-0.0145	-0.2996
$INFR_j$	0.0835	1.1475	—	—
$AGRI_j$	-0.0184	-0.2412	—	—
$Barrier_j$	-0.3055 ***	-7.3337	-0.3098 ***	-8.2743
SHP_j	-0.0181 ***	-7.6150	-0.0151 ***	-7.3886
σ^2	0.3772 ***	13.0805	0.3832 ***	13.7814
γ	0.9985 ***	31.5271	0.9999 ***	246891.7700
对数似然值	-330.2573		-333.3912	
LR 检验值	226.7760		220.5084	

注：*、** 和 *** 分别表示在 10%、5% 和 1% 的显著性水平上显著。"—" 表示无数据。

由表 5-24 可知，"21 世纪海上丝绸之路"沿线国家的海关手续负担值与中国对其农产品出口的贸易非效率呈正相关，但不显著，说明负担越小，贸易阻碍越大，这与预期不符。"21 世纪海上丝绸之路"沿线国家的互联网普及率与贸易非效率呈负相关，在 1% 显著性水平上显著，说明"21 世纪海上丝绸之路"沿线国家的互联网发展水平越高，贸易阻碍越小。因为互联网的发展使得信息传递更快、更广，人们获得的信息更加充分；互联网的发展也推动了电子商务、网络支付的完善，信息成本、交易成本的下降促进了农产品贸易往来。"21 世纪海上丝绸之路"沿线国家的经济自由度与贸易非效率呈负相关，在 1% 显著性水平上显著，说明经济自由度越高的"21 世纪海上丝绸之路"沿线国家，国内经济越活跃，贸易阻碍越小。政治稳定性和社会暴力存在度与贸易非效率呈负相关，但不显著，说明"21 世纪海上丝绸之路"沿线国家的不安定因素对中国与其农产品出口贸易存在一定的抑制效应。当今地区局势动荡主要集中在中东地区，对于"21 世纪海上丝绸之路"来说，该地区是从印度洋进入地中海的必经之路，是世界重要的贸易通道。"21 世纪海上丝绸之路"沿线国家的基础设施质量与贸易非效率呈正相关，但不显著，说明"21 世纪海上丝绸之路"沿线国家的基础设施质量越好，反而越会抑制中国对其农产品的出口，这与预期不符。可能的原因是，基础设施质量越好，进口国国内生产的农产品的运输越便利，缩短了生产到销售的时间，使得人们更倾向于消费本国生产的更新鲜的农产品，从而减少了进口需求。"21 世纪海上丝绸之路"沿线国家的农业政策与贸易非效率呈负相关，但不显著，说明"21 世纪海上丝绸之路"沿线国家有效的农业政策对中国与其农产品出口贸易具有一定的促进作用。"21 世纪海上丝绸之路"沿线国家的非关税壁垒与贸易非效率呈显著负相关,且非关税壁垒每减少1%,中国对"21世纪海上丝绸之路"沿线国家的农产品出口贸易增加30.55%,大于所有其他因素的影响。技术性贸易壁垒是非关税壁垒的重要组成部分,进口国的一系列严格繁杂的技术法规和技术标准、合格评定程序、包装和标签规则(张小蒂和李晓钟,2004),尤其是涉及环保、健康和卫生标准的绿色壁垒,对极易受其影响的农产品的进口客观上产生了较大阻碍。"21世纪海上丝绸之路"沿线国家的班轮运输连通性指数与贸易非效率呈显著负相关,说明由于农产品对海运的依赖度高,故"21世纪海上丝绸之路"沿线国家与全球海运网络紧密程度越高,就越能促进中国对其农产品出口贸易规模的扩大。

5.4.4 贸易效率与贸易潜力的估算及比较

贸易效率是实际贸易量和贸易潜力的比值,衡量的是贸易潜力的实现程度,估算公式如式(5-16)所示。

$$\text{TE}_{ijt} = [f(X_{ijt}, \beta)\exp(v_{ijt} - u_{ijt})]/[f(X_{ijt}, \beta)\exp(v_{ijt})]$$
$$= \exp(-u_{ijt}) \tag{5-16}$$

本节利用前沿4.1(Frontier 4.1)软件对式(5-15)进行估算,通过一步法得到中国与"21世纪海上丝绸之路"沿线38个国家2008~2017年的农产品出口效率值,结果如表5-25、表5-26和表5-27所示。

表5-25 2008~2017年中国与"21世纪海上丝绸之路"沿线
国家农产品年均出口效率

国家	年均出口贸易效率	国家	年均出口贸易效率	国家	年均出口贸易效率
新加坡	0.745	摩洛哥	0.155	塞浦路斯	0.068
马来西亚	0.662	约旦	0.134	克罗地亚	0.067
越南	0.499	菲律宾	0.126	阿曼	0.059
阿拉伯联合酋长国	0.408	印度尼西亚	0.121	黑山	0.058
澳大利亚	0.406	斯洛文尼亚	0.114	突尼斯	0.051
日本	0.398	科威特	0.114	埃及	0.050
新西兰	0.346	法国	0.099	阿尔巴尼亚	0.045
泰国	0.306	沙特阿拉伯	0.098	卡塔尔	0.043
以色列	0.244	斯里兰卡	0.088	柬埔寨	0.029
西班牙	0.237	阿尔及利亚	0.077	肯尼亚	0.026
韩国	0.230	土耳其	0.075	孟加拉国	0.023
意大利	0.182	巴基斯坦	0.072	印度	0.019
巴林	0.159	希腊	0.069	样本年均	0.176

表 5 - 26　2008～2017 年中国与"21 世纪海上丝绸之路"沿线地区农产品出口效率变化态势

年份	太平洋地区	印度洋地区	地中海地区	样本整体
2008	0. 224	0. 097	0. 086	0. 130
2009	0. 227	0. 088	0. 077	0. 124
2010	0. 280	0. 109	0. 094	0. 152
2011	0. 340	0. 110	0. 120	0. 181
2012	0. 340	0. 094	0. 109	0. 171
2013	0. 381	0. 100	0. 114	0. 187
2014	0. 419	0. 106	0. 112	0. 199
2015	0. 429	0. 110	0. 112	0. 203
2016	0. 440	0. 111	0. 116	0. 208
2017	0. 437	0. 111	0. 122	0. 209

表 5 - 27　　　　2017 年中国与"21 世纪海上丝绸之路"
沿线国家（地区）农产品出口贸易潜力　　　　单位：亿美元

国家（地区）	出口贸易额	出口贸易效率	出口贸易潜力	可拓展出口贸易额
日本	104. 561	0. 420	248. 731	144. 170
韩国	48. 948	0. 257	190. 458	141. 510
新加坡	8. 199	0. 807	10. 155	1. 956
马来西亚	24. 448	0. 721	33. 903	9. 454
印度尼西亚	24. 839	0. 156	159. 302	134. 462
泰国	31. 619	0. 415	76. 102	44. 483
柬埔寨	0. 569	0. 036	15. 612	15. 043
越南	48. 064	0. 897	53. 612	5. 548
菲律宾	20. 346	0. 194	105. 138	84. 792
澳大利亚	10. 153	0. 459	22. 138	11. 985
新西兰	1. 974	0. 446	4. 424	2. 450
太平洋地区	323. 721	0. 437	919. 575	595. 854
孟加拉国	3. 596	0. 027	131. 515	127. 919
印度	7. 653	0. 021	365. 772	358. 119
巴基斯坦	5. 499	0. 086	64. 270	58. 771
科威特	0. 336	0. 063	5. 368	5. 031
约旦	0. 726	0. 101	7. 178	6. 452
沙特阿拉伯	3. 054	0. 103	29. 668	26. 615
巴林	0. 413	0. 194	2. 128	1. 716
卡塔尔	0. 253	0. 060	4. 225	3. 972
阿拉伯联合酋长国	5. 125	0. 424	12. 088	6. 963
阿曼	0. 353	0. 062	5. 662	5. 309
斯里兰卡	2. 317	0. 129	18. 011	15. 694
肯尼亚	1. 197	0. 058	20. 486	19. 288
印度洋地区	30. 522	0. 111	666. 372	635. 850
以色列	2. 703	0. 272	9. 922	7. 219
塞浦路斯	0. 108	0. 068	1. 590	1. 482
土耳其	4. 960	0. 089	55. 800	50. 840
希腊	0. 866	0. 088	9. 842	8. 976

续表

国家（地区）	出口贸易额	出口贸易效率	出口贸易潜力	可拓展出口贸易额
阿尔巴尼亚	0.085	0.036	2.369	2.284
黑山	0.056	0.081	0.687	0.632
克罗地亚	0.197	0.049	3.987	3.790
斯洛文尼亚	0.387	0.161	2.406	2.019
意大利	8.958	0.190	47.094	38.136
法国	5.784	0.109	52.910	47.127
西班牙	10.566	0.317	33.348	22.782
摩洛哥	3.165	0.192	16.506	13.340
阿尔及利亚	1.369	0.065	21.178	19.809
突尼斯	0.365	0.052	6.984	6.618
埃及	2.601	0.056	46.591	43.990
地中海地区	42.168	0.122	311.214	269.046
样本整体	396.412	0.223	1897.162	1500.750

由表 5-25 可知，中国与"21 世纪海上丝绸之路"沿线国家出口贸易效率差距悬殊，2008~2017 年的年均出口效率超过 0.5 的国家只有 2 个，即新加坡（0.745）和马来西亚（0.662）；年均出口效率低于 0.1 的国家有 19 个，最低的 3 个国家分别是肯尼亚（0.026）、孟加拉国（0.023）和印度（0.019）。中国与"21 世纪海上丝绸之路"沿线国家的年均出口效率是 0.176，低于年均水平的国家有 26 个。可见，中国与"21 世纪海上丝绸之路"沿线国家的农产品出口效率总体上处于比较低的水平，尚存在较大的提升空间。

由表 5-26 可知，中国与"21 世纪海上丝绸之路"沿线地区农产品出口效率随时间提升，修正了时变随机前沿引力模型 η 值为负的状况。中国与太平洋地区的农产品出口效率远高于其他两个地区，且上升较快，近几年接近 0.5；中国与印度洋地区和地中海地区的农产品出口效率均在 0.1 左右，近年来略有上升。

由表 5-27 可知，2017 年中国对"21 世纪海上丝绸之路"沿线国家（地区）的农产品出口额为 396.412 亿美元，而出口潜力为 1897.162 亿美元，尚有 1500.750 亿美元待挖掘。其中，中国对太平洋地区的农产品出口额和出口潜力分别为 323.721 亿美元和 919.575 亿美元，远高于其他两个地区；中国对印度洋地区的可拓展出口额最高，达到 635.850 亿美元。2017 年，中国对 5 个国家的农产品可拓展出口额超过 100 亿美元，即印度（358.119 亿美元）、日本（144.170 亿美元）、韩国（141.510 亿美元）、印度尼西亚（134.462 亿美元）、孟加拉国（127.919 亿美元）。

本节进一步将 2008~2017 年中国对"21 世纪海上丝绸之路"沿线国家的年均出口效率和年均出口增长率结合在一起，如图 5-2 所示。在年均水平点上做垂直参考线和水平参考线，将坐标系分为四个区域，即贸易核心区、贸易重要区、贸易开拓区和贸易重塑区，如表 5-28 所示。其中，贸易核心区的特征是

"高出口增长率、高出口效率"。贸易核心区包括马来西亚、泰国、越南和新西兰四个国家。贸易重要区的特征是"低出口增长率、高出口效率"。贸易重要区包括日本、韩国、新加坡、澳大利亚、阿拉伯联合酋长国、以色列、意大利和西班牙八个国家。贸易开拓区的特征是"高出口增长率、低出口效率"。贸易开拓区包括印度尼西亚、柬埔寨、菲律宾、孟加拉国、巴基斯坦、巴林、斯里兰卡、肯尼亚、阿尔巴尼亚和摩洛哥十个国家。贸易重塑区的特征是"低出口增长率、低出口效率"。贸易重塑区包括印度、科威特、约旦、沙特阿拉伯、卡塔尔、阿曼、塞浦路斯、土耳其、希腊、黑山、克罗地亚、斯洛文尼亚、法国、阿尔及利亚、突尼斯和埃及 16 个国家。

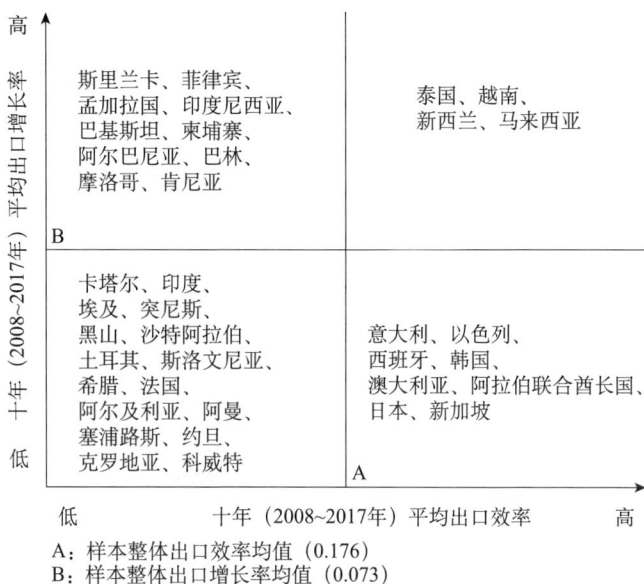

A：样本整体出口效率均值（0.176）
B：样本整体出口增长率均值（0.073）

图 5 - 2　中国与"21 世纪海上丝绸之路"沿线国家年均出口效率及年均出口增长率

表 5 - 28　　　　　　　　　　　　　　四个区域年均值比较

年均值	贸易核心区双高 （第一象限）	贸易重要区一低一高 （第四象限）	贸易开拓区一高一低 （第二象限）	贸易重塑区双低 （第三象限）
出口效率	0.453	0.356	0.084	0.075
出口增长率	0.159	0.039	0.138	0.038
出口额（亿美元）	17.922	23.203	4.344	1.639
$PCGDP_j$（美元）	13779.935	39133.791	4353.349	20142.127
POP_j（万人）	4820.827	4113.756	8023.924	10092.224
$DIST_{ij}$（千米）	5171.500	5865.000	5650.200	7109.563
NET_j	54.048	75.854	30.232	52.722
EF_j	66.249	72.538	59.427	61.919
PS_j	0.133	0.449	-0.906	-0.100
$Barrier_j$	6.572	5.163	5.293	4.600

年均值	贸易核心区双高 (第一象限)	贸易重要区一低一高 (第四象限)	贸易开拓区一高一低 (第二象限)	贸易重塑区双低 (第三象限)
SHP_j	50.211	68.517	22.642	30.283

5.4.5 结论与政策建议

本节通过时变随机前沿引力模型和贸易非效率模型分析了 2008～2017 年影响中国对"21 世纪海上丝绸之路"沿线 38 个国家农产品出口贸易的因素,并估算了出口贸易潜力。实证结论表明:(1)中国的人均 GDP、进口国的人均 GDP、进口国的人口数量、是否共同边界,促进了中国与"21 世纪海上丝绸之路"沿线 38 个国家的农产品贸易规模;而中国的人口数量、双边距离对中国与"21 世纪海上丝绸之路"沿线 38 个国家的农产品贸易规模起消极作用。互联网普及率、经济自由度、政治稳定性和社会暴力存在度、农业政策、非关税壁垒、班轮运输连通性指数等水平的提高,有利于中国与"21 世纪海上丝绸之路"沿线 38 个国家的农产品贸易效率的提高。(2)2008～2017 年,中国对"21 世纪海上丝绸之路"沿线国家的农产品年均出口效率仅为 0.176,高于整体年均水平的国家有 12 个,低于整体年均水平的国家有 26 个,其中,对 19 个国家的出口效率低于 0.1。中国对太平洋地区的农产品出口效率远高于印度洋地区和地中海地区,且上升较快。(3)2017 年,中国对太平洋地区的农产品出口贸易额和出口贸易潜力远高于对印度洋地区和地中海地区;中国对印度洋地区的农产品可拓展出口贸易额最高;中国对印度、日本、韩国、印度尼西亚和孟加拉国五个国家的农产品可拓展出口贸易额超过 100 亿美元。中国对"21·世纪海上丝绸之路"沿线国家的农产品出口贸易有很大潜力可挖掘。(4)根据 2008～2017 年中国对"21 世纪海上丝绸之路"沿线国家的年均出口效率和年均出口增长率,可将 38 个国家分为贸易核心区、贸易重要区、贸易开拓区和贸易重塑区。

为扩大中国对"21 世纪海上丝绸之路"沿线国家的农产品出口贸易规模,应进一步提升贸易效率。具体来讲:第一,中国仍应加强与"21 世纪海上丝绸之路"沿线国家的基础设施建设合作,推动"道路联通"。实证结果表明,"21 世纪海上丝绸之路"沿线国家的基础设施建设反而抑制了中国对其农产品出口。本节认为,基础设施建设是一个长期性、系统性的工程,这种现象是短期的、暂时的,当基础设施质量提高到一定程度的时候,进口国的基础设施建设对中国农产品输入的影响将从抑制转为促进。第二,中国应与"21 世纪海上丝绸之路"沿线国家积极推进自由贸易协定(FTA)的谈判,并争取尽快生效与实施。实证结果表明，非关税壁垒对中国与"21 世纪海上丝绸之路"沿线国家的农产品出口影响很大，FTA 将会大幅度减让关税、消除非关税壁垒。第三，立足太平洋地区，积极开拓印度洋地区和地中海地区。与相关海域内国家开展港口合作，建立贸易支撑点，如巴基斯坦的瓜达尔港，斯里兰卡的科伦坡南港和汉班托塔港、吉布提港，希腊的比雷埃夫斯港。应开拓新兴航线，如北极航线，并确保航线安全。第四，中国农产品的贸易逆差持续扩大，进口依赖度不断上升，虽然进口农产品有利于提升国民生活水平，但对粮食等涉及国家安全等复杂敏感问题的农产品进口持续增加必须予以高度重视。中国应进一步加强与"21 世纪海上丝绸之路"沿线国家农产品的国际分工与合作，扩大农产品的差异性，促进农产品贸易的健康发展。

5.5　中美高技术产品贸易效率与贸易潜力分析

5.5.1　问题的提出

改革开放以来，中美双边贸易发展迅速。2007～2017 年，中美双边贸易总额从 3027.17 亿美元增加到 5847.70 亿美元，年均增长率为 6.81%。其中，中国对美国的出口额从 2007 年的 2331.69 亿美元增加到 2017 年的 4303.28 亿美元，年均增长率为 6.32%。中国对美国高技术产品的出口占中国对美国总出口额的年均比重已超过 30%。中美贸易在摩擦与磨合中快速发展，中美已成为世界上规模最大、关系较为复杂的双边经济伙伴。自美国总统特朗普上台以后，美国奉行"美国优先"原则，以贸易逆差为借口采取一系列针对中国的措施，中美贸易摩擦加剧。尽管中美贸易摩擦时有发生，但此次贸易摩擦从行业覆盖规模上、两国态度和实施力度上，都和以往的贸易摩擦存在差异，以往的摩擦主要针对纺织业、钢铁等传统产业，而此次更多的是涉及高技术产业，如医疗、航天、计算机、通信等领域。究其本质而言，美国是想通过对中国高技术产品的进口限制，来制约中国高技术产业发展。众所周知，技术是当今国际竞争的制高点，高技术产业的发展在一定程度上决定了一国的国际竞争力水平。因此，亟待缓解和解决中美贸易摩擦对中国高技术产业发展的负面影响。本节拟通过深入分析中美高技术产品贸易的特点，估算中美高技术行业及其细分行业的贸易效率和贸易潜力，剖析影响中美高技术产品出口贸易效率、非贸易效率的因素，为未来中美高技术贸易发展提供参考，因而具有重要的现实意义。

中美贸易一直是学术界研究的主题，而中美贸易摩擦更是近期中外文文献关注的热点。主要研究可分为三类：其一，中美贸易的特点及影响因素。戴枫和周天怡（2018）构建了多国模型中双边增加值贸易的解构模型，从总体层面和结构层面对中美增加值贸易进行了失衡分析和全球价值链地位分析。刘建江和杨细珍（2011）从产品内分工视角来分析中美贸易失衡，发现美国依靠比较优势和垄断优势占据了产品价值链两端的高附加值环节，而中国承担低附加值的中间环节。李世军等（2017）采用平滑迁移回归（STR）模型，发现人民币对美元汇率、美国"再工业化战略"，以及美国消费水平都会影响中美贸易的开展。江希和刘似臣（2014）实证发现，垂直专业化程度、劳动生产率以及规模经济对中国制造业出口到美国的出口增加值具有影响作用。杜莉（2006）通过对中美高技术产品产业内贸易的分析，发现中美高技术产品产业内贸易仍处于较低水平。其二，中美贸易摩擦对两国经济的影响。弗伦德和加农（Freund and Gagnon，2017）研究了美国实施边境调节税的可能影响，认为调整实际汇率使两国生产者在相同成本水平竞争，将会完全抵销边境调节税对贸易的影响。郭等（Guo et al.，2018）模拟美国对中国征收45%的关税对中国的进出口、产出、实际工资等的影响，结果发现，如果中国采取反制措施的同时加大对其他经济体产品的进口，中国的福利将不降反升，而美国则无论如何都将面临较高的损失。黄鹏等（2018）利用GTAP模型分析美国征税背景下中美贸易摩擦对两国乃至主要贸易伙伴的影响效应。余振等（2018）发现，中国参与全球价值链重构对其自身遭遇的贸易摩擦有"催化剂效应"和"润滑剂效应"。吴红蕾（2018）发现，中美贸易摩擦在一定程度上影响了中国产业转型升级，为避免贸易摩擦对中国经济发展的阻碍，应改善对外贸易商品结构、扩大内需、加强自主创新能力。其三，中国高技术产业出口的影响因素。如陈启斐等（2017）认为，本地服务要素供给对中国高技术产业出口具有影响，且呈现"U"形关系。曲如晓和臧睿（2019）实证研究成果表明，中国高技术行业出口产品质量提升主要来源于外国企业在中国设厂生产高质量产品并出口，以及中国对进口的高质量中间品再加工出口两条途径。戴魁早（2018）认为，技术市场发展通过增加研发投入、推动技术转化和增强技术溢出效果，提升高技术产品的出口复杂度。另一些文献将视角放在高技术产业的创新效率上。肖仁桥等（2018）从异质性技术的视角研究中国高技术制造业的创新效率，发现中国高技术制造业的创新效率存在地区差距和行业差距。范德成和李盛楠（2018）分析空间效应对技术研发和经济转化的影响，发现空间效应对技术研发效率具有显著正向影响，对经济转化效率具有显著负向影响。

综上所述，国内外学者对中美贸易的特点、中美贸易摩擦的影响、中国高技术产品的特点等方面的研究较为丰富，但对高技术产品贸易效率和贸易潜力的研究较少。本节与以往研究的不同至少体现在三方面：一是本节根据经济合作与发展组织（OECD）关于高技术产业的分类方法，选取高技术产品不仅只包含制造业，还包含了服务业中的高技术行业；二是利用随机前沿引力模型实证分析中国对美国出口高技术产品的贸易效率和贸易潜力，并从整体以及高技术产业的细分行业进行比较；三是从关税、互联网发展水平、创新能力、市场开放程度以及基础设施等研究影响贸易非效率的因素；四是深入剖析中美出口贸易效率较高和贸易潜力较大的成因。本节拟通过对上述四个方面的探索，探讨相应的对策建议，以期为更好地促进中美贸易发展提供有益的思路。

5.5.2 贸易效率模型与贸易潜力模型构建与估算

1. 模型的构建与数据来源

（1）理论模型的构建。本节借助艾格纳等（Aigner et al.，1977）的随机前沿引力模型来构建研究中国贸易伙伴国与美国贸易伙伴国出口贸易效率及贸易潜力的模型。

模型可以表示为：

$$TE_{ijt} = \frac{T_{ijt}}{T_{ijt}^*} = \exp(-u_{ijt}) \qquad u_{ijt} \geqslant 0 \qquad (5-17)$$

$$T_{ijt}^* = f(x_{ijt}, \beta) \exp(v_{ijt}) \qquad (5-18)$$

$$T_{ijt} = f(x_{ijt}, \beta) \exp(v_{ijt}) \exp(-u_{ijt}) \qquad u_{ijt} \geqslant 0 \qquad (5-19)$$

对式（5-19）取对数为：

$$\ln T_{ijt} = \ln f(x_{ijt}, \beta) + v_{ijt} - u_{ijt} \qquad u_{ijt} \geqslant 0 \qquad (5-20)$$

在式（5-17）~式（5-20）中，TE_{ijt}表示实际贸易量与贸易潜力的比值，即两国之间的贸易效率，T_{ijt}^*表示 t 时期 i 国和 j 国之间在既定的自然资源禀赋下能够产生的最大贸易量，即贸易潜力，T_{ijt}表示 i 国和 j 国之间实际的贸易量；x_{ijt}表示影响两国贸易量的主要自然因素，包括两国规模、双边距离等；β 表示相应变量的参数，v_{ijt}表示随机误差项，且服从于均值为零的正态分布；u_{ijt}表示贸易非效率项，包括影响两国贸易量的非自然因素，通常服从于半正态分布或者截尾正态分布。

根据巴蒂斯和科利（Battese and Coelli，1992）提出的随机前沿时变模型的基本形式，时变模型中贸易非效率项的表达式为：

$$u_{ijt} = \{\exp[-\eta(t-T)]\} u_{ij} \qquad (5-21)$$

在式（5-21）中，η 为待估参数。当 $\eta > 0$ 时，贸易非效率随时间递减；当

$\eta = 0$ 时，贸易非效率不随时间变化，即为时不变模型；当 $\eta < 0$ 时，贸易非效率随时间递增。

为了用随机前沿模型探究贸易非效率项影响因素及克服两步法的缺点，巴蒂斯和科利（Battese and Coelli，1995）研究了贸易非效率及其影响因素在随机前沿模型中一步回归的方法，贸易非效率项 u 被设定为：

$$u_{ijt} = h(z_{ijt}, \alpha) + \varepsilon_{ijt} = \alpha z_{ijt} + \varepsilon_{ijt} \tag{5-22}$$

将式（5-22）代入式（5-20），可得：

$$\ln T_{ijt} = \ln f(x_{ijt}, \beta) + v_{ijt} - (\alpha z_{ijt} + \varepsilon_{ijt}) \tag{5-23}$$

在式（5-23）中，z_{ijt} 表示影响贸易非效率的外生变量，α 为待估参数向量，ε_{ijt} 是随机扰动项。

本节将短期内不会发生变化的自然因素作为随机前沿引力模型中的解释变量，如经济规模、人口、距离等。在估计贸易非效率时，选取中短期内会发生变化的因素。例如，包括关税、互联网普及率、创新能力、产学研水平能力、国内市场规模、基础设施水平在内的各种人为因素，作为贸易非效率模型中的解释变量。

随机前沿引力模型设定如下：

$$\ln EXP_{ijt} = \beta_0 + \beta_1 \ln PGDP_{it} + \beta_2 \ln PGDP_{jt} + \beta_3 \ln POP_{it}$$
$$+ \beta_4 \ln POP_{jt} + \beta_5 \ln DIS_{ij} + v_{ijt} - u_{ijt} \tag{5-24}$$

贸易非效率模型为：

$$u_{ijt} = \alpha_0 + \alpha_1 TARIFF_{jt} + \alpha_2 INT_{jt} + \alpha_3 INNO_{jt}$$
$$+ \alpha_4 COLLA_{jt} + \alpha_5 DM_{jt} + \alpha_6 INFRA_{jt} \tag{5-25}$$

于是，一步法贸易非效率综合测度模型为：

$$\ln EXP_{ijt} = \beta_0 + \beta_1 \ln PGDP_{it} + \beta_2 \ln PGDP_{jt} + \beta_3 \ln POP_{it}$$
$$+ \beta_4 \ln POP_{jt} + \beta_5 \ln DIS_{ij} + v_{ijt} - (\alpha_0 + \alpha_1 TARIFF_{jt}$$
$$+ \alpha_2 INT_{jt} + \alpha_3 INNO_{jt} + \alpha_4 COLLA_{jt} + \alpha_5 DM_{jt}$$
$$+ \alpha_6 INFRA_{jt}) \tag{5-26}$$

在式（5-24）~式（5-26）中，EXP_{ijt} 分别表示 t 时期 i 国与 j 国之间的高技术产品出口贸易额；$PGDP_{it}$ 和 $PGDP_{jt}$ 分别表示 t 时期 i 国和 j 国的人均国内生产总值，反映一国的经济发展水平和消费水平，通常认为与贸易水平存在正相关关系；POP_{it} 和 POP_{jt} 分别表示 t 时期 i 国和 j 国的人口数，预期 POP_{it} 的系数为负，POP_{jt} 的系数应为正；DIS_{ij} 表示 i 国与 j 国之间的距离，可以反映两国贸易的运输成本，预期与贸易水平负相关。$TARIFF_{jt}$ 表示 t 时期 j 国的关税水平，较高的关税税率会增加贸易成本，预期与贸易非效率项 u_{ijt} 正相关；INT_{jt} 表示 t 时期 j 国的互联网普及率，衡量互联网发展水平，预期与贸易非效率项 u_{ijt} 负相关；$INNO_{jt}$ 表示 t 时期 j 国的创新能力，COLLA$_{jt}$表示 t 时期 j 国的产学研水平能力，预期与贸易非效率项 u$_{ijt}$负相关；DM$_{jt}$表示 t 时期 j 国国内市场规模，规模越大，在一定程度上反映市场化水平越高，预期与贸易非效率项 u$_{ijt}$负相关；INFRA$_{jt}$表示 t 时期 j 国整体基础设施水平，预期与贸易非效率项 u$_{ijt}$负相关。

（2）样本的选取与数据来源。本节的样本国选取中美两国共同的进出口总量较高的贸易伙伴国，包括中国、美国、加拿大、德国、韩国、日本、英国、巴西、法国、荷兰、印度、新加坡、意大利、墨西哥、泰国、马来西亚和澳大利亚17 个国家。出口贸易额的数据由联合国商品贸易统计数据库（UN Comtrade）获得，人均 GDP 和总人数来自世界银行世界发展指标数据库（WB WDI），其中，人均 GDP 以 2010 年美元价为不变价，距离来自法国前景研究与国际中心（CEPII）。关税、互联网普及率、创新能力、产学研水平能力、国内市场规模、基础设施水平数据来自《全球竞争力报告》（2007～2017 年）。在本节中，若无特别说明，表中的数据均根据上述数据计算而得。

本节根据 OECD 关于高技术产业的分类方法，参考联合国产品归类标准，将《国际贸易标准分类》（SITC3.0）中 3 位码～5 位码分类标准的制成品归类到航空航天技术、计算机及办公设备、电子电信、医药品、科学仪器、电力机械、非电力机械、化学品八类高技术行业。

2. 适用性检验

考虑到函数形式对随机前沿方法的重要性，运用最大似然比 LR 统计量检验随机前沿引力模型的模型适用性。检验的方法是，分别在零假设 H$_0$：γ = μ = η = 0 和零假设 H$_0$：η = 0 条件下，根据无约束和有约束两种情况下的对数似然值计算出 LR 统计量的值，并与 10% 的显著性水平下 χ^{2}分布的临界值进行比较，检验是否存在贸易非效率和是否为时变的，从而得出拒绝零假设或接受零假设的结论。由表 5 - 29 可知，贸易非效率是存在的，随机前沿引力模型是适用的；贸易非效率是时变的。

表 5 - 29　　　　　　　　随机前沿引力模型的适用性检验

模型	原假设	约束模型（lnH$_0$）	无约束模型（lnH$_1$）	LR 统计量	自由度	10% 的临界值	检验结果
1	γ = μ = η = 0	− 297.14	− 210.55	173.16	3	6.25	拒绝
	η = 0	− 223.43	− 210.55	25.76	2	4.60	拒绝
2	γ = μ = η = 0	− 357.93	− 351.02	13.83	3	6.25	拒绝
	η = 0	− 354.72	− 351.02	7.4	2	4.60	拒绝
3	γ = μ = η = 0	− 171.75	− 37.07	269.34	3	6.25	拒绝
	η = 0	− 40.28	− 37.07	6.42	2	4.60	拒绝
4	γ = μ = η = 0	− 166.89	− 92.99	147.80	3	6.25	拒绝
	η = 0	− 104.82	− 92.99	23.66	2	4.60	拒绝
5	γ = μ = η = 0	− 260.68	− 61.00	399.34	3	6.25	拒绝
	η = 0	− 65.09	− 61.00	8.12	2	4.60	拒绝

模型	原假设	约束模型（lnH$_0$）	无约束模型（lnH$_1$）	LR 统计量	自由度	10% 的临界值	检验结果
6	$\gamma = \mu = \eta = 0$	-183.57	-106.16	154.82	3	6.25	拒绝
	$\eta = 0$	-108.96	-106.16	5.68	2	4.60	拒绝
7	$\gamma = \mu = \eta = 0$	-129.98	-62.87	134.23	3	6.25	拒绝
	$\eta = 0$	-65.65	-62.87	5.56	2	4.60	拒绝
8	$\gamma = \mu = \eta = 0$	-165.58	-69.18	192.80	3	6.25	拒绝
	$\eta = 0$	-77.90	-69.18	17.44	2	4.60	拒绝
样本总体	$\gamma = \mu = \eta = 0$	-338.84	-326.94	23.8	3	6.25	拒绝
	$\eta = 0$	-330.95	-326.94	8.02	2	4.60	拒绝

注：LR = -2 [lnH$_0$ - lnH$_1$]。

资料来源：表中数据根据实证结果计算整理而得。

3. 中美两国贸易效率及贸易潜力的估计

实际贸易额与贸易效率的比值即为贸易潜力，效率值的大小代表两国贸易效率的高低，而贸易效率越高，也表示贸易潜力越小，反之亦反是。根据模型估计结果以及式（5-17）计算，如表5-30所示。

表5-30　　2007~2017 年中国对美国高技术产品出口贸易效率、贸易潜力估计

年份	中美贸易效率	平均贸易效率*	中国对美国实际出口额（亿美元）	中国对美国出口潜力（亿美元）	中国对美国可拓展的出口潜力（亿美元）
2007	0.713	0.487	733.40	1028.61	295.21
2008	0.711	0.484	753.27	1059.45	306.18
2009	0.710	0.481	741.76	1044.73	302.97
2010	0.707	0.478	932.76	1319.32	386.56
2011	0.705	0.475	1061.95	1506.31	444.36
2012	0.703	0.472	1138.15	1618.98	480.83
2013	0.700	0.469	1179.63	1685.18	505.55
2014	0.698	0.466	1751.89	2509.88	757.99
2015	0.696	0.463	1197.54	1720.60	523.06
2016	0.694	0.460	1148.51	1654.92	506.41
2017	0.691	0.457	1295.82	1875.28	579.46

注：*平均贸易效率是指，中国对 16 个国家高技术出口的平均贸易效率。

资料来源：笔者根据 Frontier4.1 软件输出结果整理而得。

由表5-30可知，中国对美国的出口贸易效率以及平均贸易效率都随时间呈递减态势，说明中美两国贸易潜力及中国与样本中16个国家的平均贸易潜力是逐年增长的。从横向对比看，中美两国的贸易效率高于平均贸易效率，这在一定程度上体现中美两国贸易频繁且成效显著。同时，在观测期间纵向对比，中美出口潜力呈现显著的增长趋势，说明中美贸易往来有着良好的前景。

由表5-31和表5-32可知，高技术细分行业的贸易效率大小以及变化趋势存在明显差异，第1类（航空航天技术）、第2类（计算机及办公设备）、第3

类（电子电信）、第7类（非电力机械）上无论是16个国家的出口平均贸易效率水平，还是中国对美国的贸易效率都比较高。

表 5 – 31　　　　　　高技术细分行业出口平均贸易效率水平的比较

年份	1	2	3	4	5	6	7	8
2007	0.435	0.727	0.489	0.328	0.208	0.249	0.669	0.448
2008	0.435	0.701	0.486	0.353	0.208	0.260	0.662	0.432
2009	0.434	0.674	0.484	0.379	0.209	0.271	0.655	0.416
2010	0.434	0.645	0.481	0.405	0.210	0.283	0.648	0.400
2011	0.434	0.616	0.479	0.431	0.211	0.296	0.640	0.385
2012	0.433	0.586	0.476	0.458	0.212	0.308	0.633	0.369
2013	0.433	0.555	0.474	0.484	0.213	0.321	0.625	0.354
2014	0.433	0.523	0.471	0.511	0.213	0.334	0.618	0.399
2015	0.432	0.491	0.469	0.537	0.214	0.347	0.610	0.324
2016	0.432	0.460	0.466	0.562	0.215	0.361	0.602	0.304
2017	0.431	0.428	0.464	0.587	0.216	0.375	0.594	0.295

注：1代表航空航天技术、2代表计算机及办公设备、3代表电子电信、4代表医药品、5代表科学仪器、6代表电力机械、7代表非电力机械、8代表化学品。
资料来源：笔者根据 Frontier4.1 软件输出结果整理而得。

表 5 – 32　　　　　　中国对美国细分行业出口贸易效率的比较

年份	1	2	3	4	5	6	7	8
2007	0.7125	0.8912	0.9257	0.7112	0.1917	0.7653	0.9314	0.4991
2008	0.7121	0.8783	0.9250	0.7312	0.1929	0.7741	0.9294	0.4306
2009	0.7116	0.8639	0.9243	0.7501	0.1942	0.7827	0.9272	0.4119
2010	0.7113	0.8481	0.9237	0.7680	0.1954	0.7910	0.9251	0.3930
2011	0.7110	0.8301	0.9230	0.7848	0.1967	0.7991	0.9229	0.3742
2012	0.7105	0.8120	0.9223	0.8006	0.1980	0.8068	0.9206	0.3553
2013	0.7102	0.7915	0.9217	0.8153	0.1992	0.8144	0.9182	0.3364
2014	0.7099	0.7693	0.9210	0.8291	0.2005	0.8216	0.9158	0.3177
2015	0.7094	0.7455	0.9203	0.8420	0.2018	0.8287	0.9133	0.2990
2016	0.7090	0.7200	0.9196	0.8541	0.2030	0.8354	0.9108	0.2806
2017	0.7086	0.6930	0.9189	0.8653	0.2043	0.8420	0.9082	0.2625

注：1代表航空航天技术、2代表计算机及办公设备、3代表电子电信、4代表医药品、5代表科学仪器、6代表电力机械、7代表非电力机械、8代表化学品。
资料来源：笔者根据 Frontier4.1 软件输出结果整理而得。

同时可以看出，中国与美国的贸易效率远远高于中国对16个国家贸易效率的平均水平。2007～2017年，中国对美国高技术产品出口贸易效率下降的细分行业有：第1类（航空航天技术）、第2类（计算机及办公设备）、第3类（电子电信）、第7类（非电力机械）、第8类（化学品）；中国对美国高技术产品出口贸易效率提高的细分行业有：第4类（医药品）、第5类（科学仪器）、第6类（电力机械）。由表5－32可知，第2类（计算机及办公设备）出口效率由2007年的0.8912下降到2017年的0.6930，第3类（电子电信）由2007年的0.9257下降到2017年的 0.9189。而第 2 类(计算机及办公设备)和第 3 类(电子电信)在 2007～2017年中国对美国的出口占比年均达到 50.59% 和 35.91%。究其原因,日益增多的中美贸易摩擦对中国具有较强国际竞争优势的产品出口带来了一些负面影响,而 2017年起,美国采取的高技术限制政策措施对中国高技术出口贸易的消极影响更大。

5.5.3 影响中美高技术产品贸易效率和贸易潜力的因素

1. 影响中美高技术产品贸易的因素

利用上述相关数据对式(5-24)进行实证分析,结果如表 5-33 所示。由表 5-33 可知,γ 值在 1% 的显著性水平上显著,说明误差波动的绝大部分可以由贸易非效率来解释。模型中 η 的值显著且小于 0,说明贸易非效率随时间的变化而增加。整体上看,$lnPGDP_{it}$ 和 $lnPGDP_{jt}$ 的系数都为正且显著,与预期符号一致,说明出口国人均生产总值越高、贸易国的人均生产总值越高,经济发展水平就越高,越有利于双方开展经济贸易。而中国的人均 GDP 的系数大于贸易国人均 GDP 的系数,说明出口国经济发展水平越好,对于高技术产品的供给能力越强,竞争力水平越高,出口能力也就越强。$lnPOP_{it}$ 的系数为负且显著,与预期符号一致,说明中国较大的人口基数形成巨大的市场需求,国内市场需求的提高在一定程度上降低了出口量;而且,系数绝对值较大,说明中国人口的增加对中国出口高技术产品的影响较大,究其原因是数字经济的发展推动了企业由制造向"智造"转变,因而国内对高技术产品需求增大。$lnPOP_{jt}$ 系数为正,说明贸易国人口增加带动市场需求的增加,需求的增加促使其从中国进口高技术产品量的增加。$lnDIS_{ij}$ 的系数为负,距离决定运输成本,在一定程度上会影响贸易的开展。但同时,系数比较小,仅为 0.45,说明随着经济发展水平的进步和运输方式的多样性、运输效率的提高,距离对于贸易的影响作用开始弱化。

表 5-33　　　　　　　　　高技术产业随机前沿模型回归结果

变量	系数	T 值
CONS	2731.04 ***	(2733.61)
$lnPGDP_{it}$	9.58 ***	(9.71)
$lnPGDP_{jt}$	0.68 **	(2.29)
$lnPOP_{it}$	-133.20 ***	(-294.28)
$lnPOP_{jt}$	0.48 ***	(3.12)
$lnDIS_{ij}$	-0.45 *	(-1.69)
δ^2	2.53 ***	(3.92)
γ	0.81 ***	(4.80)
μ	0.82 ***	(3.51)
η	-95.65 ***	(-13.19)

续表

变量	系数	T 值
Log likelihood	– 326. 94	—
LR	23. 8	—

注：* 、** 和 *** 分别表示在 10% 、5% 和 1% 的显著性水平上显著。"—"表示无数据。

由表 5 – 34 可知，中国人均 GDP 的增加促进了计算机及办公设备、电子电信、医药品、科学仪器、非电力机械和化学品行业的出口，且对计算机及办公设备的影响最大。贸易国的人均 GDP 对于高技术细分行业的出口，具有显著的促进作用。中国人口的增加与高技术产品的出口呈负相关，这是因为国内人口的增加拉动内需增加，从而导致出口减少。其中，计算机及办公设备影响最大，是因为中国数字经济的发展使国内对于计算机及设备的需求增大。贸易国人口对于高技术产品的出口具有促进作用。其中，科学仪器行业影响较大，究其原因，可能是 2007 ~ 2017 年中国对科学仪器产品的出口一直呈上升趋势，反映贸易国对其需求较为明显。距离对于高技术产品的出口具有负面影响。高技术产品对于距离的出口弹性较小。其中，计算机及办公设备、电子电信、医药品对于距离不显著。

表 5 – 34　　　　　　　　　高技术细分行业随机前沿模型回归结果

变量	1	2	3	4	5	6	7	8
CONS	– 668. 46 ***	4111. 67 ***	1129. 47 ***	1363. 19 ***	1713. 82 ***	– 545. 64 ***	1204. 40 ***	846. 17 ***
	(– 486. 80)	(3959. 75)	(820. 80)	(3. 87)	(7. 95)	(– 477. 02)	(357. 01)	(2. 70)
$\ln PGDP_{it}$	– 0. 51 *	14. 41 ***	4. 45 ***	4. 38 ***	6. 32 ***	– 1. 62 ***	4. 75 ***	3. 99 ***
	(– 1. 73)	(17. 27)	(27. 63)	(3. 39)	(9. 74)	(– 3. 97)	(30. 11)	(4. 17)
$\ln PGDP_{jt}$	2. 01 ***	0. 88 ***	0. 78 ***	5. 84	0. 83 **	0. 50 **	0. 76 ***	0. 79 ***
	(4. 71)	(4. 11)	(5. 12)	(0. 49)	(2. 37)	(2. 15)	(9. 72)	(5. 81)
$\ln POP_{it}$	31. 73 ***	– 201. 16 ***	– 55. 05 ***	– 66. 02 ***	– 83. 83 ***	26. 95 ***	– 58. 09 ***	– 41. 43 ***
	(147. 81)	(– 543. 19)	(– 390. 09)	(– 3. 83)	(– 7. 88)	(85. 08)	(– 362. 81)	(– 2. 71)
$\ln POP_{jt}$	1. 01 ***	0. 48 ***	0. 48 ***	0. 46 ***	0. 91 *	0. 48 ***	0. 68 ***	0. 67 ***
	(4. 09)	(2. 87)	(7. 26)	(4. 85)	(1. 94)	(2. 87)	(14. 23)	(5. 80)
$\ln DIS_{ij}$	– 1. 58 *	– 3. 45	– 0. 38 *	– 6. 90	– 0. 85 **	– 2. 19 ***	– 0. 94 ***	– 1. 00 ***
	(– 1. 67)	(– 0. 11)	(– 1. 61)	(– 0. 50)	(– 2. 05)	(– 9. 79)	(– 9. 94)	(– 5. 37)
γ	0. 97 ***	0. 82 ***	0. 94 ***	0. 64 ***	0. 96 ***	0. 75 ***	0. 92 ***	0. 90 ***
	(26. 68)	(7. 09)	(13. 52)	(2. 88)	(45. 35)	(7. 18)	(7. 55)	(17. 27)
Log likelihood	– 210. 55	– 351. 02	– 37. 07	– 92. 99	– 61. 00	– 106. 16	– 62. 87	– 69. 18
LR	173. 16	13. 83	269. 34	147. 80	399. 34	154. 82	134. 23	192. 80

注：①1 代表航空航天技术、2 代表计算机及办公设备、3 代表电子电信、4 代表医药品、5 代表科学仪器、6 代表电力机械、7 代表非电力机械、8 代表化学品。②* 、** 和 *** 分别表示在 10% 、5% 和 1% 的显著性水平上显著。

2. 影响贸易非效率的因素

本节采用一步法并使用前沿 4. 1（Frontier 4. 1）软件进行估计，贸易非效率模型回归的结果如表 5 – 35 所示。由表 5 – 35 可知，关税水平与贸易非效率项呈正相关，与预期一致，贸易国的关税水平越高，意味着贸易保护主义越强。正如美国 2020 年不断提高高技术产品的关税，较高的关税税率会降低贸易效率。互联网普及率与贸易非效率负相关，与预期相符。因为互联网发展水平的提高对于国家间开展贸易提供了便利，在一定程度上降低了贸易成本。贸易国创新水平的提高以及产学研水平的提升对于贸易非效率呈正相关，与预期不符，其中，产学研水平不显著，正相关的原因可能在于创新水平越高，高技术产品越先进，出口管制的可能性越大。正如美国对中国高技术产品出口实施管制，这是由于美国担心中国高技术的崛起会影响美国在高新技术领域的领先优势，进而影响美国的国际霸主地位。国内市场规模与贸易非效率负相关，与预期一致。国内市场规模越大，根据规模报酬递增原理，单位产品的平均成本越有可能递减，因而产品的竞争力也有可能会提高。基础设施与贸易非效率负相关，与预期一致。良好的基础设施可以降低贸易运输成本，从而有利于贸易效率的提高。

表 5 - 35　　　　　　　　高技术贸易非效率模型回归结果

	变量	系数	T 值
随机前沿引力模型	CONS	2732.08 ***	268.99
	$PGDP_{it}$	9.31 ***	44.08
	$PGDP_{jt}$	0.57 ***	10.07
	POP_{it}	− 133.08 ***	− 1170.33
	POP_{jt}	0.448 ***	7.77
	DIS_{ij}	− 0.48 ***	− 5.64
贸易非效率模型	CONS	2.80 *	1.63
	$TARIFF_{jt}$	3.18 ***	3.11
	INT_{jt}	− 1.84 ***	− 2.14
	$INNO_{jt}$	1.16 **	2.03
	$COLLA_{jt}$	7.82	0.15
	DM_{jt}	− 0.60 ***	− 10.11
	$INFRA_{jt}$	− 1.69 *	− 1.53
参考量	6^2	4.54 ***	9.35
	γ	0.90 ***	64.68
	Log likelihood	− 177.94	—
	LR	301.80	—

注：* 、** 和 *** 分别表示在 10% 、5% 和 1% 的显著性水平上显著。"—"表示无数据。

5.5.4　实证结果分析与讨论

1. 中美出口贸易潜力较大

由表 5 - 30 可知，2007 ~ 2017 年，中美贸易效率下降，贸易潜力不断增长。究其原因，主要是中美互为对方高技术产品的重要贸易伙伴，且中美之间的高技术产品还存在一定互补性。

（1）中美互为对方高技术产品贸易的重要伙伴。自 1979 年中美建交以来，双边贸易发展迅速，中美已互为对方高技术产品贸易的重要伙伴。如表 5 - 36 所示，从 2007~2017 年，中国对美国的高技术产品进口额总体上呈波动上升趋势，中国对美国高技术产品出口总额占中国对美国贸易出口总额比重年均为 32.52%，占中国高技术产品出口总额的比重为 19.63%，占美国对中国进口总额的 32.00%，占美国高技术进口总额的比重为 38.84%。从 2007~2017 年，中国对美国高技术产品进口额年均为 346.72 亿美元，占中国对美国进口总额的 28.78%，占中国高技术产品进口总额的 7.97%，占美国对中国出口产品总额的 19.23%，占美国高技术产品出口总额的比重为 3.56%；但进口总额在 2015 年、2016 年和 2017 年有所下降。中国高技术产品出口额较高原因是多方面的，其中，中国经济发展水平和科技发展水平较高、美国对于高技术产品的需求较大是其两个主要原因，这也与实证结论相一致，即国内人均 GDP（即 $\ln PGDP_{it}$）系数和 $\ln PGDP_{jt}$ 的系数都为正。

表 5 - 36　　　　　　　中美高技术产品的出口额与进口额及其占比

年份	中国						美国					
	中国对美国高技术产品出口总额（亿美元）	占中国对美国出口总额比重（%）	占中国高技术产品出口总额比重（%）	中国对美国高技术产品进口总额（亿美元）	占中国对美国进口总额比重（%）	占中国高技术产品进口总额比重（%）	美国对中国高技术产品出口总额（亿美元）	占美国对中国出口产品总额比重（%）	占美国高技术产品出口总额比重（%）	美国对中国高技术产品进口总额（亿美元）	占美国对中国进口总额比重（%）	占美国高技术产品进口总额比重（%）
2007	733.40	31.45	19.56	232.44	33.42	7.03	220.35	33.78	6.65	938.34	27.59	81.36
2008	753.27	29.79	17.83	238.82	29.27	6.85	207.93	29.10	4.92	954.25	26.78	28.47
2009	741.76	33.52	19.49	247.30	31.80	7.83	144.57	20.78	3.80	921.89	29.78	30.57
2010	932.76	32.87	18.69	290.38	28.27	7.02	180.17	19.60	3.61	1220.47	31.87	33.53
2011	1061.95	32.67	18.84	287.49	23.35	6.26	162.40	15.60	2.88	1407.75	33.73	35.15
2012	1138.15	32.29	18.52	328.94	24.59	6.45	168.00	15.20	2.73	1519.99	34.20	36.35
2013	1179.63	31.96	17.44	474.22	30.91	8.38	190.21	15.00	2.81	1563.00	34.04	36.36
2014	1751.89	44.21	25.90	485.06	30.30	8.73	190.45	15.40	2.82	1639.13	33.71	36.32
2015	1197.54	29.21	17.81	482.64	32.46	8.75	204.43	17.61	3.04	1660.69	32.95	35.62
2016	1148.51	29.78	18.44	419.34	31.03	8.01	204.40	17.68	3.28	1582.33	32.88	33.96
2017	1295.82	30.11	23.43	327.28	21.19	12.40	144.80	11.16	2.62	1815.20	34.52	39.59
年均	1084.97	32.52	19.63	346.72	28.78	7.97	183.43	19.23	3.56	1383.91	32.00	38.84

注：理论上，中国对美国高技术产品出口额应与美国对中国高技术产品进口额相同，中国对美国高技术产品进口额应与美国对中国高技术产品出口额相同，但由于统计口径的差异，两者并不相同，如表 5 - 36 所示。

资料来源：UN Comtrade 数据库。

（2）中美之间的高技术产品存在一定互补性。由表 5 - 33 和表 5 - 34 可知，细分行业的实证结果与总体相似，中国人均 GDP、贸易伙伴国的人均 GDP 以及贸易伙伴国的人口对高技术产品的出口都具有促进作用,中国的人口对高技术产品的出口具有抑制作用。究其原因,主要在于中美高技术产品的贸易竞争优势在细分市场上存在差异性,以及中美在高技术细分产品上存在一定互补性。

中美高技术产品的贸易竞争优势,在细分市场上存在差异性。由表5-37可知,在国际市场占有率上,中国、美国的高技术市场占有率均有不同的优势和劣势。中国在第二类(计算机及办公设备)、第三类(电子电信)以及第六类(电力机械)市场占有率较高;美国在第四类(医药品)、第五类(科学仪器)市场占有率较高。同时,中美在高技术细分市场上可以实现优势互补,如表5-38中的中美两国高技术产品出口的显示性比较优势所示,中国的第五类(科学仪器)以及第八类(化学品)产品处于中性竞争,第三类(电子电信)、第六类(电力机械)产品具有一定的国际竞争优势,第二类(计算机及办公设备)具有较强的国际竞争优势。美国的第一类(航空航天技术)、第二类(计算机及办公设备)、第六类(电力机械)、第八类(化学品)产品处于中性竞争,第五类(科学仪器)、第七类(非电力机械)具有一定的国际竞争优势。可见,中美在高技术的细分行业具有不同的优势和劣势,可以看出两国的贸易具有一定互补性。

表5-37　　　　　　　中美两国高技术产品的国际市场占有率　　　　　　　单位:%

国家	年份	高技术	1	2	3	4	5	6	7	8
中国	2015	22.3	2.6	38.8	27.6	3.3	14.7	22.8	4.6	15.3
	2016	21.0	2.3	37.4	25.5	3.1	16.3	20.2	4.4	15.1
	2017	22.9	2.4	38.8	29.8	5.8	13.6	24.1	4.3	17.3
美国	2015	9.3	7.5	9.3	6.9	12.5	14.8	8.2	16.7	11.0
	2016	9.4	7.8	9.7	6.9	12.6	14.7	9.3	16.8	10.4
	2017	9.1	6.3	9.2	7.2	6.5	13.9	7.8	31.6	10.8

注:1代表航空航天技术、2代表计算机及办公设备、3代表电子电信、4代表医药品、5代表科学仪器、6代表电力机械、7代表非电力机械、8代表化学品。

资料来源:UN Comtrade数据库。

表5-38　　　　　　　中美两国高技术产品出口的显示性比较优势

国家	年份	高技术	1	2	3	4	5	6	7	8
中国	2015	2.148	0.185	2.757	1.964	0.233	1.046	1.617	0.327	1.087
	2016	2.075	0.171	2.806	1.908	0.233	1.217	1.526	0.328	1.132
	2017	2.061	0.169	2.757	2.116	0.409	0.963	1.712	0.306	1.226
美国	2015	0.650	0.811	1.001	0.746	1.341	1.596	0.885	1.801	1.186
	2016	0.657	0.841	1.408	0.752	1.362	1.597	1.004	1.818	1.131
	2017	0.630	0.657	0.955	0.745	0.672	1.440	0.811	1.643	1.119

注:显示性比较优势(RCA_{xi}^{k}) = (X_i^k/X_i) / (X_w^k/X_w),其中,X_i^k和X_w^k分别表示i国k类产品和世界k类产品的出口额,X_i和X_w分别表示i国出口总额和世界的出口总额。1代表航空航天技术、2代表计算机及办公设备、3代表电子电信、4代表医药品、5代表科学仪器、6代表电力机械、7代表非电力机械、8代表化学品。

资料来源:UN Comtrade数据库。

从贸易互补性角度看，由表 5－39 可知，以中国为出口国、美国为进口国时，第二类（计算机及办公设备）、第三类（电子电信）、第六类（电力机械）产品的互补性较高；以美国为出口国，中国为进口国时，第三类（电子电信）、第五类（科学仪器）、第六类（电力机械）、第七类（非电力机械）以及第八类（化学品）产品的互补性较高。可见，中美在高技术产品细分上具有较强的互补性。同时，无论以中国为出口国，还是以美国为出口国，在第三类和第六类上的贸易互补性指数都比较高，说明电子电信和电力机械是当前中美贸易主要的贸易产品。此外，以美国为出口国时，无论是整体上还是细分行业，都呈现下降趋势，主要原因在于近年来中美贸易摩擦加剧，美国在一定程度上限制了高技术产品的出口。

表 5－39　　　　　　　　中国、美国高技术产品贸易互补性

	年份	高技术	1	2	3	4	5	6	7	8
以中国为出口国	2015	2.364	0.246	4.484	1.800	0.258	0.959	1.673	0.287	0.721
	2016	2.437	0.203	4.597	1.813	0.277	1.160	1.726	0.282	0.817
	2017	2.867	0.196	4.568	2.782	0.548	0.904	1.852	0.258	0.760
以美国为出口国	2015	0.845	0.774	0.908	1.800	0.608	3.574	1.522	1.519	1.069
	2016	0.868	0.752	0.961	1.804	0.666	3.420	1.661	1.412	0.995
	2017	0.505	0.574	0.790	1.498	0.340	2.751	1.105	1.364	0.852

注：①贸易互补性为 $(C_{ij}^k) = RCA_{xi}^k \times RCA_{mj}^k$，其中，$RCA_{xi}^k = (X_i^k / X_i) / (X_w^k / X_w)$，$RCA_{mi}^k = (M_i^k / M_i) / (X_w^k / X_w)$；其中，$X_i^k$ 和 X_w^k 分别表示 i 国 k 类产品的出口额和世界 k 类产品的出口额，X_i 和 X_w 分别表示 i 国的出口总额和世界的出口总额，M_i^k 和 M_i 分别为 i 国 k 产品的进口额和 i 国进口总额。②1 代表航空航天技术、2 代表计算机及办公设备、3 代表电子电信、4 代表医药品、5 代表科学仪器、6 代表电力机械、7 代表非电力机械、8 代表化学品。

资料来源：UN Comtrade 数据库。

由表 5－34 可知，航空航天技术行业和电力机械行业的实证结果与其他细分行业略有不同，中国人均 GDP 对高技术产品的出口具有负效应，中国人口对高技术产品的出口具有正向效应。一方面，中国出口美国的航空航天技术以及电力机械占中国出口美国高技术的比重较低，如表 5－40 所示，2007～2017 年年均占比分别为 1.17% 和 2.49%；另一方面，由表 5－41 的中美两国高技术产品细分行业的贸易结合度指数可以看出，尽管中国对美国的航空航天贸易结合度指数大于 1，但美国对中国的指数特别小，电力机械也是如此。这在一定程度上说明，中美两国在航空航天技术和电力机械方面的贸易联系不是很紧密。

表 5－40　　　　2007～2017 年中国出口美国高技术细分行业占比情况　　　　单位：%

年份	1	2	3	4	5	6	7	8
2007	0.65	57.21	34.07	0.46	4.63	1.94	0.28	0.70
2008	0.86	56.09	33.02	0.52	5.35	2.64	0.37	1.10
2009	0.81	56.88	31.37	0.81	6.72	2.41	0.26	0.74
2010	0.85	59.96	29.81	0.64	5.35	2.36	0.22	1.33
2011	1.11	57.78	30.75	0.60	4.90	3.15	0.31	0.84

续表

年份	1	2	3	4	5	6	7	8
2012	1.09	54.14	35.13	0.57	5.33	2.47	0.35	0.85
2013	1.28	51.07	38.65	0.50	5.00	2.27	0.30	0.63
2014	1.34	34.66	29.19	0.38	3.59	1.50	0.23	0.63
2015	1.47	44.71	44.39	0.60	5.40	2.39	0.35	0.61
2016	1.80	42.59	45.55	0.55	5.88	2.57	0.41	0.59
2017	1.66	44.77	43.04	0.42	5.56	3.65	0.27	0.56
年均	1.17	50.90	35.91	0.55	5.25	2.49	0.30	0.78

注：1代表航空航天技术、2代表计算机及办公设备、3代表电子电信、4代表医药品、5代表科学仪器、6代表电力机械、7代表非电力机械、8代表化学品。

资料来源：UN Comtrade 数据库。

表 5-41　　　　　　　中美两国高技术产品细分行业的贸易结合度指数

	年份	高技术	1	2	3	4	5	6	7	8
中国对美国	2015	1.224	1.370	1.200	1.175	0.683	0.846	0.991	1.029	0.708
	2016	1.280	2.014	1.316	1.220	0.584	0.801	1.233	1.223	0.637
	2017	1.321	1.805	1.249	1.213	0.588	0.930	1.377	0.991	0.619
美国对中国	2015	0.424	0.061	0.485	0.429	0.850	0.474	0.263	0.407	0.922
	2016	0.452	0.170	0.482	0.439	0.891	0.540	0.291	0.809	0.555
	2017	0.642	0.147	0.550	0.771	1.561	0.563	0.294	0.587	0.419

注：①贸易结合度为（TCD_{ij}）＝（X_{ij}/X_i）/（M_j/M_w）；TCD_{ij}衡量 j 国作为 i 国出口市场的重要性程度；X_{ij}表示 i 国对 j 国的出口额；X_i表示 i 国的出口总额；M_j表示 j 国的进口总额；M_w表示世界的进口总额。②1代表航空航天技术、2代表计算机及办公设备、3代表电子电信、4代表医药品、5代表科学仪器、6代表电力机械、7代表非电力机械、8代表化学品。

资料来源：UN Comtrade 数据库。

2. 中美出口贸易效率高于平均水平成因再分析

贸易效率可以定义为贸易盈余与贸易成本的比较。贸易成本不变，贸易盈余增加；或贸易盈余给定，贸易成本减少；或贸易成本减少的同时，贸易盈余增加，都可提高贸易效率（李晓钟，2004）。由于贸易成本包括交易过程中的运费、保险费和关税等，尽管近年来运费等费用有所下降，但许多国家的关税水平等仍然较高，这无疑是导致贸易效率不高的主要原因。贸易效率的提高可以有多个途径，从国际层面，不断强化的国际经济规则有利于贸易效率提高。例如，在世界贸易组织倡导下，世界各国进一步降低了关税壁垒和非关税壁垒，增加了贸易政策的透明度，规范了世界市场上的竞争方式与竞争手段，从而降低了贸易成本，提高了贸易效率。从国家层面上看，完善的市场经济体制和实施贸易便利措施，有利于贸易效率的提高。完善的市场机制可以给交易主体一个长期预期，使交易主体能在一个明晰、透明、可以预期的经济环境下生存发展；同时，一国提供贸易便利方面的措施，包括港口后勤、海关手续、监管标准、标准的一致性、电子商务的采用等都有利于贸易效率的提高。从企业层面来讲，企业通过品牌建设提升"发信号"的效率、通过人力资本投资的激励和积累等提高微观交易主体的能力、通过制造业企业与数字技术在产品研发设计、品牌建设、生产制造、营销管理等领域相互渗透、交叉甚至重组等,都可提升产品质量和贸易效率(李晓钟等,2018)。但是,由于高技术产品的战略性地位、出口管制政策等,故创新能力提高和产学研水平提升并不一定促进高技术产品出口的增加。这也与表 5 - 34 的实证结果吻合。

由表 5 - 42 可知,从 2007 ~ 2017 年,与加拿大、德国、韩国、日本、英国、巴西、法国、荷兰、印度、新加坡、意大利、墨西哥、泰国、马来西亚、澳大利亚以及美国 16 个国家的平均值相比,美国的关税水平较低,互联网普及率、国内市场规模和基础设施水平均高于平均水平,故中美贸易效率高于平均水平。但美国特朗普总统上台以后,美国在其"美国优先"的施政纲领影响下,美国对中国实施"高技术出口管制"和"高技术进口限制"政策,对中美高技术产品贸易效率产生了影响,这也是引致中美高技术产品贸易效率逐年减少的主要原因。

表 5 - 42　　　　　　　　　　　非效率影响因素的比较

年份	项目	关税 (TARIFF)	互联网普及率(INT)	创新能力(INNO)	产学研水平能力(COLLA)	国内市场规模(DM)	基础设施水平(INFRA)
2007	美国	2.500	66.328	5.443	5.643	7.000	6.064
	平均值	5.400	44.766	4.744	4.476	5.370	5.225
2008	美国	1.711	69.827	5.531	5.847	7.000	6.070
	平均值	5.249	50.935	4.609	4.504	5.369	5.143
2009	美国	0.017	71.244	5.487	5.903	7.000	5.885
	平均值	0.046	56.724	4.432	4.609	5.408	5.219
2010	美国	1.487	76.239	5.283	5.789	7.000	5.753
	平均值	4.269	61.701	4.361	4.710	5.414	5.338
2011	美国	1.547	79.000	5.187	5.711	7.000	5.664
	平均值	4.226	63.581	4.392	4.770	5.430	5.344
2012	美国	1.372	77.863	5.230	5.631	7.000	5.618
	平均值	4.212	65.487	4.416	4.787	5.455	5.337
2013	美国	1.301	81.025	5.607	5.743	7.000	5.734
	平均值	4.173	67.852	4.610	4.774	5.465	5.333
2014	美国	1.291	84.200	5.877	5.850	7.000	5.758
	平均值	4.179	69.452	4.756	4.775	5.459	5.215
2015	美国	1.373	87.360	5.944	5.850	7.000	5.763
	平均值	4.131	72.188	4.888	4.775	5.517	5.139
2016	美国	1.381	74.550	5.934	5.573	6.995	5.708
	平均值	3.850	74.297	5.000	4.604	5.477	5.142
2017	美国	1.625	76.177	6.009	5.706	6.943	5.851
	平均值	3.965	76.051	5.037	4.621	5.494	5.156

注:平均值是指,中国的 16 个主要贸易伙伴国的平均值,关税和互联网普及率的单位为%,其余各因素是按照 1 - 7 表示,数字越高越好,7 代表最好。

资料来源:全球竞争力报告(2008 ~ 2017),https://cn.weforum.org/.

5.5.5 结论与建议

本节利用中国和美国16个主要贸易伙伴国2007～2017年的数据，构建随机前沿引力模型和贸易非效率模型，研究中美高技术产品的贸易效率、贸易潜力与影响因素。实证结论表明：（1）中美高技术产品的贸易效率明显高于平均水平，但2007～2017年呈下降态势，而贸易潜力则呈不断扩大态势，可拓展的贸易潜力较大。高技术细分行业的贸易效率水平差异较大，其中，计算机及办公设备、非电力机械的贸易效率值高于其他行业；航空航天技术、计算机及办公设备、电子电信、非电力机械和化学品的贸易效率呈下降态势；而医药品、科学仪器和电力机械贸易效率则呈上升态势。计算机及办公设备和电子电信出口占中国高技术产品出口的比重较高，年均分别达到50.9%和35.91%，但出口效率前者由2007年的0.8912下降到2017年的0.6930，而后者则由2007年的0.9257下降到2017年的0.9189。（2）经济发展水平、人口规模以及距离对中国高技术产品出口贸易额变化影响显著，其中，中国的人均GDP、贸易伙伴国的人均GDP以及贸易伙伴国人口规模的增加对出口贸易额的提高具有促进作用，而中国的人口规模、双边距离对出口贸易则产生抑制作用。（3）影响贸易非效率的因素较多，其中，关税税率与贸易非效率正相关，互联网普及率、国内市场规模以及基础设施水平与贸易非效率负相关。即降低关税税率、提高互联网发展水平、扩大市场规模以及完善基础设施等，有利于中美两国高技术产品贸易效率的提高。（4）由于美国的关税水平较低，互联网普及率、国内市场规模和基础设施水平均高于平均水平，故中美贸易效率较高。同时，由于高技术产品的战略性地位、出口管制政策等，故创新能力提高和产学研水平提升并不一定能促进高技术产品出口额增加，当今，美国在其"美国利益优先"的施政纲领影响下，美国对中国实施"高技术出口管制"和"高技术进口限制"政策，对中美高技术产品贸易效率产生了负面影响。这也是引致中美高技术产品贸易效率逐年降低的主要原因。

随着对高技术产业的日益重视，中国高技术研发能力不断提高，中美高技术水平差距逐渐缩小，但中美贸易摩擦难以在短期内取消。因此，中国要积极采取措施，通过多种途径提高贸易效率，扩大贸易规模。具体来讲：（1）加强与美国政府的协商沟通，挖掘双边经贸合作潜力，努力降低中美双边高技术产品贸易的关税壁垒和非关税壁垒，实现合作共赢。（2）继续加大研发投入强度，加强前沿技术研发，提高核心技术的国际竞争力，提升中国高技术产品在全球价值链中的地位。加强对高技术细分行业发展的分类指导，主动对受损高技术细分行业进行有针对性的政策扶持。（3）进一步加强互联网基础设施建设，积极开展电子商务，充分发挥线上平台优势，加快中国与贸易伙伴国的交通基础设施建设，提高贸易便利化水平。（4）积极对接高标准国际经贸规则，构建开放型经济新体制，深化中欧经贸合作，推进"一带一路"建设，打造高技术产品出口市场多元化格局，降低对美国市场的依赖。（5）变压力为动力，继续深化体制机制改革，积极推动经济结构的调整与要素市场的改革，优化生产要素配置，转变发展方式，培育创新动力，推动中国经济高质量发展。

第6章 中国对"一带一路"沿线国家直接 投资的贸易效应研究

6.1 引言

近年来，随着经济全球化的推进，中国对外直接投资的规模日益扩大。据统计，中国对外直接投资流量从 2007 年的 265.1 亿美元，增长到 2016 年的 1961.5 亿美元，年均增长率为 22.2%。中国对"一带一路"沿线国家直接投资流量从 2007 年的 32.5 亿美元增长到 2016 年的 153.4 亿美元，年均增长率为 16.8%。"一带一路"倡议是中国对外开放的宏伟规划，投资和贸易是推进"一带一路"倡议的重要抓手。研究对外直接投资的贸易效应，有利于中国对"一带一路"沿线国家投资水平的提高和贸易结构的优化，因而，对"一带一路"倡议实施具有重要的理论价值和现实意义。

文献围绕对外直接投资贸易效应的研究较为丰富，主要观点有：其一，贸易替代效应。一种商品可以通过投资或者贸易的方式进入一个国家，选择了投资便会替代贸易。如罗伯特·A. 蒙代尔（Robert A. Mundell，1957）、爱格（Egger，2001）、丹尼尔斯和鲁尔（Daniels and Ruhr，2014）。其二，贸易创造效应。对外直接投资可以在母国和东道国之间创造贸易机会，使贸易在更大规模上进行。跨国公司的海外子公司在替代贸易的同时，也会创造对其他产品和劳务的需求。这些产品和劳务可能来自母公司第三国的企业，从而扩大了母国与东道国之间的贸易。此外，对外直接投资所带来的成本优势和贸易效率可以通过产品返销投资国而扩大投资国与东道国之间的贸易，如 K. 小岛清（K. Kojima，1973）、彼得·C. Y. 周（Peter C. Y. Chow，2012）、R. 基亚皮尼（R. Chiappini，2016）。其三，针对对外直接投资与出口贸易的关系问题，一些文献指出，两者并不是简单的替代关系或者互补关系，而是随着一些变化因素呈现出不单一、不稳定的关系。如尼里（Neary，1994）、张先锋和张杰（2016）。一些文献也从国别、企业类型等方面进行了实证分析。在国别方面，项本武（2015）认为，高出口密集度国别的对外直接投资（OFDI）对应更大的出口创造效应，高进口密集度国别的 OFDI 对应更小的进口替代效应。林志帆（2016）对中国与 155 个国家的 OFDI 数据分析表明，中国对发达国家的投资轻微替代出口，对发展中国家的投资轻微促进出口。在不同投资类型方面，马库森和维纳布尔斯（Markusen and Venables，1995）认为，水平型 OFDI 的贸易效应是替代型的，即跨国公司在母国和东道国生产同质性产品，贸易和投资可以二选一。尼根（Blonigen，2001）认为，OFDI 的贸易效应与投资的长期效应或短期效应有关，OFDI 的长期效应是互补的，而 OFDI 的短期效应可能存在替代效应。

可见，研究文献为我们后续研究奠定了良好的基础，但围绕中国对 "一带一路" 沿线国家直接投资的贸易效应的研究较少，本章拟对此进行探索。本章与以往研究相比的差异主要体现在两方面：一是分整体、地区和产品结构分别研究对外直接投资的贸易效应；二是研究互联网对于对外直接投资的贸易效应的影响，并探讨相应的对策建议，以期为 "一带一路" 倡议的推进提供有益的思路。

6.2　中国对 "一带一路" 沿线国家直接投资的现状及特点

近年来，随着 "一带一路" 倡议的提出，中国加强了与 "一带一路" 沿线国家的经济合作，其中，包括对外直接投资。中国对 "一带一路" 沿线国家直接投资的特点主要有，投资规模小、增速快、投资主要以周边国家为主和投资区域存在差异性的特点。

6.2.1 投资规模小、增速快

中国对"一带一路"沿线国家①直接投资流量从 2003 年的 2.02 亿美元增加到 2019 年的 186.90 亿美元，年均增长率为 32.71%；中国对"一带一路"沿线国家直接投资存量从 2003 年的 13.17 亿美元增加到 2019 年的 1794.66 亿美元，年均增长率达到 35.96%。中国对"一带一路"沿线国家投资保持高增长态势，增速较快，见表 6-1。但总体上占中国对外直接投资比重约 10%，仍然偏小，未来发展潜力巨大。

表 6-1　　2008~2019 年中国对"一带一路"沿线国家直接投资存量

年份	对外直接投资存量（亿美元）	占中国对外直接投资存量的比重（%）
2008	148.50	8.07
2009	200.68	8.17
2010	290.31	9.15
2011	412.34	9.71
2012	567.56	10.67
2013	720.15	10.90
2014	924.60	10.48
2015	1156.79	10.54
2016	1294.14	9.53
2017	1543.98	8.53
2018	1727.69	8.72
2019	1794.66	8.16

资料来源：《2016 年中国对外直接投资统计公报》《2019 年中国对外直接投资统计公报》。

6.2.2 投资对象以周边国家为主

中国对"一带一路"沿线国家直接投资前十名的国家，从大到小排列分别是新加坡、印度尼西亚、俄罗斯、老挝、马来西亚、阿拉伯联合酋长国、哈萨克

① "一带一路"沿线国家以《2019 年中国对外直接投资统计公报》为准，有对外直接投资的有以下 63 个国家：东亚的东盟十国（菲律宾、柬埔寨、老挝、马来西亚、缅甸、泰国、文莱、新加坡、印度尼西亚和越南）、东帝汶、蒙古国；西亚的阿拉伯联合酋长国、阿曼、巴勒斯坦、巴林、卡塔尔、科威特、黎巴嫩、沙特阿拉伯、土耳其、叙利亚、也门、伊拉克、伊朗、以色列、约旦、埃及；南亚的阿富汗、巴基斯坦、马尔代夫、孟加拉国、尼泊尔、斯里兰卡、印度；中亚的哈萨克斯坦、吉尔吉斯斯坦、塔吉克斯坦、土库曼斯坦、乌兹别克斯坦；独联体的阿塞拜疆、白俄罗斯、俄罗斯、格鲁吉亚、摩尔多瓦、乌克兰、亚美尼亚；中东欧的阿尔巴尼亚、爱沙尼亚、保加利亚、北马其顿（2019 年初之前为马其顿）、波黑、波兰、黑山、捷克、克罗地亚、拉脱维亚、立陶宛、罗马尼亚、塞尔维亚、斯洛伐克、斯洛文尼亚、匈牙利。本章的地区划分，仅是对本章选取的"一带一路"沿线国家的样本的分类。在本章中除特别说明外，东亚、西亚、南亚、中亚、独联体、中东欧都是按照上述分类标准对"一带一路"沿线国家进行分类的。

斯坦、泰国、越南、柬埔寨。对这些国家直接投资量合计达到了 1323.59 亿美元，占比更是远远超过了一半，达到 73.75%，如表 6－2 所示。

表 6－2   2019 年中国对"一带一路"沿线国家直接投资存量前十名

排序	国家	直接投资存量 （亿美元）	占中国对"一带一路"沿线 国家直接投资比重（%）
1	新加坡	526.37	29.33
2	印度尼西亚	151.33	8.43
3	俄罗斯	128.04	7.13
4	老挝	82.50	4.60
5	马来西亚	79.24	4.42
6	阿拉伯联合酋长国	76.36	4.25
7	哈萨克斯坦	72.54	4.04
8	泰国	71.86	4.00
9	越南	70.74	3.94
10	柬埔寨	64.64	3.60
合计		1323.59	73.75

资料来源：《2019 年中国对外直接投资统计公报》。

通过对中国对于"一带一路"沿线国家直接投资前十名的国家与中国的距离分析发现，排名前十的国家大多是与中国相邻、距离比较近的国家。也就是说，中国对"一带一路"沿线国家的投资以周边国家为主。

6.2.3　投资区域的差异性

从"一带一路"沿线国家的地区分类来看，中国对东盟地区的直接投资最多，如表 6－3 所示。2019 年，中国对东盟地区的直接投资存量达 1098.91 亿美元，占比超过一半，其中，投资存量最高的两个国家是新加坡和印度尼西亚。

表 6－3   2019 年中国对"一带一路"沿线国家直接投资存量地区分布

地区	直接投资存量 （亿美元）	占中国对沿线国家直接 投资存量百分比（%）
东盟	1098.91	61.23
西亚	236.77	13.19
南亚	112.48	6.27
中亚	142.23	7.93
独联体	143.09	7.97
中东欧	26.06	1.45

资料来源：《2019 年中国对外直接投资统计公报》。

如表 6－4 所示，中国对"一带一路"沿线东盟地区的直接投资持续增长，从 2008 年的 64.87 亿美元增长到 2019 年的 1098.91 亿美元，年均增长率为

29.34%，且占中国对"一带一路"沿线国家总量的比重超过 50%。2019 年，对新加坡投资最多，占中国对东盟地区投资的 47.90%。如表 6-5 所示，中国对"一带一路"沿线中亚地区的直接投资从 2008 年的 19.42 亿美元增长到 2019 年的 142.23 亿美元，年均增长率为 19.84%。中亚在 2012 年出现较高的增速。这主要是因为加大了对哈萨克斯坦的投资。从 2011 年的 28.58 万美元增长到 2012 年的 62.51 万美元，同比增长 118.72%。与其他中亚国家相比，哈萨克斯坦也是中国对中亚地区投资最多的国家，占中国对中亚地区投资半数以上。

表 6-4　　　　2008~2019 年中国对"一带一路"沿线东盟地区直接投资存量

年份	直接投资存量 （亿美元）	占中国对"一带一路"沿线国家 直接投资存量总额的百分比（%）
2008	64.87	43.68
2009	95.71	47.69
2010	143.50	49.43
2011	214.62	52.05
2012	282.38	49.75
2013	356.68	49.53
2014	476.33	51.52
2015	627.16	54.22
2016	715.54	55.29
2017	890.14	57.65
2018	1028.58	59.54
2019	1098.91	61.23

资料来源：《2016 年中国对外直接投资统计公报》《2019 年中国对外直接投资统计公报》。

表 6-5　　　　2008~2019 年中国对"一带一路"沿线中亚地区直接投资存量

年份	直接投资存量 （亿美元）	占中国对"一带一路"沿线国家 直接投资存量总额的百分比（%）
2008	19.42	13.08
2009	22.56	11.24
2010	29.22	10.07
2011	40.33	9.78
2012	78.24	13.78
2013	88.93	12.35
2014	100.94	10.92
2015	80.90	6.99
2016	91.44	7.07
2017	117.66	7.62
2018	146.81	8.50
2019	142.23	7.93

资料来源：《2016 年中国对外直接投资统计公报》《2019 年中国对外直接投资统计公报》。

如表 6-6 和表 6-7 所示，中国对"一带一路"沿线中东欧地区直接投资从 2008 年的 3.48 亿美元增长到 2019 年的 26.06 亿美元，年均增长率为 20.08%。

中国对"一带一路"沿线独联体直接投资从 2008 年的 19.34 亿美元增长到 2019 年的 143.09 亿美元，年均增长率为 19.95%。"一带一路"沿线中东欧和独联体与中国的距离较其他"一带一路"沿线国家来说比较远，且该地区资本市场长期受到德国、法国影响，因此，中国对"一带一路"沿线中东欧和独联体的投资比重都不高。2010 年，中国加大了对匈牙利的投资，引致对中东欧的投资存量明显上升。2015 年，加大了对俄罗斯的直接投资，引致对独联体的投资存量激增，2016年，又下降到 141.34 亿美元。

表 6 - 6　　　　2008~2019 年中国对"一带一路"沿线中东欧地区直接投资存量

年份	直接投资存量（亿美元）	占中国对"一带一路"沿线国家直接投资存量总额的百分比（%）
2008	3.48	2.34
2009	4.11	2.05
2010	8.53	2.94
2011	10.09	2.45
2012	13.34	2.35
2013	14.36	1.99
2014	16.97	1.83
2015	19.77	1.71
2016	16.67	1.29
2017	18.51	1.20
2018	22.71	1.31
2019	26.06	1.45

资料来源：《2016 年中国对外直接投资统计公报》《2019 年中国对外直接投资统计公报》。

表 6 - 7　　　　2008~2019 年中国对"一带一路"沿线独联体的直接投资存量

年份	直接投资存量（亿美元）	占中国对"一带一路"沿线国家直接投资存量总额的百分比（%）
2008	19.34	13.02
2009	23.35	11.64
2010	29.78	10.26
2011	39.64	9.61
2012	52.12	9.18
2013	81.30	11.29
2014	96.28	10.41
2015	151.71	13.12
2016	141.34	10.92
2017	151.13	9.79
2018	155.05	8.97
2019	143.09	7.97

资料来源：《2016 年中国对外直接投资统计公报》《2019 年中国对外直接投资统计公报》。

如表 6 - 8 所示，中国对"一带一路"沿线西亚地区直接投资从 2008 年的 15.04 亿美元增长到 2019 年的 236.77 亿美元，年均增长率为 28.48%。中国对"一带一路"沿线西亚地区的直接投资以阿拉伯联合酋长国、以色列和伊朗三个国家为主,2019 年,上述三国分别占中国对"一带一路"沿线西亚地区直接投资存量总量的 32.25%、15.94% 和 12.91%。中国对"一带一路"沿线西亚地区的直接投资存量呈现出稳定增长的态势,对"一带一路"沿线西亚地区直接投资占比也在2016 年达到最高,为 14.98%。如表 6-9 所示,中国对"一带一路"沿线南亚地区直接投资从 2008 年的 17.38 亿美元增长到 2019 年的 112.48 亿美元,年均增长率为 18.50%。中国对"一带一路"沿线南亚地区的直接投资主要集中在巴基斯坦和印度。截至 2019 年,对两国投资量分别占中国对"一带一路"沿线南亚地区直接投资存量的 42.66% 和 32.10%。"一带一路"沿线南亚地区与中国地理位置比较近,人口比较多,市场较庞大,但受到一些国际经贸环境的影响,中国对"一带一路"沿线南亚地区的直接投资相对比较滞后,且投资份额也有所下降。2013 年,中国加大了对印度和巴基斯坦的投资,引致中国对"一带一路"沿线南亚地区直接投资存量明显上升。

表 6-8　　　　2008～2019 年中国对"一带一路"沿线西亚地区直接投资存量

年份	直接投资存量 (亿美元)	占中国对"一带一路"沿线国家 直接投资存量总额的百分比(%)
2008	15.04	10.13
2009	22.95	11.44
2010	38.51	13.27
2011	53.23	12.91
2012	69.73	12.29
2013	87.20	12.11
2014	113.04	12.23
2015	143.83	12.43
2016	193.84	14.98
2017	206.38	13.37
2018	228.15	13.21
2019	236.77	13.19

资料来源:《2016 年中国对外直接投资统计公报》《2019 年中国对外直接投资统计公报》。

表 6-9　　　　2008～2019 年中国对"一带一路"沿线南亚地区直接投资存量

年份	直接投资存量 (亿美元)	占中国对"一带一路"沿线国家 直接投资存量总额的百分比(%)
2008	17.38	11.71
2009	19.51	9.72
2010	26.33	9.07
2011	35.50	8.61
2012	42.15	7.43
2013	58.06	8.06
2014	83.27	9.01

续表

年份	直接投资存量 （亿美元）	占中国对"一带一路"沿线国家 直接投资存量总额的百分比（%）
2015	94.82	8.20
2016	95.44	7.37
2017	122.19	7.91
2018	111.07	6.43
2019	112.48	6.27

资料来源：《2016 年中国对外直接投资统计公报》《2019 年中国对外直接投资统计公报》。

6.3　中国对外直接投资贸易效应的模型选择与数据来源

6.3.1　模型选择

引力模型已成为研究国际要素流动的标准范式，来源于物理学的万有引力定律，最早由丁伯根（Tinbergen，1962）引入国际贸易问题研究上，模型如式（6-1）所示。后来，文献针对不同研究方向选取合适变量，如赫贾齐和萨陆里安（Hejazi and Safarian，2001）将对外直接投资加入引力模型中，考察投资和贸易二者的关系；陈岩和马利灵（2012）将经济自由度纳入模型，以分析影响中国投资非洲的因素；李兵和李柔（2017）把互联网因素加入引力模型中，研究互联网对企业出口的影响。因此，本章考虑到对外直接投资、经济自由化程度和互联网的作用日益重要，故对传统模型进行修改，并对两边取对数，模型如式（6-1）所示。

$$Y_{ij,t} = \alpha_0 CGDP_{i,t}{}^{\alpha_1} GDP_{j,t}{}^{\alpha_2} CPOP_{i,t}{}^{\alpha_3} POP_{j,t}{}^{\alpha_4} D_{ij,t}{}^{\alpha_5} \qquad (6-1)$$

在式（6-1）中，$Y_{ij,t}$ 表示中国与"一带一路"沿线国家之间的贸易量，$CGDP_{i,t}$ 和 $GDP_{j,t}$ 分别为 i 国和 j 国的经济总量，$CPOP_{i,t}$ 和 $POP_{j,t}$ 分别为 i 国和 j 国的人口，$D_{ij,t}$ 表示 i 国首都与 j 国首都之间的地理距离，α_0 为常数项，α_1、α_2 等为弹性系数。

$$\ln Y_{ij,t} = \alpha_0 + \alpha_1 \ln CGDP_{i,t} + \alpha_2 \ln GDP_{j,t} + \alpha_3 \ln CPOP_{i,t} + \alpha_4 \ln POP_{j,t}$$
$$+ \alpha_5 \ln D_{ij,t} + \alpha_6 \ln OFDI_{ij,t} + \alpha_7 \ln Freedom_{j,t} + \alpha_8 \ln Inter_{j,t} + \varepsilon_{ij,t} \qquad (6-2)$$

在式（6-2）中，$OFDI_{ij,t}$ 是中国对外直接投资存量与各国 $GDP_{j,t}$ 的比值，$Freedom_{j,t}$ 是 j 国的经济自由度，$Inter_{j,t}$ 是 j 国的互联网普及率，α_0 为常数项，α_1、α_2 等为弹性系数，$\varepsilon_{ij,t}$ 是随机误差项。i 表示中国，j 表示"一带一路"沿线国家，t 表示年份，其中，j = 1，2，…，59；t = 2007，2008，…，2016。$\varepsilon_{ij,t}$ 是随机误差项。

6.3.2　数据来源

本章选取的样本时间范围为 2007～2016 年。在此期间，中国对巴勒斯坦、伊拉克、叙利亚、阿富汗、马尔代夫、不丹六个国家的数据不全，因而最终选取的"一带一路"沿线国家研究样本为剔除上述六国之后的 59 个国家。[①] 其中，中国与"一带一路"沿线国家的贸易额来自联合国贸易（Comtrade）数据库（https：//comtrade. un. org/data/）；中国与"一带一路"沿线国家的对外直接投资存量来自《中国对外直接投资统计公报》（http：//www. fdi. gov. cn/）；经济自由度来自美国传统基金会（https：//www. heritage. org/）；互联网普及率来自国际电信联盟数据库（https：//www. itu. int/en/ITU-D/Statistics/Pages/stat/default. aspx）；两国首都之间的距离来自法国前景研究与国际中心（CEPII），除上述之外，其他数据均来自世界银行的 WDI 数据库（https：//data. worldbank. org. cn/）。在本章中，若无特别说明，表中的数据均根据上述数据计算而得。

6.4　OFDI 对于中国对"一带一路"沿线国家进出口贸易的影响

6.4.1　OFDI 的贸易规模效应与贸易结构效应

1. OFDI 的贸易规模效应

对外直接投资（outward foreign direct investment），简称 OFDI。运用 Stata 软件对式（6-2）进行分析。根据 Hausman 检验的结果，采用个体固定效应模型（FE）还是随机效应模型（RE）。由于距离 D 是不随时间变动的变量，检验结果若为个体固定效应模型，在 Stata 建模中会自动剔除，为保证模型变量的统一性，未做特殊说明的情况下，下面全部模型均将其剔除。OFDI 的贸易规模效应回归结果，如表6-10所示。由表6-10可知，OFDI 的系数均为正，但是均不显著，

[①] 这59个"一带一路"沿线国家分别是蒙古国、新加坡、马来西亚、印度尼西亚、缅甸、泰国、老挝、柬埔寨、越南、文莱、菲律宾、伊朗、土耳其、约旦、黎巴嫩、以色列、沙特阿拉伯、也门、阿曼、阿拉伯联合酋长国、卡塔尔、科威特、巴林、希腊、塞浦路斯、埃及、印度、巴基斯坦、孟加拉国、斯里兰卡、尼泊尔、哈萨克斯坦、乌兹别克斯坦、土库曼斯坦、塔吉克斯坦、吉尔吉斯斯坦、俄罗斯、乌克兰、白俄罗斯、格鲁吉亚、阿塞拜疆、亚美尼亚、摩尔多瓦、波兰、立陶宛、爱沙尼亚、拉脱维亚、捷克、斯洛伐克、匈牙利、斯洛文尼亚、克罗地亚、波黑、黑山、塞尔维亚、罗马尼亚、保加利亚、马其顿、阿尔巴尼亚。如无特殊注明，本章研究的样本国均指上述国家。

所以，OFDI 对"一带一路"沿线国家的双边贸易总体上影响不显著。

表 6 - 10   OFDI 对"一带一路"沿线国家的贸易规模效应

变量	进出口	出口	进口
α_0	1984. 78 *** (12. 10)	1483. 92 *** (8. 16)	3070. 71 *** (9. 09)
lnCGDP	6. 87 *** (12. 87)	5. 34 *** (9. 02)	10. 88 *** (9. 89)
lnGDP	1. 58 *** (11. 30)	0. 97 *** (6. 23)	1. 61 *** (5. 57)
lnCPOP	− 104. 62 *** (− 12. 24)	− 78. 29 *** (− 8. 26)	− 161. 00 *** (− 9. 14)
lnPOP	− 0. 33 (− 1. 59)	0. 12 (0. 51)	− 2. 06 *** (− 4. 84)
lnOFDI	0. 01 (0. 40)	0. 01 (0. 76)	0. 02 (0. 47)
lnFreedom	− 0. 09 (− 0. 29)	− 0. 01 (− 0. 04)	1. 58 ** (2. 43)
lnInter	0. 11 *** (3. 61)	0. 09 *** (2. 64)	0. 22 *** (3. 39)
R^2	0. 98	0. 98	0. 96
调整的 R^2	0. 98	0. 97	0. 96
F	458. 08	331. 91	197. 05
Hausman	78. 23 (p = 0. 00)	62. 57 (p = 0. 00)	130. 67 (p = 0. 00)

注：* 、** 和 *** 分别表示在 10% 、5% 和 1% 的显著性水平上显著。

2. OFDI 的贸易结构效应

本章贸易结构分类以联合国贸易统计数据库中的 SITC. Rev4 为依据。将 SITC0 ~ SITC4 作为初级产品，SITC5 ~ SITC9 作为工业制成品；其中，SITC5 和 SITC7 为资本—技术密集型产品，SITC6 和 SITC8 为资源—劳动密集型产品（李晓钟等，2018）。根据贸易结构分类，实证结果如表 6 - 11 所示。由表 6 - 11 可知，OFDI 仅对"一带一路"沿线国家工业制成品的进口在 10% 的水平上显著为正，在其他情况下均不显著，后者表明 OFDI 的贸易结构效应尚不显著。

表 6 - 11   OFDI 对"一带一路"沿线国家的贸易结构效应

变量	进口				出口			
	初级产品	工业制成品			初级产品	工业制成品		
		总体	资本—技术密集型产品	资源—劳动密集型产品		总体	资本—技术密集型产品	资源—劳动密集型产品
α_0	4259. 74 *** (9. 86)	2019. 93 *** (4. 71)	1987. 86 *** (3. 26)	2088. 60 *** (3. 74)	1307. 97 *** (6. 87)	1495. 59 *** (7. 99)	1315. 93 *** (7. 34)	1524. 90 *** (7. 22)

续表

变量	进口				出口			
	初级产品	工业制成品			初级产品	工业制成品		
		总体	资本—技术密集型产品	资源—劳动密集型产品		总体	资本—技术密集型产品	资源—劳动密集型产品
lnCGDP	15.05 *** (10.69)	7.58 *** (5.43)	7.27 *** (3.66)	8.27 *** (4.55)	4.37 *** (7.05)	5.39 *** (8.84)	4.89 *** (8.38)	5.45 *** (7.93)
lnGDP	1.21 *** (3.29)	0.74 ** (2.03)	0.80 (1.53)	1.13 ** (2.38)	0.91 *** (5.59)	0.96 *** (6.03)	0.96 *** (6.26)	1.03 *** (5.69)
lnCPOP	-222.95 *** (-9.90)	-105.72 *** (-4.73)	-105.06 *** (-3.30)	-109.70 *** (-3.77)	-68.81 *** (-6.93)	-78.92 *** (-8.09)	-69.52 *** (-7.44)	-80.60 *** (-7.32)
lnPOP	-2.26 *** (-4.15)	-1.08 ** (-2.00)	0.16 (0.21)	-2.12 *** (-3.02)	0.22 (0.92)	0.11 (0.48)	-0.15 (-0.66)	0.32 (1.19)
lnOFDI	-0.01 (-0.33)	0.08 * (1.74)	0.09 (1.45)	-0.06 (-1.08)	0.01 (0.55)	0.01 (0.71)	0.01 (0.63)	0.02 (0.79)
lnFreedom	1.96 ** (2.35)	-0.45 (-0.55)	0.78 (0.67)	-0.87 (-0.81)	0.43 (1.16)	0.01 (0.02)	0.13 (0.38)	-0.28 (-0.70)
lnInter	0.07 (0.80)	0.41 *** (4.99)	0.28 ** (2.33)	0.49 *** (4.55)	0.14 *** (3.70)	0.09 ** (2.58)	0.06 * (1.78)	0.11 *** (2.77)
R^2	0.95	0.95	0.94	0.93	0.98	0.97	0.98	0.97
调整的 R^2	0.94	0.95	0.93	0.92	0.98	0.97	0.97	0.97
F	146.14	161.30	118.59	104.21	365.65	311.88	351.57	263.75
Hausman	108.51 (p=0.00)	26.33 (p=0.00)	15.34 (p=0.03)	37.98 (p=0.00)	38.21 (p=0.00)	58.50 (p=0.00)	46.25 (p=0.00)	43.67 (p=0.00)

注：*、** 和 *** 分别表示在10%、5%和1%的显著性水平上显著。

6.4.2 OFDI 对"一带一路"沿线不同收入水平国家的进出口贸易的影响

本章根据世界银行分类标准，将"一带一路"沿线国家按照收入水平分为低收入国家、中低收入国家、中高收入国家和高收入国家四类。[①] 由于低收入国家只有三个，样本量太小，故将其和中低收入国家放在一起作为一类，分别研究

[①] 在"一带一路"沿线国家中，低收入国家有尼泊尔、塔吉克斯坦、也门；中低收入国家有孟加拉国、柬埔寨、埃及、格鲁吉亚、印度、印度尼西亚、吉尔吉斯斯坦、老挝、摩尔多瓦、蒙古国、缅甸、巴基斯坦、菲律宾、斯里兰卡、乌克兰、乌兹别克斯坦、越南；中高收入国家有阿尔巴尼亚、亚美尼亚、阿塞拜疆、白俄罗斯、波黑、保加利亚、伊朗、约旦、哈萨克斯坦、黎巴嫩、马其顿、马来西亚、黑山、罗马尼亚、俄罗斯、塞尔维亚、泰国、土库曼斯坦、土耳其；高收入国家有巴林、文莱、克罗地亚、塞浦路斯、捷克、爱沙尼亚、希腊、匈牙利、以色列、科威特、拉脱维亚、立陶宛、阿曼、波兰、卡塔尔、沙特阿拉伯、新加坡、斯洛伐克、斯洛文尼亚、阿拉伯联合酋长国。

OFDI 对"一带一路"沿线不同收入国家进出口贸易的影响。对于不同收入国家，再分别从贸易规模效应和贸易结构效应两个方面运用式（6-2），实证结果如表 6-12~表 6-15 所示。

表 6-12　　　对于"一带一路"沿线不同收入国家 OFDI 对中国进出口贸易的影响

变量	高收入国家		中高收入国家		低收入及中低收入国家	
	出口	进口	出口	进口	出口	进口
α_0	1822.61*** (5.55)	3065.94*** (7.21)	1298.91*** (3.91)	3162.57*** (4.09)	1719.26*** (5.83)	2891.54*** (5.67)
lnCGDP	6.76*** (6.24)	11.00*** (7.87)	4.71*** (4.17)	11.16*** (4.21)	6.12*** (6.27)	10.26*** (6.08)
lnGDP	1.41*** (3.80)	1.62*** (4.35)	0.53* (1.84)	3.45*** (4.26)	1.18*** (5.18)	2.26*** (5.71)
lnCPOP	-96.49*** (-5.63)	-161.91*** (-7.31)	-68.57*** (-3.95)	-167.02*** (-4.13)	-90.80*** (-5.88)	-147.88*** (-5.53)
lnPOP	0.05 (0.10)	-0.65 (-1.63)	0.70** (2.07)	-3.81*** (-3.39)	-0.11 (-0.15)	-7.10*** (-5.39)
lnOFDI	-0.03 (-1.10)	0.10*** (2.89)	0.08** (2.60)	-0.14* (-1.97)	-0.05 (-1.02)	-0.15 (-1.65)
lnFreedom	-2.18*** (-3.01)	0.92 (1.06)	0.31 (0.46)	3.13* (1.76)	0.75 (1.36)	-0.07 (-0.07)
lnInter	0.02 (0.07)	-0.36 (-1.55)	-0.08 (-0.96)	0.43** (2.10)	0.15*** (3.24)	0.31*** (3.97)
R^2	0.96	0.59	0.58	0.95	0.98	0.97
调整的 R^2	0.95	0.57	0.56	0.95	0.97	0.97
F	157.22	39.16	35.71	137.94	273.59	212.69
Hausman	38.17 (p=0.00)	7.85 (p=0.35)	6.18 (p=0.51)	36.82 (p=0.00)	24.01 (p=0.00)	64.05 (p=0.00)

注：*、** 和 *** 分别表示在 10%、5% 和 1% 的显著性水平上显著。

表 6-13　　　OFDI 对"一带一路"沿线高收入国家的贸易结构效应

变量	进口				出口			
	初级产品	工业制成品			初级产品	工业制成品		
		工业制成品总额	资本—技术密集型产品	资源—劳动密集型产品		工业制成品总额	资本—技术密集型产品	资源—劳动密集型产品
α_0	4531.31*** (7.81)	2469.30*** (3.91)	2669.91*** (4.04)	2413.62*** (2.82)	963.99*** (3.26)	1851.04*** (5.50)	1436.16*** (4.49)	1508.09*** (4.24)
lnCGDP	16.11*** (8.45)	9.02*** (4.34)	9.42*** (4.34)	9.92*** (3.52)	3.05*** (3.14)	6.87*** (6.19)	5.80*** (5.50)	5.39*** (4.62)
lnGDP	1.40*** (2.72)	1.06** (2.52)	1.10** (2.33)	0.04 (0.04)	0.67** (2.44)	1.46*** (3.84)	0.80** (2.21)	1.36*** (6.06)
lnCPOP	-238.95*** (-7.90)	-130.46*** (-3.96)	-140.41*** (-4.08)	-127.53*** (-2.86)	-50.32*** (-3.26)	-98.02*** (-5.58)	-76.50*** (-4.58)	-79.44*** (-4.29)
lnPOP	-0.91 (-1.65)	0.19 (0.44)	0.07 (0.15)	-0.52 (-0.43)	0.05 (0.18)	0.02 (0.05)	0.52 (1.14)	-0.41* (-1.75)

续表

变量	进口				出口			
	初级产品	工业制成品总额	资本—技术密集型产品	资源—劳动密集型产品	初级产品	工业制成品总额	资本—技术密集型产品	资源—劳动密集型产品
lnOFDI	0.09 *	0.14 ***	0.17 ***	- 0.19 **	0.02	- 0.04	- 0.07 **	0.01
	(1.74)	(2.87)	(3.27)	(- 2.44)	(0.98)	(- 1.17)	(- 2.33)	(0.53)
lnFreedom	3.44 ***	- 0.13	- 0.71	- 1.19	1.15 *	- 2.26 ***	- 1.88 ***	- 1.05
	(2.88)	(- 0.10)	(- 0.55)	(- 0.63)	(1.87)	(- 3.04)	(- 2.67)	(- 1.58)
lnInter	- 0.49	0.22	0.59 *	0.45	0.47 ***	0.02	- 0.17	0.39 **
	(- 1.51)	(0.66)	(1.67)	(0.82)	(2.84)	(0.10)	(- 0.83)	(2.09)
R^2	0.53	0.52	0.53	0.95	0.41	0.96	0.97	0.57
调整的 R^2	0.51	0.50	0.51	0.94	0.38	0.95	0.96	0.55
F	30.72	29.45	31.09	120.57	18.77	150.70	199.11	35.92
Hausman	13.89 (p = 0.05)	12.05 (p = 0.10)	14.21 (p = 0.05)	26.75 (p = 0.00)	8.73 (p = 0.27)	37.56 (p = 0.00)	69.71 (p = 0.00)	11.07 (p = 0.14)

注：*、** 和 *** 分别表示在 10% 、5% 和 1% 的显著性水平上显著。

表 6 - 14　　　　　OFDI 对"一带一路"沿线中高收入国家的贸易结构效应

变量	进口				出口			
	初级产品	工业制成品总额	资本—技术密集型产品	资源—劳动密集型产品	初级产品	工业制成品总额	资本—技术密集型产品	资源—劳动密集型产品
α_0	3211.66 ***	2103.40 **	2338.22 *	2810.12 **	1625.54 ***	1280.74 ***	1310.33 ***	1273.63 ***
	(3.44)	(2.48)	(1.84)	(2.25)	(4.31)	(3.77)	(3.72)	(3.38)
lnCGDP	10.46 ***	8.34 ***	8.54 *	11.76 ***	5.97 ***	4.64 ***	4.60 ***	4.68 ***
	(3.27)	(2.91)	(1.96)	(2.74)	(4.61)	(4.02)	(3.86)	(3.64)
lnGDP	3.43 ***	0.68	0.98	1.85	0.54	0.52 *	0.83 ***	0.28
	(3.51)	(1.01)	(0.73)	(1.42)	(1.38)	(1.78)	(2.85)	(0.85)
lnCPOP	- 167.48 ***	- 112.21 **	- 123.08 *	- 149.52 **	- 85.01 ***	- 67.62 ***	- 69.15 ***	- 67.21 ***
	(- 3.43)	(- 2.53)	(- 1.85)	(- 2.29)	(- 4.31)	(- 3.81)	(- 3.77)	(- 3.41)
lnPOP	- 5.16 ***	1.14	- 0.73	- 1.14	- 0.32	0.71 **	0.33	1.03 ***
	(- 3.81)	(1.44)	(- 0.39)	(- 0.63)	(- 0.59)	(2.07)	(0.97)	(2.65)
lnOFDI	- 0.11	0.09	- 0.04	- 0.01	- 0.03	0.08 ***	0.09 ***	0.08 **
	(- 1.28)	(1.23)	(- 0.34)	(- 0.05)	(- 0.82)	(2.69)	(2.79)	(2.24)
lnFreedom	3.94 *	- 1.51	0.41	- 6.13 **	- 1.46 *	0.37	0.84	- 0.31
	(1.84)	(- 1.00)	(0.14)	(- 2.15)	(- 1.69)	(0.55)	(1.28)	(- 0.41)
lnInter	0.66 ***	0.03	0.50	- 0.03	- 0.04	- 0.08	- 0.02	- 0.09
	(2.71)	(0.13)	(1.49)	(- 0.08)	(- 0.44)	(- 0.91)	(- 0.24)	(- 0.98)
R^2	0.94	0.46	0.94	0.92	0.98	0.58	0.62	0.48
调整的 R^2	0.93	0.44	0.93	0.91	0.98	0.56	0.60	0.46
F	107.08	21.90	102.87	76.70	356.41	35.61	41.57	24.34
Hausman	27.39 (p = 0.00)	2.62 (p = 0.92)	17.65 (p = 0.01)	17.27 (p = 0.02)	95.50 (p = 0.00)	5.83 (p = 0.56)	5.36 (p = 0.62)	10.20 (p = 0.18)

注：*、** 和 *** 分别表示在 10% 、5% 和 1% 的显著性水平上显著。

表 6 - 15 OFDI 对"一带一路"沿线低收入及中低收入国家的贸易结构效应

变量	进口				出口			
	初级产品	工业制成品			初级产品	工业制成品		
		工业制成品总额	资本—技术密集型产品	资源—劳动密集型产品		工业制成品总额	资本—技术密集型产品	资源—劳动密集型产品
α_0	4421.32 *** (6.33)	1935.77 *** (2.68)	937.97 (0.79)	1399.99 (1.64)	1440.52 *** (4.39)	1745.87 *** (5.66)	1413.60 *** (5.02)	2038.28 *** (5.81)
lnCGDP	15.85 *** (6.86)	7.14 *** (2.98)	1.71 (0.44)	6.48 ** (2.30)	4.66 *** (4.28)	6.25 *** (6.13)	5.09 *** (5.46)	7.44 *** (6.41)
lnGDP	2.02 *** (3.73)	2.55 *** (4.56)	2.35 *** (4.19)	1.91 *** (2.89)	0.96 *** (4.52)	1.16 *** (4.87)	1.20 *** (5.48)	1.13 *** (4.17)
lnCPOP	−228.04 *** (−6.23)	−98.87 *** (−2.61)	−48.31 (−0.78)	−68.21 (−1.53)	−75.55 *** (−4.41)	−92.13 *** (−5.71)	−75.25 *** (−5.10)	−107.43 *** (−5.85)
lnPOP	−7.44 *** (−4.13)	−6.55 *** (−3.51)	−0.51 (−0.83)	−10.63 *** (−4.84)	0.09 (0.34)	−0.24 (−0.30)	0.37 (0.51)	−0.66 (−0.73)
lnOFDI	−0.29 ** (−2.29)	−0.26 * (−1.96)	0.19 (1.35)	−0.28 * (−1.79)	0.12 ** (2.31)	−0.06 (−1.03)	−0.02 (−0.48)	−0.06 (−1.02)
lnFreedom	−0.38 (−0.29)	−0.34 (−0.25)	−0.35 (−0.18)	−1.32 (−0.84)	1.40 ** (2.38)	0.77 (1.34)	0.67 (1.29)	1.13 * (1.73)
lnInter	0.13 (1.17)	0.60 *** (5.37)	0.42 ** (2.40)	0.63 *** (4.74)	0.10 * (1.97)	0.15 *** (3.10)	0.08 * (1.87)	0.15 *** (2.75)
R^2	0.95	0.95	0.38	0.92	0.64	0.97	0.98	0.97
调整的 R^2	0.94	0.94	0.36	0.91	0.62	0.97	0.98	0.96
F	126.35	123.29	16.86	80.55	47.86	247.16	338.17	198.19
Hausman	37.09 (p=0.00)	37.51 (p=0.00)	9.66 (p=0.21)	45.38 (p=0.00)	11.97 (p=0.10)	21.74 (p=0.00)	28.98 (p=0.00)	14.34 (p=0.04)

注：*、** 和 *** 分别表示在 10%、5% 和 1% 的显著性水平上显著。

将 OFDI 的贸易效应的实证结果（表 6 - 12 ~ 表 6 - 15）归纳汇总为表 6 - 16。

表 6 - 16 中国对"一带一路"沿线国家直接投资的贸易效应汇总

分类	进口					出口				
	进口总额	初级产品	工业制成品			出口总额	初级产品	工业制成品		
			工业制成品总额	资本—技术密集型产品	资源—劳动密集型产品			工业制成品总额	资本—技术密集型产品	资源—劳动密集型产品
"一带一路"沿线国家	不显著	不显著	创造效应	不显著	不显著	不显著	不显著	不显著	不显著	不显著
高收入	创造效应	创造效应	创造效应	创造效应	替代效应	不显著	不显著	不显著	替代效应	不显著
中高收入	替代效应	不显著	不显著	不显著	不显著	创造效应	不显著	创造效应	创造效应	创造效应
低收入及中低收入	不显著	替代效应	替代效应	不显著	替代效应	不显著	创造效应	不显著	不显著	不显著

由表 6 - 16 可知，对于"一带一路"沿线的不同收入水平国家来说：（1）对

于样本整体，OFDI 的系数基本上都处在不显著的情况，仅对工业制成品进口贸易存在创造效应。（2）OFDI 的贸易效应因国家收入水平不同而异。对于高收入国家，OFDI 对进口显著为正，存在贸易创造效应；对出口的作用不显著。对于中高收入国家，OFDI 对出口显著为正，存在贸易创造效应；对进口显著为负，存在贸易替代效应。对于低收入及中低收入国家，OFDI 的系数为负，但不显著。（3）OFDI 的贸易效应因国家收入水平不同、贸易结构不同而异。对于高收入国家，OFDI 对初级产品和工业制成品的进口有显著的创造效应，对资源—劳动密集型产品的进口和资本—技术密集型产品的出口有显著的替代效应；对于中高收入国家，OFDI 对进口贸易总体上存在替代效应，对工业制成品的出口贸易存在显著的创造效应；对于低收入及中低收入国家，OFDI 对初级产品、资源—劳动密集型产品的进口有显著的替代效应，对初级产品的出口有显著的创造效应。

6.5 互联网对 OFDI 贸易效应的影响

随着信息技术（information technology，IT）的发展，互联网的作用日益重要，已对各国经济贸易发展产生不可低估的影响。上文的实证结果也表明互联网普及率（Inter）对贸易的影响显著。为进一步分析互联网对 OFDI 的贸易效应的影响，本章在式（6-2）中加入交互项 $\ln OFDI \times \ln Inter$，如式（6-3）所示。

$$\begin{aligned} \ln Y_{ij,t} = &\alpha_0 + \alpha_1 \ln CGDP_{i,t} + \alpha_2 \ln GDP_{j,t} + \alpha_3 \ln CPOP_{i,t} + \alpha_4 \ln POP_{j,t} \\ &+ \alpha_5 \ln Freedom_{j,t} + \alpha_6 \ln OFDI_{ij,t} + \alpha_7 \ln Inter_{j,t} \\ &+ \alpha_8 \ln OFDI_{ij,t} \times \ln Inter_{j,t} + \varepsilon_{ij,t} \end{aligned} \qquad (6-3)$$

在式（6-3）中，字母的含义同上。

本章以"一带一路"沿线低收入及中低收入国家为样本，应用式（6-3），实证结果如表 6-17 所示。

表 6-17　OFDI 与互联网普及率的交互影响（低收入及中低收入国家）

变量	进口				出口			
	初级产品	工业制成品			初级产品	工业制成品		
		工业制成品总额	资本—技术密集型产品	资源—劳动密集型产品		工业制成品总额	资本—技术密集型产品	资源—劳动密集型产品
α_0	4917.13 *** (7.02)	2423.77 *** (3.30)	2291.57 * (1.92)	1676.84 * (1.91)	1586.85 *** (4.65)	1825.60 *** (5.73)	1635.35 *** (5.75)	2096.93 *** (5.79)
$\ln CGDP$	15.65 *** (6.75)	8.94 *** (3.65)	6.42 (1.63)	7.50 ** (2.56)	5.15 *** (4.55)	6.55 *** (6.16)	5.91 *** (6.24)	7.44 *** (6.19)

续表

变量	进口				出口			
	初级产品	工业制成品			初级产品	工业制成品		
		工业制成品总额	资本—技术密集型产品	资源—劳动密集型产品		工业制成品总额	资本—技术密集型产品	资源—劳动密集型产品
lnGDP	1.76 *** (4.77)	2.16 *** (3.79)	2.26 *** (4.01)	1.69 ** (2.48)	0.91 *** (4.24)	1.10 *** (4.45)	1.02 *** (4.64)	0.62 *** (2.82)
lnCPOP	−255.96 *** (−7.00)	−123.43 *** (−3.21)	−118.87 * (−1.91)	−82.15 * (−1.79)	−83.13 *** (−4.67)	−96.15 *** (−5.77)	−86.41 *** (−5.82)	−110.24 *** (−5.83)
lnPOP	−0.86 ** (−2.07)	−7.22 *** (−3.90)	−0.49 (−0.78)	−11.01 *** (−4.97)	0.13 (0.51)	−0.35 (−0.43)	0.07 (0.10)	0.18 (0.70)
lnFREEDOM	−0.78 (−0.67)	−0.46 (−0.35)	−0.80 (−0.42)	−1.39 (−0.88)	1.36 ** (2.31)	0.75 (1.30)	0.62 (1.21)	1.33 ** (2.13)
lnOFDI	0.31 *** (2.74)	−0.01 (−0.01)	0.63 *** (3.50)	−0.13 (−0.68)	0.17 *** (2.82)	−0.02 (−0.23)	0.09 (1.47)	0.11 (1.63)
lnINTER	1.26 *** (3.07)	1.77 *** (3.87)	3.20 *** (4.61)	1.29 * (2.36)	0.41 ** (2.04)	0.34 * (1.71)	0.61 *** (3.46)	0.40 * (1.85)
lnOFDI × lnInter	0.08 *** (2.88)	0.09 *** (2.63)	0.20 *** (4.13)	0.05 (2.36)	0.02 (1.60)	0.01 (0.99)	0.04 *** (3.10)	0.02 (1.22)
R^2	0.44	0.95	0.42	0.92	0.64	0.97	0.98	0.69
调整的 R^2	0.42	0.94	0.39	0.91	0.63	0.97	0.98	0.68
F	18.95	123.04	17.11	77.88	42.55	238.02	342.11	53.48
Hausman	2.69 (p=0.95)	37.50 (p=0.00)	6.30 (p=0.51)	46.67 (p=0.00)	8.67 (p=0.37)	16.55 (p=0.04)	18.70 (p=0.01)	12.49 (p=0.13)

注: *、** 和 *** 分别表示在 10% 、5% 和 1% 的显著性水平上显著。

由表 6-17 可知，对于"一带一路"沿线低收入及中低收入国家，交互项 lnOFDI × lnInter 显著，表明互联网普及率和对外直接投资之间存在交互关系。从交互项系数来看，系数为正，说明互联网的发展在一定程度上加强了对外直接投资的创造效应；系数不显著，但是依然为正，说明互联网的正向作用尚未显现出来。互联网之所以能够加强对外直接投资的贸易创造效应，与它自身的特性有很大关系。互联网改变了传统的贸易方式，缩短了交易时间，降低了企业成本，扩大了出口交易范围，优化了跨境支付方式，基于互联网的电子商务对于对外直接投资的贸易效应产生了积极的促进作用。

6.6　结论与建议

本章利用扩展的引力模型，选取了 59 个"一带一路"沿线国家 2007～2016

年的面板数据，研究 OFDI 对中国与"一带一路"沿线国家进出口贸易的影响。实证结果表明：（1）OFDI 对中国与"一带一路"沿线国家进出口贸易的影响总体上不显著，但对工业制成品进口的系数显著为正。（2）OFDI 的贸易效应因国家收入水平不同、贸易结构不同而异。对于高收入国家，OFDI 对初级产品和工业制成品的进口存在显著的贸易创造效应，但对资源—劳动密集型产品的进口存在显著的进口替代效应；对出口总体上影响不显著，但对资本—技术密集型产品的出口有显著的替代效应。对于中高收入国家，OFDI 对进口总体上存在替代效应；对出口总体上存在创造效应，尤其是对工业制成品出口存在显著的贸易创造效应。对于低收入及中低收入国家，OFDI 对初级产品、资源—劳动密集型产品的进口有显著的替代效应；对初级产品的出口有显著的创造效应。（3）从 OFDI 和互联网普及率的交互影响看，互联网的发展在一定程度上增强了对外直接投资的贸易创造效应。

根据上述结论，提出如下建议：一是进一步加强政府的宏观指导，引导企业扩大投资，优化投资布局，提高投资水平。二是要积极与"一带一路"沿线国家开展形式多样的交流合作。根据中国与"一带一路"沿线国家的资源禀赋、比较优势，扩大对外投资合作的范围和领域，开创发展新机遇，谋求发展新动力，实现优势互补、互利共赢、共同发展。三是提高"一带一路"沿线国家的互联网发展水平，积极构建高速、安全、广泛的新信息基础设施，推进与"一带一路"沿线国家互联互通的基础设施建设，从传统的交通基础设施到信息网络基础建设，构建全方位、多层次、复合型的互联互通网络；探讨由特色区域互联网平台、云供应链系统、互联网金融等组成的多边互联网业态的构建模式，将"互联网＋投资""互联网＋外贸"作为中国推进"一带一路"倡议的重要抓手，成为扩大投资、提高贸易竞争优势的新引擎。

第 7 章　数字经济对中国与"一带一路"沿线国家贸易发展影响研究

//////////////

数字经济发展推动了国际贸易的变革。中国要进一步推动"一带一路"沿线国家信息化发展，共建数字丝绸之路，提高数字互联互通水平，加快推进数字经济引领的新经济形态产业开发合作，构建共建共享的产业链、价值链、创新链、技术链、资金链等，引领全球数字贸易发展。

7.1　中国数字经济发展现状与特征

数字经济一词最早出现在 20 世纪 90 年代。1995 年，OECD 认为，在互联网革命的驱使下，人类的发展将由原子加工过程转变为信息加工处理过程，并阐述了数字经济可能的发展趋势。1996 年，美国学者唐·塔普斯科特（Don Tapscott）在《数字经济：网络智能时代的前景与风险》（*The Digital Economy：Promise and Peril in the Age of Networked intelligence*）一书中详细论述了互联网会如何改变我们的商务模式，他被认为是最早提出数字经济概念的学者。1998 年，美国商务部的《浮现中的数字经济》（*The Emerging Digital Economy*）将数字经济的特征概括为："因特网是基础设施，信息技术是先导技术，信息产业是带头产业和支柱产业，电子商务是经济增长的发动机。"2008 年，法国率先发布了与数字经济相关的战略，随后，日本、欧盟、英国、澳大利亚等国家或地区的战略规划相继出台。2016 年，在党中央和国务院相继出台的《国家信息化发展战略纲要》《"十三五"国家信息化规划》中,明确了建设数字中国的路线图和时间表,开启了中国信息化发展的新征程。随着时间的推移,信息通信技术的不断发展推动着经济社会数字化迅猛前进,数字经济的内涵进一步扩大和深化。2016 年,G20 杭州峰会的《G20 数字经济发展与合作倡议》提出,数字经济是以使用数字化的知识和信息作为关键生产要素、以现代信息网络作为重要载体、以信息通信技术的有效使用作为效率提升和经济结构优化的重要推动力的一系列经济活动。中国信息通信研究院和中国电子信息产业发展研究院合作的数字经济相关报告也有类似描述。因此,国内外主流学者一般认为,数字经济是以数字化的信息和知识为关键生产要素,以现代信息网络为主要载体,以数字技术和实体经济深度融合为核心推动力,驱动经济和社会组织、运行模式、治理模式重塑,实现高质量发展的新经济形态。

7.1.1 中国数字经济发展速度迅猛

当前,世界经济已经进入新旧动能转换期,数字经济作为推动经济复苏的新动能、新引擎,已是全球共识和大势所趋。中国数字经济蓬勃发展,2017 年,中国数字经济规模达 27.2 万亿元,占 GDP 比重达 32.9%。2018 年,数字经济规模达到 31.3 万亿元,占 GDP 比重超过 30%,位居全球第二位。2019 年,中国数字经济增加值规模达到 35.8 万亿元,占 GDP 比重达到 36.2%。[①] 数字经济在国民经济中的地位进一步凸显,规模不断扩大,贡献不断提高。

据统计,截至 2019 年底,中国移动互联网用户规模达 13.19 亿人,占全球网民总规模的 32.17%;4G 基站总规模达到 544 万个,占全球 4G 基站总量的一半以上;移动互联网接入流量消费达 1220 亿 GB,较 2018 年同比增长 71.6%;电子商务交易规模达 34.81 万亿元,已连续多年占据全球电子商务市场首位;网络支付交易额达 249.88 万亿元,移动支付普及率位于世界领先水平。[②] 由表 7 - 1 可知,中国数字经济规模和排名位于世界前列,2015~2018 年,中国一直保持全球第二大数字经济体地位,并且,在 2018 年数字经济规模接近 5 万亿美元,是第三名德国的两倍,但是与排名第一的美国差距明显。其他国家的排名基本保持稳定。

表 7 - 1　2015~2018 年 G20 国家数字经济排名及 2018 年数字经济规模

国家	G20 国家数字经济排名				数字经济规模（亿美元）	排名变化
	2015 年	2016 年	2017 年	2018 年	2018 年	
美国	1	1	1	1	123408	—

---

① 中国信息通信研究院. 中国数学经济发展白皮书（2020）[EB/OL]. http：www.199it.com/archives/1078594.html.

② 中国互联网络发展状况统计报告 [EB/OL]. http：//www.cac.gov.cn/2019 - 08/30/c_ 11249 38750.htm.

续表

国家	G20 国家数字经济排名				数字经济规模（亿美元）	排名变化
	2015 年	2016 年	2017 年	2018 年	2018 年	
中国	2	2	2	2	47290	—
德国	4	4	4	3	23994	+1
日本	3	3	3	4	22901	-1
英国	5	5	5	5	17287	—
法国	6	6	6	6	11550	—
韩国	7	7	7	7	7636	—
印度	8	8	8	8	5415	—
加拿大	11	11	10	9	4342	+2
巴西	9	9	9	10	3832	-1
意大利	10	10	11	11	3828	-1
墨西哥	12	12	12	12	3670	—
俄罗斯	13	13	13	13	2942	—
澳大利亚	14	14	14	14	2664	—
印度尼西亚	15	15	15	15	1186	—
南非	16	16	16	16	635	—

资料来源：中国信息通信研究院。"—"表示排名无变化。

同时，尽管中国数字经济发展迅猛，在 GDP 中的比重已超过 30%，在 G20 国家中排名第 8 位左右，但与发达国家相比，所占 GDP 的比重还较小。如图 7 - 1 所示，数字经济占 GDP 比重全球排名前三的国家分别是英国、美国和德国，其数字经济占 GDP 比重高达 60%。这说明，中国仍然是一个发展中国家，数字经济尚有巨大的发展空间和上升潜力。

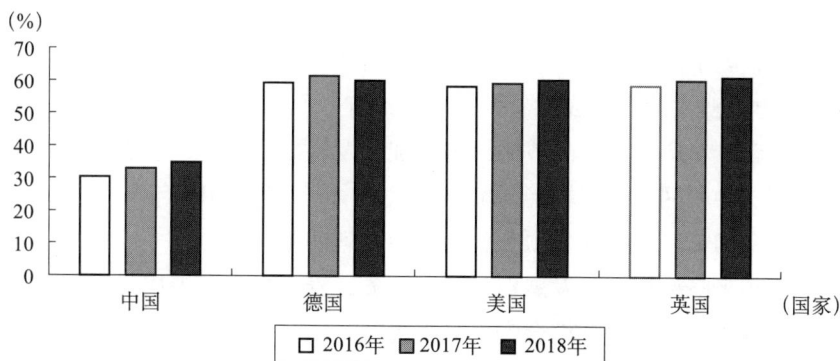

图 7 - 1 2016～2018 年中国、德国、美国、英国数字经济占 GDP 比重

资料来源：中国信息通信研究院。

7.1.2 国内数字经济发展区域差异明显

由表7-2可知，2018年中国的31个省（区、市）数字经济发展指数平均值为32.0，其中，11个地区在平均值之上，广东、北京、江苏、上海、浙江为前五名。总体上讲，广东、北京、江苏、上海、浙江、山东、福建等东部地区的数字经济发展指数处于领先地位，而内蒙古、甘肃、宁夏、新疆、青海、西藏等西部地区的数字经济发展指数处于落后地位。数字经济发展基本上呈现出从东部沿海向中西部内陆逐渐降低的态势。

表7-2　　　　2018年中国的31个省（区、市）数字经济发展指数

地区	2018年	地区	2018年	地区	2018年
广东	69.3	湖南	31.8	吉林	23.3
北京	56.5	辽宁	31.4	云南	22.0
江苏	56.1	重庆	29.4	海南	19.5
上海	52.7	江西	28.6	内蒙古	19.5
浙江	50.8	河北	27.7	甘肃	19.2
山东	48.1	贵州	27.4	宁夏	18.8
福建	42.6	广西	27.1	新疆	18.2
四川	40.6	陕西	26.5	青海	16.1
河南	35.3	天津	24.9	西藏	12.7
湖北	34.8	山西	24.4		
安徽	33.1	黑龙江	23.9		

资料来源：中国电子信息产业发展研究院.2019年中国数字经济发展指数〔EB/OL〕.https：//www.ccidgroup.com/sdgc/14923.htm.

广东、江苏、浙江是除北京、上海以外的数字经济前三强，广东电子信息产业基础雄厚，电子商务发达，广东省内有广州和深圳两座一线城市形成"双核驱动"，带动粤港澳大湾区形成世界级湾区城市群。面对新旧动能转换的关键时期，广东省抓住新一轮产业变革的战略机遇，加快发展数字经济，积极培育壮大云计算、大数据、物联网、人工智能等新兴信息技术产业。2018年，广东省数字经济指数排名全国第一，并在多项分类指标中名列前茅。[①]

江苏近年来坚持把创新发展作为第一要务，着力提升发展质量和效益，推动经济持续、健康发展，经济综合实力显著提升。同时，江苏积极推动新一代信息技术与工业相结合发展，数字经济技术型指标与融合型指标位居全国前列，综合

[①] 2018中国数字经济发展指数〔N〕.经济日报，2019-04-04.

指数排名仅次于广东和北京，位列第三位。①

　　浙江作为经济大省、制造业和互联网产业大省，充分发挥自身电子商务、大数据、物联网等方面的优势，通过产业深度融合，借助阿里巴巴、网易、海康威视等"龙头"企业的飞速发展，数字经济强省建设成绩显著，排名第五位。②

　　由于资源要素禀赋、经济发展水平不同，各地区逐渐探索出了适合自己的数字经济发展道路，以充分发挥各自的比较优势。浙江把数字经济作为"一号工程"，推动信息化、工业化、城市化、市场化和国际化融合发展，注重第三产业、第二产业数字化转型，集中力量推进电子商务、智能制造、工业互联网等发展。同为制造业大省的江苏的数字经济发展战略，从电子商务转向制造业。山东的数字经济政策不同之处在于向第一产业倾斜，提出加快智慧农业的发展。我国广西壮族自治区提出要完善数字经济基础和治理，打造面向东盟的数字经济合作高地。长三角地区作为中国经济发展和改革的前沿，将着力发展大数据、物联网、人工智能、集成电路、5G 等重点产业，以此打造覆盖长三角的数字经济产业集群。总体来说，在不断提高数字经济基础设施水平的前提下，将数字经济嵌入经济社会各领域，促进数字经济与实体经济深度融合，已经成为各地区经济高质量发展的新引擎。

7.1.3　数字经济发展质量不断提升

　　中国数字经济发展水平持续提高。其一，数字产业化稳步发展。从规模上看，2019 年，数字产业化增加值达 7.1 万亿元，同比增长 11.1%。③ 从结构上看，数字产业结构持续软化，软件业和互联网行业占比持续提升，数据集成、平台赋能成为推动产业数字化发展的关键。中国已形成较为完整的数据供应链，在数据采集、数据标注、时序数据库管理、数据存储、商业智能处理、数据挖掘和数据分析、数据安全、数据交换等各环节形成了数据产业体系，数据管理能力和数据应用能力不断提升。④ 其二，产业数字化深入推进。据统计，2019 年，中国服务业、工业、农业数字经济渗透率分别为 37.8%、19.5% 和 8.2%。⑤ 从产业发展的外部环境来看，新型战略性、网络型信息基础设施建设及云计算、大数据、人工智能、虚拟现实等新一代信息技术应用为互联网发展赋予创新活力。从互联网应用与服务层面来看，各互联网细分领域市场规模稳定增长，行业环境不断

---

　　①②　2018 中国数字经济发展指数［N］. 经济日报，2019－04－04.

　　③④⑤　中国信息通信研究院. 中国数字经济发展白皮书（2020）［EB/OL］. http：//www.199it.com/archives/1078594.html.

优化，新产品、新业态层出不穷，服务模式不断迭代演进，市场格局洗牌革新。[①]

7.2 互联网对中国与"一带一路" 沿线国家贸易影响的分析

随着信息技术的进步，互联网行业取得了长足发展。根据国际电信联盟公布的数据显示，世界互联网普及率从 2007 年的 20.5% 增加到 2017 年的 45.9%，年均增长率为 8.39%；中国的互联网普及率从 2007 年的 16% 增加到 2016 年的53.2%，年均增长率为 14.28%。信息技术作为一种基础设施，作为一种广义的生产要素，日益得到学者们的认可，互联网对全球国际贸易发展发挥着日益重要的作用。"互联网 +"行动和"一带一路"倡议的提出，为中国进出口贸易的发展提供了新的引擎和落脚点，同时，提高国际通信的互联互通水平也是"一带一路"倡议的重点内容，因此，进一步深入探究互联网的发展对中国与"一带一路"沿线国家进出口贸易的影响具有重要意义。

7.2.1 问题的提出

关于互联网对国际贸易的影响研究，已成为学术界关注的热点。互联网对国际贸易产生的效应主要基于以下四点：其一，互联网的发展有利于合作双方的信息交流传递及共享，方便沟通合作，节约相关成本，如安德森和温科（Anderson and Wincoop，2004）、巴科斯（Bakos，1997）、芬克和马图（Fink and Mattoo，2002）的研究。其二，互联网的发展有利于搜集信息，增加交易信息的透明度，从而减少不确定性和交易风险，如阿罗（Arrow，1984）的研究。其三，互联网的发展有利于知识的学习和共享。如鲁伊斯（Ruiz，2006）的研究发现，互联网的发展有利于提高学习效率，提升人力资本。其四，互联网的发展有利于生产效率提升，降低企业管理运营成本，降低产品生产成本，增加产品竞争力。如维纳布尔斯（Venables，2001）的研究。一些文献也从企业微观层面和国家宏观层面进行实证研究。在企业微观层面上，施炳展（2016）实证研究发现，互联网有利于提升企业出口的扩展边际和集约边际，降低企业出口价格和增加出口数量。岳云嵩、李兵和李柔（2016）采用倍差匹配法研究认为，互联网能显著促进中国企

---

① 中国网络空间研究院. 中国互联网发展报告 2020 ［M］. 北京：电子工业出版社，2020.

业进口技术复杂度的提升，通过异质性检验发现，互联网仅对中小型企业和中、高开放地区企业进口技术复杂度的促进作用显著。类似的研究还有克拉克（Clarke，2008）和亚达夫（Yadav，2014）等。在国家宏观层面上，冯萍和刘建江（2010）利用扩展的引力模型，实证发现互联网的发展对中国的出口有显著的拉动作用，且拉动作用逐年增加。克拉克和斯科特（Clarke and Scott，2006）指出，高互联网渗透率的发展中国家出口多于低互联网渗透率的发展中国家，互联网渗透率的高低不影响高收入国家对发展中国家的出口。崔（Choi，2010）以出口国互联网普及率为衡量互联网发展水平的指标，指出互联网的发展能有效地促进服务贸易的出口。梅杰斯（Meijers，2014）指出，互联网的发展对经济增长和贸易增加都具有显著的促进作用，并且，互联网对低收入国家的贸易影响大于对高收入国家的贸易影响。类似的研究还有孟祺（2017）、尤什科娃（Yushkova，2014）及赫尔曼齐克和施密茨（Hellmanzik and Schmitz，2015）等。

可见，当前关于互联网与国际贸易的相关研究文献较为丰富，为后续深入研究奠定了基础。但是，针对互联网发展水平对中国与"一带一路"沿线国家进出口贸易影响的文献仍较为匮乏，本节拟对此进行探索。本节研究与以往的差异主要体现在两方面：其一，在研究对象上，本节不仅基于 2007～2016 年 61 个"一带一路"沿线国家的年度面板数据，研究互联网对中国与"一带一路"沿线国家进出口贸易的总体影响，而且，通过区域比较，揭示互联网对中国与"一带一路"沿线国家进出口贸易的区域间差异。其二，在时间维度上，本节分时间段分别分析互联网的发展对中国进出口贸易的影响，揭示互联网作用的动态效应，以期为"互联网＋"行动和"一带一路"倡议的推进提供有益的思路。

7.2.2　模型构建与数据来源

1. 模型构建

引力模型是研究双边贸易的经典模型，传统的解释变量通常是国家的规模和双边距离，本节采用中国和"一带一路"沿线国家的国内生产总值（2010 年不变美元价）来衡量国家的规模，采用中国与"一带一路"沿线国家的地理距离来衡量双边距离。鉴于国家之间发展的不平衡，本节在传统模型的基础上引入了要素禀赋互补性指数。该指数由中国与"一带一路"沿线国家的人均国内生产总值对数之差来衡量，取绝对值后纳入模型，构成一个扩展的引力模型。

在互联网指标的选取方面，岳云嵩、李兵和李柔（2016）选取企业网站和企业邮箱的使用状况作为互联网发展水平的衡量指标；弗伦德和温霍尔德（Freund and Weinhold，2004）选取互联网计算机数量作为衡量互联网发展水平的指标；

博伊涅克和费托（Bojnec and Ferto, 2010）选取互联网用户数量作为衡量互联网发展水平的指标。梅特卡夫定律提出，网络价值以用户数量的平方的速度增长，表明互联网用户数是影响互联网发挥价值的重要因素。因此，本节以互联网普及率（每百人互联网用户的数量）作为衡量互联网发展水平的指标。

综上所述，本节的模型构建基于扩展的贸易引力模型，同时，加入本节的核心解释变量——互联网普及率，模型如式（7-1）和式（7-2）所示。

$$\ln im_{it} = \beta_0 + \beta_1 \ln inter_{it} + \beta_2 \ln interc_t + \beta_3 \ln gdp_{it}$$
$$+ \beta_4 \ln gdpc_t + \beta_5 comp_{it} + \beta_6 \ln dis_i + \varepsilon_{it} \quad\quad (7-1)$$

$$\ln ex_{it} = \beta_0 + \beta_1 \ln inter_{it} + \beta_2 \ln interc_t + \beta_3 \ln gdp_{it}$$
$$+ \beta_4 \ln gdpc_t + \beta_5 comp_{it} + \beta_6 \ln dis_i + \varepsilon_{it} \quad\quad (7-2)$$

在式（7-1）、式（7-2）中，im_{it}表示 t 年中国对"一带一路"沿线国家 i 进口的贸易额，ex_{it}表示 t 年中国对"一带一路"沿线国家 i 出口的贸易额；$inter_{it}$和$interc_t$是本节的核心解释变量，$inter_{it}$表示 t 年贸易伙伴国 i 的互联网普及率，$interc_t$表示 t 年中国的互联网普及率；gdp_{it}表示 t 年贸易伙伴国 i 的国内生产总值，$gdpc_t$表示 t 年中国的国内生产总值；$comp_{it}$表示 t 年中国与贸易伙伴国 i 的互补性指数；dis_i表示中国与贸易伙伴国 i 的距离；β_0表示常数项；β_1、β_2、β_3、β_4、β_5、β_6表示系数；ε_{it}表示随机误差项。i 表示"一带一路"沿线国家，t 表示年份，其中，i = 1，2，3，…，61；t = 2007，2008，2009，…，2016。

2. 数据来源

因为叙利亚、巴勒斯坦和伊拉克三国部分指标数据缺失，所以，本节选取除这三国以外的 61 个"一带一路"沿线国家，截取 2007～2016 年组成面板数据。其中，中国对"一带一路"沿线国家进出口的贸易额来自联合国贸易（Comtrade）数据库；中国和"一带一路"沿线国家的互联网普及率来自国际电信联盟数据库；中国和"一带一路"沿线国家的国内生产总值（2010 年不变美元价）来自世界银行的 WDI 数据库；中国与贸易伙伴国的互补性指标由中国和"一带一路"沿线国家人均国内生产总值（2010 年不变美元价）对数的差额计算得到，而人均国内生产总值来自世界银行的 WDI 数据库；中国与"一带一路"沿线国家的双边距离来自 CEPII 的重力（Gravity）数据库。在本节中，若无特别说明，表中的数据均根据上述数据计算而得。

7.2.3 实证结果及分析

1. 互联网对中国与"一带一路"沿线国家进出口贸易的影响

本节先从整体上把握互联网对中国与"一带一路"沿线国家进出口贸易的

影响。由表 7 - 3 可知，根据豪斯曼检验（Hausman test）的结果，研究互联网对中国与"一带一路"沿线国家进出口贸易的影响时都选择随机效应模型（RE）。中国以及"一带一路"沿线国家的互联网普及率对中国与"一带一路"沿线国家的进出口贸易都有显著的正面影响，并且，中国的互联网普及率对双边贸易的边际贡献大于"一带一路"沿线国家的互联网普及率的边际贡献，同时，中国和"一带一路"沿线国家的互联网普及率对进口贸易的影响大于对出口贸易的影响；"一带一路"沿线国家的国内生产总值对进出口贸易产生显著的正面影响；中国的国内生产总值对进出口贸易的影响，缺乏显著性；互补性指数对进口贸易的影响不显著，对出口贸易有显著的正面影响，表明中国与贸易伙伴国互补性程度越高，越有利于中国与贸易伙伴国出口贸易；双边距离对进出口贸易有显著的负面影响，符合传统模型的理论预期。

表 7 - 3　　　　互联网对中国与"一带一路"沿线国家进出口贸易的影响

变量	进口		出口	
	RE	RE	RE	RE
cons	15. 646 ***	34. 365 ***	18. 702 ***	25. 208 ***
	（35. 16）	（3. 59）	（68. 65）	（5. 10）
lninter	0. 395 ***	0. 376 ***	0. 197 ***	0. 077 *
	（6. 06）	（4. 29）	（5. 66）	（1. 70）
lninterc	0. 836 ***	1. 089 *	0. 561 ***	0. 575 *
	（8. 56）	（1. 67）	（10. 75）	（1. 71）
lngdp	—	1. 489 ***	—	1. 000 ***
		（34. 98）		（45. 56）
lngdpc	—	- 0. 987	—	- 0. 131
		（- 0. 96）		（- 0. 25）
comp	—	- 0. 057	—	0. 280 ***
		（- 0. 58）		（5. 45）
lndis	—	- 2. 096 ***	—	- 1. 322 ***
		（- 10. 28）		（- 12. 56）
R^2	0. 43	0. 91	0. 49	0. 86
chi^2	408. 47	1417. 93	522. 53	2457. 29
Hausman	0. 9616	0. 9427	0. 7885	0. 9298
obs	610	610	610	610

注：* 、** 和 *** 分别表示在 10% 、5% 和 1% 的显著性水平上显著。"—"表示无数据。

2. 互联网对中国与"一带一路"沿线不同收入水平国家进出口贸易的影响

世界银行和国际电信联盟的数据显示，2016 年，"一带一路"沿线国家中人均 GDP 最高的国家为卡塔尔，其互联网普及率高达 94. 3% 。人均 GDP 最低的国家为阿富汗，其互联网普及率仅为 10. 6% ，可见，样本内国家的经济发展水平和互联网发展水平存在较大差异，那么，在中国与其进行进出口贸易时，互联网普及率对中国与不同经济发展水平国家进出口贸易的影响是否存在差异值得研究。本节根据世界银行对国家收入水平的界定标准①，把"一带一路"沿线国家分为中低收入及低收入水平国家、中高收入水平国家和高收入水平国家三大类②，分别研究互联网对中国与"一带一路"沿线不同收入水平国家进出口贸易的影响。

由表7-4可知，根据豪斯曼检验的结果，研究互联网对中国与"一带一路"沿线中低收入及以下收入水平国家的进出口贸易、高收入水平国家的进出口贸易和中高收入水平国家的进口贸易时选择随机效应模型（RE），而研究互联网对中国与中高收入水平国家的出口贸易时选择固定效应模型（FE）。实证结果显示，中低收入及低收入水平国家的互联网普及率对中国与其进出口贸易有显著的正面效应，而中高收入及高收入水平国家的互联网普及率对中国与其进出口贸易无显著影响。这可能是因为收入水平高的国家信息技术水平和互联网发展水平较高，而收入水平较低的国家经济发展水平较为滞后，科技发展水平仍是制约该国经济贸易发展的"短板"，互联网的普及能为其带来显著的便利性，有利于促进贸易的发展。中国的互联网普及率对中国与不同收入水平国家的进出口贸易都有显著的正面影响，且其对中国进口贸易的影响大于对出口贸易的影响。这表明，中国互联网的普及发展，仍能为中国的进出口贸易提供红利。

表7-4　互联网对中国与"一带一路"沿线不同收入水平国家进出口贸易的影响

变量	中低收入及低收入水平国家		中高收入水平国家		高收入水平国家	
	进口（RE）	出口（RE）	进口（RE）	出口（FE）	进口（RE）	出口（RE）
cons	30.52*** (2.87)	28.433*** (4.94)	38.237*** (2.82)	10.887*** (3.02)	49.54*** (3.23)	27.965*** (4.05)
lninter	0.368*** (3.91)	0.18*** (3.57)	0.307 (1.45)	-0.138 (-1.24)	-0.429 (-1.63)	0.23 (1.30)
lninterc	0.907** (2.44)	0.673*** (3.39)	1.197*** (2.22)	0.476*** (2.00)	1.477*** (4.92)	0.477*** (2.19)

① 根据世界银行对国家收入水平的界定标准，低收入国家年收入为：人均收入1045美元及以下；中低收入国家为：人均收入1046~4125美元；中高收入国家为：人均收入4126~12735美元；高收入国家为：人均收入12736美元及以上（资料来源：The Word Bank Group, 2016）。
② 在"一带一路"沿线国家中，中低收入及低收入国家有阿富汗、亚美尼亚、孟加拉国、不丹、格鲁吉亚、印度尼西亚、印度、约旦、吉尔吉斯斯坦、柬埔寨、老挝、斯里兰卡、摩尔多瓦、缅甸、蒙古国、尼泊尔、巴基斯坦、菲律宾、塔吉克斯坦、乌克兰、乌兹别克斯坦、越南、也门。其中，阿富汗和尼泊尔为低收入国家。中高收入国家有阿尔巴尼亚、阿塞拜疆、保加利亚、波黑、白俄罗斯、克罗地亚、伊朗、哈萨克斯坦、黎巴嫩、马尔代夫、马其顿、黑山、马来西亚、罗马尼亚、俄罗斯、塞尔维亚、泰国、土库曼斯坦、土耳其。高收入国家有阿拉伯联合酋长国、巴林、文莱、塞浦路斯、捷克、爱沙尼亚、希腊、匈牙利、以色列、科威特、立陶宛、拉脱维亚、阿曼、波兰、卡塔尔、沙特阿拉伯、新加坡、斯洛伐克、斯洛文尼亚。

续表

变量	中低收入及低收入水平国家		中高收入水平国家		高收入水平国家	
	进口（RE）	出口（RE）	进口（RE）	出口（FE）	进口（RE）	出口（RE）
lngdp	1.33 ***	1.058 ***	1.381 ***	1.171 ***	1.232 ***	1.046 ***
	(5.30)	(7.74)	(6.38)	(2.98)	(4.96)	(10.15)
lngdpc	−0.675	−0.73 *	−0.452	0.119	−0.843	−0.227
	(−0.92)	(−1.86)	(−0.52)	(0.30)	(−1.54)	(−0.62)
comp	−0.704	0.155	0.469	0.107	−0.216	−0.216
	(−1.63)	(0.66)	(0.97)	(0.47)	(−0.49)	(−0.95)
lndis	−1.774 *	−0.99 *	−3.199 ***	—	−3.53 **	−1.498 ***
	(−1.70)	(−1.74)	(−2.61)		(−2.37)	(−2.56)
R²	0.64	0.72	0.81	0.88	0.7	0.84
F	—	—	—	21.37	—	—
chi²	255.97	397.13	183.37		203.83	271.99
Haunsman	0.2691	0.9728	0.5007	0.0061	0.9441	0.7146
obs	230	230	190	190	190	190

注：*、** 和 *** 分别表示在10%、5% 和1% 的显著性水平上显著。"—"表示无数据。

3. 互联网对中国与"一带一路"沿线不同地区的国家进出口贸易的影响

地理位置是影响国际贸易的重要因素，即使互联网渗透到各方面，仍可能对双边贸易的发展有显著影响。互联网对中国与不同地区的贸易伙伴国的进出口贸易产生的影响是否存在差异值得研究。本节将涉及的61个"一带一路"沿线国家按地区分为东亚、独联体、中东欧、西亚、南亚、中亚，但东亚的蒙古国数据不全，故剔除蒙古国的样本，东亚只剩下东盟的样本，所以，本节仅研究东盟、独联体、中东欧、西亚、南亚和中亚地区。[①] 实证结果见表7 - 5、表7 - 6。

表7 - 5　互联网对中国与"一带一路"沿线不同地区的国家进口贸易的影响

变量	东盟（RE）	独联体（RE）	中东欧（RE）	西亚（RE）	南亚（RE）	中亚（FE）
cons	44.565 ***	−29.65	3.047	121.295 ***	2.343	97.635 ***
	(3.91)	(−0.91)	(0.08)	(4.04)	(0.12)	(5.47)
lninter	0.358 ***	0.596	0.913 **	−0.356	0.431	1.559 **
	(4.79)	(1.36)	(2.48)	(−1.47)	(1.41)	(2.55)
lninterc	0.887 **	0.934	0.295	1.814 ***	0.179	2.552 **
	(2.09)	(1.17)	(0.78)	(4.85)	(0.24)	(2.23)
lngdp	1.518 ***	1.638 ***	1.292 ***	1.207 ***	1.846 ***	8.313 ***
	(7.83)	(7.65)	(6.37)	(5.60)	(9.51)	(4.08)
lngdpc	−1.317 *	−0.708	0.601	−1.832 ***	−1.087	−12.512 ***
	(−1.85)	(−0.58)	(1.10)	(−2.96)	(−0.74)	(−5.44)

① 本章的地区划分，如东盟、独联体、中东欧、西亚、南亚和中亚都是按照选取的"一带一路"沿线国家的样本分类标准进行分类的。

续表

变量	东盟 （RE）	独联体 （RE）	中东欧 （RE）	西亚 （RE）	南亚 （RE）	中亚 （FE）
comp	0.343 (1.19)	0.346 (0.73)	−0.833 ** (−2.44)	−0.465 *** (−2.61)	1.417 *** (2.67)	2.825 (1.63)
lndis	−2.821 ** (−2.40)	4.712 (1.35)	−0.296 (−0.07)	−10.531 *** (−3.16)	1.52 (0.90)	—
R^2	0.93	0.94	0.74	0.61	0.96	0.83
F	—	—	—	—	—	16.9
chi²	239.82	168.61	311.34	133.84	150.08	—
Hausman	0.295	0.1102	0.516	0.9696	0.7126	0.0006
obs	100	70	160	140	80	50

注：＊、＊＊和＊＊＊分别表示在10%、5%和1%的显著性水平上显著。"—"表示无数据。

表 7 - 6　互联网对中国与"一带一路"沿线不同地区的国家出口贸易的影响

变量	东盟 （RE）	独联体 （RE）	中东欧 （RE）	西亚 （RE）	南亚 （FE）	中亚 （RE）
cons	12.90 (1.33)	−0.377 (−0.01)	40.637 ** (2.01)	9.92 (0.62)	0.876 (0.12)	132.03 *** (12.81)
lninter	0.078 (1.35)	0.127 (0.53)	−0.173 (−0.79)	0.423 *** (3.86)	0.141 (0.79)	−0.271 * (−1.71)
lninterc	0.489 (1.52)	1.046 ** (2.50)	0.516 ** (2.31)	0.218 (1.31)	0.037 (0.09)	1.56 *** (3.16)
lngdp	0.841 *** (5.06)	1.275 *** (6.27)	1.007 *** (9.25)	0.881 *** (8.19)	−1.565 (−1.62)	0.116 (1.58)
lngdpc	0.68 (1.26)	−1.306 ** (−2.04)	0.328 (1.01)	−0.081 (−0.29)	2.706 *** (2.73)	−1.008 (−1.24)
comp	−0.252 (−1.10)	−0.216 (−0.79)	0.61 *** (3.07)	−0.017 (−0.21)	−1.077 ** (−2.58)	−0.686 *** (−4.37)
lndis	−0.633 (−0.61)	2.694 (0.79)	−3.518 (−1.57)	0.487 (0.27)	—	−12.46 *** (−10.79)
R^2	0.83	0.92	0.92	0.73	0.91	0.88
F	—	—	—	—	22.26	—
chi²	287.16	102.92	237.07	342.17	—	346.93
Hausman	0.126	0.176	0.9223	0.217	0.053	0.489
obs	100	70	160	140	80	50

注：＊、＊＊和＊＊＊分别表示在10%、5%和1%的显著性水平上显著。"—"表示无数据。

由表7-5和表7-6可知，根据豪斯曼检验的结果，除了在研究互联网对中国与中亚地区进口贸易的影响和研究互联网对中国与南亚地区出口贸易的影响采用固定效应模型（FE）之外，其他相关研究均采用随机效应模型（RE）。由实证结果可知，互联网普及率对中国与"一带一路"沿线不同地区的国家进出口贸易的影响存在差异。其中，贸易伙伴国的互联网普及率对中国与其进口有显著影响的是东盟、中东欧和中亚；贸易伙伴国的互联网普及率对中国与其出口有显著影响的是西亚、中亚。值得注意的是，贸易伙伴国互联网的普及率对中国与中亚地区的出口贸易表现为负面效应，可能的原因是中亚国家最大的进口来源国是俄罗斯，随着互联网的普及，极大地促进了该地区的国家对俄罗斯的进口贸易，相应抑制了中国对俄罗斯的出口；中国的互联网普及率对中国与贸易伙伴国进口贸易有显著影响的是东盟、西亚和中亚；中国的互联网普及率对中国与贸易伙伴国出口有显著影响的是独联体、中东欧和中亚。中国与贸易伙伴国的互联网普及率，对中国与南亚国家进出口贸易的影响均不显著。

4. 时间维度上研究互联网对中国与"一带一路"沿线国家进出口贸易的影响

为考察互联网的动态效应，本节将研究期分成两个时间段，即 2007～2011年（前期）和 2012～2016 年（后期），分别分析两个时间段内互联网对中国与"一带一路"沿线国家进出口贸易的影响，实证结果如表 7 - 7 所示。

表 7 - 7　　分时段互联网对中国与"一带一路"沿线国家进出口贸易的影响

变量	2007～2011 年		2012～2016 年	
	进口（FE）	出口（FE）	进口（RE）	出口（FE）
cons	− 37.112 ***	− 5.887	63.474 ***	42.921 ***
	（− 3.31）	（− 1.15）	（3.38）	（3.70）
lninter	0.136	0.061	0.646 ***	0.007
	（0.83）	（0.81）	（4.29）	（0.06）
lninterc	− 1.077 **	− 0.4 *	3.295	3.915 *
	（− 2.27）	（− 1.84）	（0.96）	（1.80）
lngdp	1.312 **	1.157 ***	1.454 ***	0.763 **
	（2.19）	（4.23）	（11.41）	（2.10）
lngdpc	4.724 ***	1.908 ***	− 4.334	− 3.635 **
	（3.97）	（3.50）	（− 1.57）	（− 2.08）
comp	0.011	0.04	− 0.195	− 0.169
	（0.03）	（0.24）	（− 0.87）	（− 0.79）
lndis	—	—	− 2.139 ***	—
			（− 3.96）	
R^2	0.65	0.72	0.69	0.67
F	32.29	41.62	—	2.39
chi^2	—	—	171.43	—
Hausman	0.0161	0.0126	0.1443	0.0103
obs	305	305	305	305

注：*、** 和 *** 分别表示在 10%、5% 和 1% 的显著性水平上显著。"—" 表示无数据。

由表 7 - 7 可知，根据豪斯曼检验的结果，研究 2007～2011 年互联网对中国与"一带一路"沿线国家进出口贸易的影响和 2012～2016 年互联网对中国与"一带一路"沿线国家出口贸易的影响时采用固定效应模型（FE）、研究 2012～2016 年互联网对中国对"一带一路"沿线国家进口贸易的影响时采用随机效应模型（RE）。由实证结果可知，"一带一路"沿线国家的互联网普及率对中国与其进口贸易产生的影响由前期的不显著到后期的在1%水平上显著,边际贡献由前期的0.136提高到后期的0.646,表明"一带一路"沿线国家的互联网普及率对中国与"一带一路"沿线国家进口贸易的促进作用显著提升;中国的互联网普及率对中国与"一带一路"沿线国家进口贸易的影响由前期的显著负效应(-1.077)转为后期的正效应(3.295),但后者不显著,表明中国的互联网普及率提升对中国与"一带一路"沿线国家进口贸易已呈现由前期抑制效应向后期促进效应转化的态势。"一带一路"沿线国家的互联网普及率对中国与"一带一路"沿线国家出口贸易影响不显著;中国的互联网普及率对中国与"一带一路"沿线国家出口贸易的影响也经历了由微弱抑制效应(-0.4)向较强促进效应(3.915)转化的过程。综上所述,互联网普及率对中国与"一带一路"沿线国家进出口贸易的影响具有动态性,在互联网发展不成熟的阶段,国家要投入大量资金构建及完善相关基础设施。并且,在初期阶段由于相关专业人才缺乏,可能致使互联网作用效应难以显现,进而可能会在一定程度上对进出口贸易影响不显著,甚至会出现抑制效应,但是经过一段时间的健康发展,网络基础设施的逐渐普及、专业人才的培育和积累,以及相关政策制度的建立和完善,互联网便会在中国与"一带一路"沿线国家的进出口贸易中产生重要的促进作用。

7.2.4 结论与建议

本节利用扩展的引力模型,选取2007~2016年61个"一带一路"沿线国家的面板数据,研究互联网对中国与"一带一路"沿线国家进出口贸易的影响。实证表明:(1)从总体上看,互联网对中国与"一带一路"沿线国家进出口贸易存在显著的促进作用。(2)从收入水平不同的国家层面上看,中国的互联网普及率对中国与"一带一路"沿线国家进出口贸易有显著的积极作用,中低收入及低收入水平国家的互联网普及率对中国与其进出口贸易有显著的正面效应,而中高收入及高收入水平国家的互联网普及率对中国与其进出口贸易影响不显著。(3)从地区来看,互联网对中国与"一带一路"沿线不同地区的国家的进出口贸易影响存在差异,其中,对中国与南亚国家的进出口贸易无显著影响。(4)从时间维度上看,互联网普及率对中国与"一带一路"沿线国家进出口贸易的影响具有动态性,2007~2011年影响不显著,甚至有抑制效应,而2012~2016年则大多呈现出促进效应,甚至趋强的态势。

根据国际电信联盟提供的数据,2016年,发达国家的互联网普及率为

79.6%，比中国的互联网普及率高 26.4%，并且在研究的 61 个"一带一路"沿线样本国家中有 52 个样本国家的互联网普及率都低于发达国家的互联网普及率，鉴于互联网对中国与"一带一路"沿线国家进出口贸易的积极作用，故提高中国与"一带一路"沿线国家的互联网普及率具有重要的意义。具体来讲，一是应加快中国信息网络基础设施的建设和数字网络服务体系的完善，鼓励跨境电子商务的发展，增强"互联网思维"，推动互联网、大数据、人工智能与实体经济的深度融合，带动网络强国建设，强化网络空间安全。二是应提高"一带一路"沿线国家的互联网发展水平，让更多的"一带一路"沿线国家搭上中国信息发展的"快车"，通过信息化建设，搭建并完善网络合作平台，推动"一带一路"沿线国家的网络基础设施建设，消除国家间的信息壁垒，实现信息资源跨境的交流互通；同时，以信息化建设驱动中国与"一带一路"沿线国家数字经济的发展，缩小与发达国家之间的"数字鸿沟"，推动网络全球化进程。三是积极寻求双边合作或多边合作，降低贸易壁垒，开展互惠互利合作，促进中国与"一带一路"沿线国家的进出口贸易，实现真正的设施联通和贸易畅通。

7.3　跨境电商对中国对外贸易发展的影响

在"一带一路"合作中，依托中国现有的互联网技术，以跨境电商为基础推进数字基础设施、智能支付和物流体系建设，进而推动合作机制建立，成为"一带一路"国际合作的新引擎。

浙江省是电商大省，2019 年，浙江省跨境电商网络零售额为 777.1 亿元，比 2018 年增长 35.3%，远高于 8.1% 的外贸增长率，① 跨境电商网络零售额名列全国前茅。与传统外贸相比，跨境电商具有集渠道、品牌、定价权和供应链体系于一体的竞争新优势，因而跨境电商已成为当前防控疫情和贸易摩擦常态化下促进外贸稳定发展的重要突破口。本节以浙江省为研究对象，分析浙江省跨境电商的发展现状和发展特点、跨境电商对"一带一路"建设的引擎作用，以及浙江省跨境电商发展面临的问题与挑战，并探讨浙江省立足跨境电商的先发优势和产业集群的传统优势，力争使浙江省成为中国乃至全球跨境电商新高地的对策建议。

---

① 浙江省商务厅．浙江省 2019 年度网络零售统计数据［EB/OL］．http：//www. zcom. gov. cn/art/2020/1/16/art_ 1416807_ 41965196. html.

7.3.1 浙江省跨境电商发展现状和特点

1. 经营主体规模逐年扩大

目前，浙江省在阿里巴巴速卖通、希望（Wish）、亿贝（eBay）、亚马逊等全球性大型跨境电商平台上，经营主体规模不断扩大，到 2019 年 9 月底，共有各类跨境电商出口活跃网店 9.2 万家，如表 7-8 所示。涌现出了全国最大的跨境电商平台——阿里巴巴速卖通，和以杭州全麦、杭州子不语、浙江执御、义乌潘朵、义乌吉茂等为代表的跨境电商领军企业。杭州、宁波、义乌是三个跨境电商综合试验区，也是浙江省跨境电商发展最突出的地区，金华、杭州、宁波占浙江省跨境网络零售出口的比重超过 80%。在跨境电商综合试验区，已集聚了阿里巴巴、聚贸、敦煌网等一大批跨境电商产业链"龙头"企业，跨境 B2B 新商业模式不断呈现，产业互动不断增强，通过创新"互联网 + 跨境贸易 + 中国制造"商业模式，重构生产链、贸易链、价值链，帮助传统企业拓展海外市场，扩大利润空间，建立自主品牌，为新常态下的经济转型发展提供新的动力。

表 7-8　　　　　　　　　浙江省跨境网络零售出口基本情况

跨境网络零售出口	2016 年	2017 年	2018 年	2019 年
跨境网络零售出口额（亿元）	319.26	438.1	574.4	777.1
活跃出口网店数（万家）	6.4368	6.6759	—	9.2*

注：*为 2019 年 9 月底数据。"—"表示数据缺失。
资料来源：中国电子商务研究中心网站、浙江省商务厅网站。

2. 跨境交易产品种类丰富

随着全球消费需求的增长，跨境电商经营的产品种类更多样化。根据《浙江省跨境电子商务发展报告》（2017）[①] 统计，服饰鞋包、家居家装、3C 数码等三大行业居全行业网络零售额前三名，占比分别为 38.4%、16.7%、10.7%，相当于全行业网络零售额的 65.8%。销售区域已覆盖美国、欧洲、俄罗斯、巴西等200 多个国家和地区。

3. 跨境电商销售渠道仍以第三方平台销售为主

由表 7-9 可知，目前，浙江省跨境电商主要销售渠道还是通过第三方平台销售，约占 95%，其余约有 5% 的销售量是企业自建平台产生。

---

① 浙江省商务厅，http://www.zcom.gov.cn/art/2018/8/15/art_ 1384591_ 20460945. html.

表 7-9　　　　　　　　　　浙江省跨境电商销售渠道

类别	第三方跨境平台	企业自建平台
市场比例	约95%	约5%
典型企业	阿里巴巴速卖通、eBay、亚马逊、Wish 和敦煌网	全麦、执御

资料来源：中国电子商务研究中心、浙江省商务厅网站。

4. 跨境电商地区发展不均衡

浙江省各地区因为先天基础条件不同，在发展跨境电商方面具备的优势不同，跨境电商发展也存在较大差异。浙江省跨境网络零售出口从 2016 年的 319.26 亿元增长到 2018 年的 574.40 亿元，年均增长率超过 30%，其中，金华市、杭州市、宁波市占比合计，2016 年和 2018 年占浙江省跨境网络零售出口总额的比重分别为 85.42% 和 83.50%，见表 7-10。

表 7-10　　　　　　浙江省各地区跨境网络零售出口额及占比

地区	2016 年		2018 年		地区	2016 年		2018 年	
	出口额（亿元）	占比（%）	出口额（亿元）	占比（%）		出口额（亿元）	占比（%）	出口额（亿元）	占比（%）
杭州	58.23	18.24	115.50	20.10	金华	187.15	58.62	310.30	54.00
宁波	27.33	8.56	54.10	9.40	衢州	1.98	0.62	3.70	0.60
温州	25.67	8.04	52.50	9.10	舟山	3.19	0.10	1.00	0.20
湖州	1.37	0.43	2.60	0.40	台州	5.20	1.63	10.70	1.90
嘉兴	4.79	1.50	9.70	1.70	丽水	2.30	0.72	5.30	0.90
绍兴	4.88	1.53	9.00	1.60	浙江省	319.26	100.00	574.40	100.00

资料来源：中国电子商务研究中心、浙江省商务厅网站。

5. 发展呈现集聚化趋势

为推动浙江省跨境电商优势和块状产业集群优势相结合，浙江省商务厅于 2016 年会同有关部门出台《浙江省大力推进产业集群跨境电商发展工作指导意见》，实施首批试点工作（25 个）。2018 年 8 月，又启动浙江省第二批产业集群跨境电商发展试点（34 个），试点累计达到 59 个。[①] 通过以点带面，可培育一大批"龙头"企业，进一步提升浙江省跨境电商发展水平，为实现外贸稳中提质、有效应对经贸摩擦作出了较大贡献。

6. 配套支撑体系日渐完善

除了跨境电商经营企业、第三方交易平台以外，跨境电商服务商也随之兴

---

① 浙江省商务厅等关于印发《浙江省大力推进产业集群跨境电商发展工作指导意见》的通知. 浙江商务年鉴，2017.

起,国际物流快递公司、货代公司纷纷推出了支持跨境电子商务的专项业务,乒乓(PingPong)、连连等一批浙江省内跨境支付机构快速成长,招商银行、贝付公司、深圳钱海等机构在浙江省创新开展跨境电子商务结汇业务。其中,支持企业建设一批出口产品"海外仓",是促进跨境电商快速发展的重要举措。2019年底,中国浙江省分四批次累计支持了43个省级公共海外仓,分布在美国、德国、英国、日本等20个国家,基本形成了与浙江省全球贸易格局相匹配的智能化、本地化的跨境外贸服务体系。①

7.3.2 跨境电商对"一带一路"建设的引擎作用

在"一带一路"合作中,依托中国现有的互联网技术,以跨境电商为基础推进数字基础设施、智能支付和物流体系建设,进而推动合作机制建立。目前,浙江省对"一带一路"沿线国家出口占浙江省出口的比重约1/3,出口规模名列全国第二,而跨境电商则是其重要的引擎。浙江省已对"一带一路"沿线国家的跨境电商零售出口基本上进行了全覆盖。

1. 跨境电商推动中国浙江省融入"一带一路"建设的作用

跨境电子商务通过利用信息通信技术和网络空间系统,实现物流、人流、资金流、信息流的自由流动与畅通,改变了传统贸易模式,为"一带一路"沿线国家的企业提供了更多发展机遇,推动了"一带一路"建设。具体来说,跨境电子商务以"一带一路"网络零售终端市场、自主品牌市场和中高端市场,逐步替代了传统外贸中的中间市场、贴牌市场和中低端市场,有利于浙江省以渠道和供给的增加引领"一带一路"贸易和投资的发展,有利于促进中国浙江省与"一带一路"沿线国家间的生产分工协作,有利于扩大中国浙江省与"一带一路"沿线国家之间的相互市场开放。

2. 中国浙江省跨境电商实现了"网上丝绸之路"的全覆盖

"一带一路"建设推进以来,中国浙江省对"一带一路"沿线国家贸易在全国对"一带一路"沿线国家外贸总值中所占份额逐年稳步提升。2014年为9.6%,名列全国第四,2015年上升至10.7%,2016年上升至11.1%,排名全国第三。其中,出口份额从2014年的13.8%提升至2016年的15%,排名从第三位提升至第二位。2016年,中国浙江省对"一带一路"沿线64个国家均有跨境

---

① 浙江省财政:聚焦公共海外仓建设,打通出口"最后一公里"[EB/OL]. http://zj.zjol.com.cn/qihanghao/100054707.html.

电商零售出口，基本上实现了"网上丝绸之路"的全覆盖。[①]

2018 年浙江省与"一带一路"沿线国家（地区）的进出口额为 8966.6 亿元，名列中国的 31 个省（区、市）第三；出口额为 6821.8 亿元，名列全国第二；进口额为 2144.9 亿元。可见，中国浙江省充分利用跨境电商的优势，持续推动"一带一路"建设。[②]

7.3.3　中国浙江省跨境电商发展面临的问题与挑战

1. 跨境电商物流发展尚需加快

中国跨境电商发展中存在物流发展与需求不匹配、物流费率高、速率慢等问题。当前，跨境出口的物流渠道主要分为五种：邮政小包、国际快递、专线物流、国内快递的跨国业务、海外仓。邮政小包在价格上有优势，但时效上难以满足跨境电子商务主体的需求；国际快递尤其是联合包裹速递服务公司（UPS）、联邦国际快递（Fedex）、中外运敦豪国际快递公司（DHL）、天地快运快递公司（TNT），时效性和安全性都有保证，但费用较高；专线物流价格适中，时效性基本也能满足需求，成为大批量发往特定国家和地区的首选；国内快递的跨国业务，也开始进入跨境物流市场，但成熟度还未达到跨境电子商务主体的要求；海外仓自身具备物流速度快、商品成本低、售后服务有保证等特点，成为最具有潜力和发展空间的跨境物流方式，越来越多的电商开始在销售终端国家建立仓库，提供存储、发货、物流、退换货等一站式服务，极大提升了消费者的购物体验。[③] 由于中国跨境电子商务物流存在物流时效和物流成本难以平衡，以及物流的安全性难以保障等突出问题，因此，中国各地区都在鼓励有实力的企业建设海外仓。浙江跨境电商的快速发展对物流发展提出了更高的要求。由于"一带一路"沿线国家存在物流基础设施水平不均衡等问题，跨境物流成为制约跨境电商发展的重要因素，而加强海外仓建设和服务水平提升是浙江省解决跨境电商物流问题的重要途径。

2. 质量良莠不齐，跨境电商出口包裹退货比例较高

跨境电商出口的产品质量良莠不齐，2016 年，浙江省抽检跨境电商进口商品，近 6 成不合格。根据浙江省海关统计数据显示，2016 年出口退货为 1791 起，

①② 浙江省商务厅，http：//www.zcom.gov.cn/.
③ 朱理，李元，曾璋勇. 我国跨境电子商务发展及运作模式选择 [J]. 商业经济研究，2018（24）：94-96.

主要原因是产品质量。① 国际品牌营销缺乏。企业自身品牌意识不强，有些企业不了解国际市场的需求，不同国家风俗习惯不同、语言障碍等也影响了一些企业的品牌营销。据海关调研数据显示，跨境电商出口包裹退货比例约为 5% ，不同品类的退货比例在 5% ～30% 。其中，服装等部分品类商品退货比例达 10% 以上。② 随着跨境电商出口业务的发展，出口商品退货渠道不畅成为制约其发展的因素之一。2020 年 1 月 3 日，跨境电商出口退货海关监管业务正式启动。海关进一步优化监管制度，建立高效退货通道，实现跨境电商商品"出得去、退得回"。因此，浙江省要积极对接，进一步完善省级监管制度。

3. 支付费率较高，支付环境的安全性难以保障

随着跨境电商的迅猛发展，跨境金融的短板凸显。例如，在境外收款中，支付公司和银行手续费较高，不同国家的金融支付体系存在差异，资金周转慢，存在资金回收安全风险，一些跨境电子商务平台都遭遇了被海外消费者投诉，账户资金被平台冻结，造成巨额经济损失。

目前，中国跨境电商企业主要采取第三方支付工具统一购汇支付、依靠境内外第三方支付工具收款结汇两种方式实施电子支付和电子结汇，尚存在不规范和不便利之处，急需进一步优化。可能会出现下列三类问题：一是客户信息安全性的问题。黑客通过技术手段对网络发起攻击，容易造成客户交易信息、支付信息泄露，甚至是财产安全隐患。二是对个人外汇管理政策有冲击。电子结汇一般由第三方支付机构以客户名义代办结汇模式，但是，在代为办理业务过程中未按《个人外汇管理办法实施细则》要求提供委托书和相关证明材料。如果第三方支付机构线下以自己名义为客户办理结汇业务时，银行则无从了解第三方支付机构代为办理的情况。如此管理难以完全杜绝有心之人甚至犯罪分子利用跨境电子支付平台转移资金。三是备付金管理监管有难度。在跨境交易中，由于涉及环节多、物流时间长，部分资金置于第三方支付机构控制中，支付机构违规使用资金极易发生支付风险，危害电商利益。③

4. 跨境电子商务对知识产权的保护尤显不足

跨境电子商务准入门槛低，价格竞争是主要卖点。目前，许多跨境电商出口

---

① 浙江跨境电商抽查近 6 成产品不合格［EB/OL］. http：//www. xinhuanet. com//info/2017 - 02/15/ c_ 136057046. htm.

② 跨境电商出口退货通道成功打通［EB/OL］. https：//www. sohu. com/a/365850314_ 763455.

③ 朱理，李元，曾璋勇. 我国跨境电子商务发展及运作模式选择［J］. 商业经济研究，2018（24）：94 - 96.

企业对于知识产权的概念较为薄弱,对于国际知识产权法更是缺乏了解。从市场情况来看,B2C 模式中很大一部分商品都是技术含量低、批量生产的中低端产品,部分企业假冒伪劣产品、侵犯知识产权的情况时有发生,容易遭受侵权投诉。另外,中国许多自主品牌企业缺乏知识产权保护意识,未及时申请海外商品商标、专利保护,被竞争对手钻空子的同时,也造成了巨大的利益损失。

7.3.4　基于跨境电商促进外贸发展的建议

1. 重视培育一批"龙头"跨境电商企业与平台企业

(1) 加快培育一批具有国际水准的"龙头"平台企业。截至 2019 年 9 月,浙江省在主要第三方平台上的跨境电商出口活跃网店达 9.2 万家。浙江省要建立和完善"跨境电商全流程辅导平台"等相关平台,进一步鼓励、推动各类经营主体开展跨境电子商务业务,夯实跨境电商经营主体。引导传统外贸企业和制造企业运用数字贸易平台实现在线化发展、数字化转型,做大做强数字贸易规模。支持生产企业和商贸流通企业利用跨境电子商务方式开展国际贸易,实现数字化转型,促进跨境电子商务企业持续发展。着重培育壮大一批大电子商务平台企业,并通过平台整合资源和供应链的优势,形成资源集聚和配置中心,辐射带动整个区域的跨境电商发展。

(2) 加快培育一批产业生态完整的跨境电子商务产业园。重点围绕跨境电商集聚发展载体(园区)、物流、支付等服务和配套支撑体系建设,完善跨境电子商务生态链。建议浙江省充分发挥数字经济先发优势,支持电商、社交网络等流量平台以数字化方式链接工厂,创新网络定制、社群定制等产业数字化新业态,形成全数字化产业链条;持续探索产业园和产业集群生态平台的产业互联网模式,通过平台连接生产、设计师、买手、品牌、工厂、销售渠道、数据分析等资源,建立数据化柔性供应链,打造产业集群跨境电子商务产业链和生态链。截至 2018 年 8 月,浙江已有产业集群跨境电商发展试点名单 59 个,要遴选具有较大影响力的产业集群跨境电商,进一步整合电商、服务商资源,推进电商平台、优质卖家和优质制造商、特色优势产业在品牌体系、营销渠道、供应商网络的专业化分工和全面合作,探索"网货供应"原始设计制造商(original design manu-facturer, ODM) 模式、"电商 + 工厂店"模式等精品电商模式①,持续推动跨境电商产业园高质量发展。

---

① 徐德顺. 国际电商发展趋势与中国电商发展对策 [J]. 海外投资与出口信贷, 2019 (4): 28 - 31.

（3）加快推进跨境电商标准化和品牌化发展。跨境电商要高质量发展，浙江省要高度重视标准建设和品牌培育。一是要以国际一流为导向，全面提升标准化水平。浙江省要以《世界海关组织跨境电商标准框架》为指导，实施标准强省战略，大力推进跨境电商标准化建设，全力推动企业标准、浙江省标准上升为中国标准、国际标准。二是要以品牌培育为抓手，全面提升浙江省产品、服务质量。鼓励企业积极应用大数据、人工智能、物联网、区块链等新一代数字技术，重塑跨境电子商务产业链上的各个环节，不断促进跨境电商模式创新和效率提升；借助与亿贝（eBay）、亚马逊、希望（Wish）、阿里巴巴速卖通等国际平台，以及贝店、环球捕手、云集等社交电商平台加强战略合作，提高品质，增强竞争力，打造跨境电商品牌。

2. 加大力度建设海外仓

截至 2019 年，浙江省有 43 个省级公共海外仓，分布在美国、德国、英国、日本等 20 个国家，基本形成了与浙江省全球贸易格局相匹配的智能化、本地化的跨境外贸服务体系。但是，随着跨境电商的快速发展，公共海外仓亟须在数量上增加、质量上提高和经营模式上创新。

（1）遴选一批公共海外仓，实施"海外仓示范工程"。要进一步完善公共海外仓试点标准，在浙江省 43 个公共海外仓中遴选 10 家在国内外影响力较强、运营效率较好、信息化管理程度较高的海外仓示范标杆，推动海外仓和电商平台智能化联网，着力建设成国内领先、具有国际水准的公共海外仓先行示范工程。

（2）遴选一批跨境电商企业，实施"公共海外仓培育工程"。相对跨境电商进出口 35% 的增长，浙江省公共海外仓不足。建议围绕浙江省重点目标市场及全球贸易枢纽地区，在浙江省遴选 20 家跨境电商企业，实施贸易型、物流型及平台型的公共海外仓培育工程，进一步推动跨境电商出口企业对企业对消费者（B2B2C）供应链体系发展，促进跨境电商的快速发展。

（3）搭建跨境电商公共海外仓云平台，实施"公共海外仓运营模式创新工程"。目前，跨境电商物流环节普遍存在物流成本较高、资源利用率较低等问题。要运用共享经济的理念，创新公共海外仓的经营模式，搭建一个浙江省跨境电商公共海外仓云平台，实现仓储资源的共享，既可以节约建仓成本，又可以在全球范围内充分配置资源。云平台要整合浙江省的物流资源和海外仓资源，并对这些资源提供数据支持和信息化支持。平台的有效运作，还需要加快物流行业的标准化建设和信用信息体系建设。在平台建设前期，可以由政府介入和引导，后期实行市场化运作。

3. 加强发挥跨境电商在"一带一路"建设中的引擎作用

浙江省对"一带一路"沿线国家的出口占浙江省出口的比重约 1/3，出口规模名列全国第二，而跨境电商则是其重要的引擎。目前，新冠肺炎疫情的防控和贸易摩擦的常态化进一步凸显"一带一路"建设的重要性，做大做强跨境电商，对浙江省意义重大。

（1）发挥跨境电商综合试验区建设优势，前瞻布局"网上丝绸之路"建设。目前，浙江省已有杭州、宁波、义乌三个跨境电商综合试验区，要发挥跨境电商综合试验区建设优势，打造线上、线下融合发展的"网上丝绸之路"，探索制定贸易新规则，打造电子世界贸易平台（eWTP），构建"一带一路"网络新格局。继续支持市场采购与跨境电商融合发展，探索试点市场闭市期间成交的新渠道。加强进口市场培育的顶层设计，实现进口跨境电商、进口贸易、海外供应链品牌合作、优质电商平台合作、社交电商、新零售分销渠道等多模式发展。①

（2）主动参与"一带一路"沿线国家基础设施和跨境电商生态体系建设。互联互通的网络基础设施，是跨境电商服务"一带一路"的基础。但是，目前"一带一路"沿线国家网络基础设施水平不一，根据国际电信联盟（ITU）发布的信息通信技术发展指数（IDI），37% 的国家处于中等水平或低水平。因此，要继续鼓励跨境电商企业拓展海外市场，通过海外并购、联合经营等方式，参与网络基础设施投资与建设，提供工业云、供应链管理、大数据分析等网络服务。结合境外经贸合作园区建设和人才培训，在"一带一路"沿线国家推广浙江省跨境电商业务流程和商业模式，支持开展跨境电商业务和合作，加强区域性"互联网＋"平台研究，构筑一批由特色区域互联网平台、云供应链系统、互联网金融等组成的多边互联网业态，推动"一带一路"沿线国家跨境电商协同发展。

（3）完善便利化通关制度。进一步深化通关一体化改革，积极谋求建立与"一带一路"沿线国家海关的联系沟通机制，整合"关检税汇商物融"以及电商平台和相关电商服务企业平台数据，② 不断完善"单一窗口"等一系列快捷通关措施，为跨境电商商品和服务流通提供便利。

4. 建立和完善"跨境电商监管体系"

（1）研究出台完善跨境电子商务进出口监管工作的实施细则。按照世界海关组织《关于全球贸易安全与便利标准框架》、2018 年中国六部委联合印发的

---

① 徐德顺. 国际电商发展趋势与中国电商发展对策［J］. 海外投资与出口信贷, 2019（4）: 28－31.
② 张汉东. 发挥跨境电商优势推进"一带一路"战略［N］. 浙江经济, 2017－04－25.

《关于完善跨境电子商务零售进口监管有关工作的通知》和 2020 年中国海关出台的《跨境电子商务出口商品退货监管方案》，深化"线上海关"改革，全面理顺并构建一套符合跨境电商业务的监管流程，研究出台各地区完善跨境电子商务进出口监管工作的实施细则，促使跨境电商的正向物流和逆向物流形成完整闭环；积极推动建立和完善规制跨境电商行为的国际协调机制，探索利用数字技术加强知识产权侵权防范和监管的新途径，尝试建立司法协助和联合执法机制，从而使跨境电商商品退货率较高、知识产权侵权等问题得到高效、便捷的解决。

（2）完善网络跨境支付的监管制度。要建立和完善跨境支付业务大数据库及智能风控监控系统平台，引导企业利用区块链等先进技术提升交易数据的不可篡改性和可追溯性，以确保及时、有效地识别虚假贸易。进一步完善监管制度，允许第三方支付机构联网核查的权利，并加强对第三方支付机构备付金的管理，从而提升交易安全性和交易效率。

（3）完善跨境电商的质量监管体系。运用新版 ISO 9001 质量管理体系、质量追溯技术等国际先进标准，构建跨境电子商务质量认证体系，通过与专业第三方质量认证机构合作或由行业协会主导成立专业的质量检测团队，对跨境电子商务卖家进行认证，并充分运用大数据技术和信息共享平台，推行"互联网＋认证监管"方式，建设网络声誉机制和搭建网络声誉评价平台，通过动员社会力量的方式来健全既有的跨境电商质量监管体系。

第8章 数字经济下加快中国与"一带一路"沿线国家贸易发展的机制构建、路径选择与政策建议 ///////////////

"一带一路"倡议既为传统产业走向国际市场提供了历史机遇，也为中国互联网、物联网、大数据、云计算等数字技术产业走向国际市场提供了机遇。而数字经济要在"一带一路"建设过程中发挥重要作用，则要凭借行之有效的实现路径与推进机制。

8.1 数字经济对国际贸易发展的驱动机制的再思考

1. 数字经济降低交易成本，提升贸易便利度

降低交易成本、促进贸易便利化、打造国际一流营商环境，是中国扩大开放的重要举措。海关多措并举，通过改流程、减单证、提效能、降费用为外贸进出口企业降低交易成本、提升贸易便利度发挥了重要作用。数字技术的发展和应用引致国际贸易活动信息化和无纸化，从而降低了交易成本。国际贸易中的交易成本可分为两类：一类是由运输、通信、库存以及搜寻信息等导致的有形交易成本；另一类是由市场中的信息不对称、不确定性和机会主义行为等因素导致的无形交易成本。对有形交易成本来讲，数字经济的发展，电子邮件可以部分地取代电话、传真和邮寄来实现交易双方信息即时交流，并节省大量的电话费和邮寄费，电子数据交换的应用促进了无纸贸易的发展，仅贸易单证及相应行政文件的删减，每年就可节约大量成本，买卖双方通过网络进行虚拟化的"面对面"的谈

判不仅可以代替人工商务考察，而且可以减少人员流动、交通拥挤，节省人、财、物等经济效应。同时，数字经济的发展对运输费用也产生很大影响。通过互联网，跨国公司在全世界内对生产经营资源进行优化配置，跨国公司把其公司总部、代理商，以及分布在其他国家的子公司、分公司联系在一起，便捷地将全球价值链、产业链、供应链相连接，接到订单后可能就近生产、即时运输，既可降低存货费用，又节省了原来用于长途运输的巨额开支。因此，互联网极大地促进了交易双方的信息沟通效率，大大降低了信息搜寻成本、信息处理成本和运输成本，贸易方由此获得更多贸易利润。从无形交易成本来讲，我们知道，由于"经济人"的有限理性和道德风险，市场中存在着信息不对称、不确定性和机会主义行为，而国际贸易的客观条件更制约了买卖双方实现"完全信息"，这样，交易主体不仅难以对瞬息万变的国际市场做出正确、及时的判断，而且面临很大的风险成本。数字经济为国际贸易提供了一种信息较为完全的市场环境，让全社会用尽可能少的信息搜寻成本，得到最大的经济效益。网络克服了传统市场分散的弱点，提供了一个集中、统一的全球大市场。网络没有疆界，没有时限，并且能最及时地反映市场的瞬时变化。在这个虚拟的市场上，交易的集中化提高了市场信息搜寻效率，市场信息实时化进一步弱化了市场障碍，能最及时地反映市场动态，克服机会主义倾向，使交易双方展开有效的竞争。同时，可以利用网络来跟踪多边经贸组织以及各国或各地区经贸政策的变化，因而及时消除交易主体在各国外贸政策上的信息不对称，从而大幅度地减少国际贸易的不确定性和风险性。数字技术与传统贸易各个环节的融合渗透，带来贸易效率提升和贸易成本降低，使市场机制配置资源的有效性得以充分发挥。此外，数字平台的发展连接众多生产者和消费者，彼此之间可以更加便捷地进行跨地区、跨国界贸易，实现"买全球、卖全球"的发展格局。

2. 数字产业化、产业数字化，提高产品贸易竞争力

随着数字经济的推进，互联网企业、信息技术服务企业蓬勃发展，大数据、物联网、云计算、人工智能等数字技术创新能力不断提高，产品国际竞争力日益提升。同时，数字技术也是传统产业转型升级的新动能，通过联动推进"数字化+""互联网+""智能化+""标准化+"，扩展数字技术应用领域，积极培育网络化协同、个性化定制、在线增值服务、分享制造等"互联网+制造业"新模式，加快传统产业数字化、智能化，全面促进实体经济高质量发展。

3. 数字技术催生贸易新业态、新模式

当前，数据已经成为重要的生产要素，成为推动经济发展质量变革、效率变

革、动力变革的新引擎。通过数据流动，加强各产业间知识要素和技术要素的共享，引领各产业协同融合，带动传统产业数字化转型并向全球价值链高端延伸；另外，数字技术带来颠覆性创新，催生大量贸易新业态、新模式，整体大幅提升全球价值链地位。[①] 以数字化平台为载体，通过人工智能、大数据和云计算等数字技术的有效使用，实现实体货物、数字产品与服务、数字化知识与信息的精准交换，进而推动消费互联网向产业互联网转型，并最终实现制造业智能化的新型贸易活动。[②] 跨境电商新引擎作用凸显，出现了包括数字旅游、数字教育、数字医疗、数字金融在内的数字技术赋能传统服务贸易新业态，[③] 极大地拓展了现有服务贸易的深度和广度，优质数字产品供应量不断增加。

4. 数字经济拓展国际贸易内容

数字产业化和产业数字化是数字经济的两大重要组成部分。数字产业化，如电子信息制造业、软件和信息技术服务业、电信业和互联网行业等，通过现代数字技术的市场化应用，将科技创新成果转化为经济社会前进的动力。产业数字化，就是传统产业通过引入数字技术并深度融合，对自身进行全方位、全链条的改进，提高生产效率，推动产业结构优化升级。如工业互联网、智能制造、数字农业等。一方面，数字技术的兴起，使数字硬件的国际贸易份额大幅提升。例如，电子信息产品、通信设备、人工智能产品等逐步占据国际贸易的主要份额。另一方面，数字软件和数字内容在世界服务贸易中的地位迅速上升。另外，数字贸易本身也出现了社交媒体、云计算、搜索引擎、大数据分析等新业态。[④]

5. 数字经济引领数字贸易新发展

数字贸易是数字经济的重要组成部分，也是数字经济国际化的最主要体现。数字贸易的突出特征，是贸易方式的数字化和贸易对象的数字化。数字贸易行业类别可分为数字服务贸易（数字内容、数字技术）和数字平台贸易两大类。其中，数字内容类包含影视、动漫、游戏等，数字技术包含数字金融、安防、医疗等，数字平台类包含跨境电商、智能物流、云服务平台等，数字贸易是传统贸易在数字经济时代的拓展、延伸和迭代。近年来，伴随着数字技术在全球范围内的深度应用和数字经济的快速发展，以互联网为基础的数字贸易蓬勃兴起，带动全球创新链、产业链和价值链加速优化整合，正在成为数字时代重要的贸

---

① 肖亚庆等. 发展数字贸易实现合作共赢［N］. 人民日报，2020－09－06.
② 马述忠，郭继文. 数字经济时代的全球经济治理：影响解构、特征刻画与取向选择［J］. 改革，2020（11）：69－83.
③ 侯隽. 解读数字贸易［N］. 中国经济周刊，2020－09－15.
④ 李俊，王拓. 必须紧紧抓住数字贸易的时代机遇［N］. 国际商报，2020－05－28.

易方式。2019 年，中国数字贸易进出口规模达到 2036 亿美元，占全国服务贸易总额的 26%。根据世界贸易组织预计，到 2030 年，数字技术将促进全球贸易量每年增长 1.8%～2%，全球服务贸易的占比将从 2016 年的 21% 提高到 25%。[①] 可以说，数字贸易是世界经济发展的新引擎，是发展中国家"弯道超车"的新机遇。

8.2 数字经济下加快中国与"一带一路" 沿线国家贸易发展的路径选择

8.2.1 引导中国企业拓展海外合作和"走出去"

中国要引导企业积极与"一带一路"沿线国家开展形式多样的合作，根据中国与"一带一路"沿线国家的资源禀赋、比较优势，扩大对外投资合作的范围和领域，以对外直接投资获取国外的先进技术、销售网络、品牌、管理等要素，弥补国内发展的短板，通过扩大开放适应全球生产、全球销售的跨国经营模式，通过学习效应助力培育国内创新优势，推动经济转型发展。

中国对外直接投资的发展较晚，但是发展迅速。因此，政府一是要进一步优化投资布局，完善相关政策，规范对外直接投资的相关法规。二是要为对外直接投资的企业提供机遇和专业指导，引导企业扩大投资，提高投资水平。同时，应简化资金审批程序，降低企业融资成本，使海外融资制度快捷高效。三是要进一步完善中国互联网企业拓展海外合作的支持政策，包括鼓励企业抱团出海，支持具有竞争优势的互联网企业联合制造、金融、信息通信等领域企业率先"走出去"，通过海外并购、联合经营、设立分支机构等方式，构建跨境产业链体系，增强全球竞争力。进一步完善中国互联网等数字技术企业"走出去"的支撑服务体系，建立一套信息咨询、法律援助、税务中介等一体化服务体系；构建企业间国际交流的服务平台，分享企业"走出去"的经验和教训等。

8.2.2 培育具有全球影响力的"互联网+"应用平台

数字经济是人口经济。人口越多的经济体，越具有发展数字贸易的深厚潜

---

① 商务部副部长. 上海、北京等研究制定数字贸易行动方案, 去年中国数字贸易达 2036 亿美元 [N]. 21 世纪经济报道, 2020-09-05.

力。梅特卡夫定律是指，一个网络的价值等于该网络内节点数的平方，一个网络的用户数目越多，整个网络和该网络内的每台计算机的价值也就越大。近年来，一些新兴互联网"独角兽"企业，在其发展之初往往是通过大量补贴吸引用户，形成规模经济，提升由其开创的网络系统的价值，并持续运用信息技术从海量用户数据中发掘价值，优化其产品和服务，获得数字经济时代的丰厚红利。[1]

鼓励新兴互联网企业整合"一带一路"沿线国家资源，面向"一带一路"沿线国家提供"工业云"、供应链管理、大数据分析等网络服务，加强区域性"互联网＋"平台构建研究。鼓励互联网企业积极拓展海外用户，探索适合"一带一路"沿线国家各具特色的产品和服务，以数字技术创新与产业技术创新及相互融合为核心，推动产业价值流、供应链及其产业链的优化，推进协同升级。

积极探索"一带一路"倡议下，"互联网＋"新贸易模式的运行机制，充分发挥区域内电子商务、区域间跨境电商的应用拓展，以及对生产商、平台运营商、物流商和中国企业的积极影响，努力开创"一带一路"区域贸易新格局。例如，2015 年 G20 峰会期间，中国—土耳其"数字丝绸之路"跨境电子商务综合服务平台项目签约，这是中国第一个双边跨境电商合作项目。截至目前，该项目共培训土耳其当地中小企业主和大学生近 2500 人，实现 2.2 万余家中国中小企业和近 1000 家土耳其中小企业成功上线开店，交易额超过 10 亿美元。[2]

8.2.3　发展"一带一路"沿线地区"数字经济＋"服务产业

当前，服务贸易已经成为全球贸易和经济增长的新动力和新亮点。数据显示，服务贸易占全球贸易总量的比重不断上升，已经从 1970 年的 7％ 提升到2019 年的 24％，服务贸易增加值占 GDP 的比重也由 4％ 提高到 14％。根据世贸组织预测，到 2040 年，服务贸易在全球贸易的比重可达 50％，服务贸易发展的空间十分广阔。中国服务贸易已进入快速发展的"快车道"。自 2012 年起，中国服务贸易年均增长为 7.8％，高于全球增速；2019 年，中国服务贸易进出口总额超过 5.4 万亿元，连续 6 年居世界第二。[3] 在新形势下，服务贸易已经成为国际贸易的新引擎，成为国际合作的新热点，成为各国产品、技术和服务融入全球价值链的更好渠道。

① 钟超. 从服贸会看中国经济的开放气质 [N]. 光明日报，2020 - 09 - 09.
② 江云联动. "数字丝绸之路"成为土耳其外贸新增长点 [EB/OL]. https：//www. sohu. com/a/307457505_ 120014995.
③ 姚亚奇. 中外专家分析服务贸易三大趋势 [N]. 光明日报，2020 - 09 - 09.

纵览人类历史发展进程，在数字技术出现之后的短短几十年间，人类创造的社会物质财富超过了数千年来的总和。从 1946 年 2 月 14 日，人类历史上第一台真正意义上的电子计算机在美国宾夕法尼亚大学问世，到今天大数据、云计算、物联网、人工智能、5G、VR/AR、区块链等一系列新兴数字技术的蓬勃发展，人类正在以加速奔跑的方式奔向未来——以数字经济为特征的智能社会。数字技术的强势崛起，促进了产业深度融合，引领了服务经济蓬勃发展。[①] 例如，大数据辅助医疗诊断系统、AI 教育解决方案、中医智能经络导引机器人、脑电波控制屏幕的"耳机"、智能可穿戴仿生手等智能产品日益增多；又如，协同办公、在线教育、在线医疗、在线娱乐、跨境电商等新兴服务井喷式发展等。数字经济赋能服务贸易，数字技术和数字内容将会逆势增长，为中国与"一带一路"沿线国家贸易发展注入新的动力。为此，中国要进一步加强"一带一路"区域内"互联网＋"金融业的建设，包括完善移动金融安全可信公共服务平台，制定相关应用服务的政策措施，推动金融机构、电信运营商、银行卡清算机构、支付机构、电子商务企业等加强合作，实现移动金融在电子商务领域的规模化应用；加大力度发展"互联网＋"区域旅游业，包括建立和完善旅游信息化建设，推进"一带一路"沿线国家智慧景区建设；发挥线下渠道优势、线上平台优势和大数据优势，通过"线上＋线下＋体验"，拓展中国与"一带一路"沿线国家服务贸易发展新空间。

8.3 数字经济下加快中国与"一带一路"沿线国家贸易发展的政策建议

数字经济的快速发展带来了中国与"一带一路"沿线国家贸易更快发展的新机遇，但是，基于数字经济加快中国对外贸易发展也是有条件的，主要关联要素包括内生要素与外生要素。内生要素包括生产要素、需求要素、相关产业与支持产业、企业战略结构与竞争等，外生要素包括国内外产业发展机遇、国内外政策制度等。其中，数字技术一方面，通过数据流动和要素共享，引领传统产业迈向全球价值链高端；另一方面，又带来颠覆性创新，催生大量新业态、新模式，是促进国际贸易发展的"驱动源"，决定数字经济的成败，是一个非常重要的关键要素。

---

① 钟超. 从服贸会看中国经济的开放气质［N］. 光明日报，2020－09－09.

8.3.1 发挥政府作用，加强顶层设计和引导

政府在数字经济战略实施中承担着双重角色，既要实现自身的数字化转型，也要催化其他企业和社会机构的数字化转型。在大力推动发展数字经济的浪潮中，政府应利用政策引导和政策扶持，从资金、人才和税收等方面营造能帮助各产业更好地应用信息技术以及大数据的大环境。具体来讲有以下五点。

第一，加大政府层面政策沟通协调力度。积极促进中国与"一带一路"沿线国家签订双边贸易协定，这有利于规避贸易产生的摩擦，而且通过签订的贸易协定，能够加强双方在政治、文化、经济等方面的交流沟通，建立比较安全的贸易保障机制。同时，由于有这样良好的政策环境，可以进一步深入挖掘中国与"一带一路"沿线国家的贸易潜力。在这个基础上，也要利用亚洲基础设施投资银行、金砖国家开发银行等合作平台，促进双边金融合作，为"一带一路"沿线国家提供资金支持和便捷的物流通道。

第二，加强数字贸易的国际合作。在中国与外国政府签署的服务贸易国际合作协议中，把数字贸易合作作为重要领域，同时，推动数字贸易规则和数字贸易政策的国际协调，营造以发展合作为导向的数字贸易规则和数字贸易政策协调框架。继续加强和发达国家在数字贸易领域的技术、人才、项目和市场合作的同时，重点在"一带一路"沿线开展数字贸易合作。数字贸易以助推"数字丝绸之路"建设为重点，推动中国企业在"一带一路"沿线国家布局电子商务、软件和信息技术、服务外包、云计算和大数据等合作。①

第三，提高贸易便利度。提高贸易便利度能有效地促进中国产品出口贸易潜力的发挥，具体来讲，一是致力于深化中国与"一带一路"沿线国家之间的各项便利措施，完善进出口清关流程，提高清关效率；二是降低关税壁垒和非关税壁垒，减少通关成本，降低贸易投资壁垒；三是协助"一带一路"沿线国家提升货币自由度、金融自由度等，以期从整体上提升"一带一路"沿线各国的经济自由度，在促进中国产品对其出口的同时，也促进各国经济贸易的发展。

第四，大力发展数字普惠金融，发挥金融科技创新驱动作用，注重运用数字化技术手段降低融资成本，吸引财政、金融和社会资本等多方支持。支持企业加

---

① 李俊，王拓. 必须紧紧抓住数字贸易的时代机遇［N］. 国际商报，2019－05－28.

大对数字经济的投入，不断增强企业的数字能力与核心竞争力；不断激发企业创新主体活力，助推数字企业建立数字经济品牌，为"一带一路"沿线国家提供物美价廉的数字产品和数字服务，带动"一带一路"沿线国家数字创新和产业腾飞。

第五，加强网络治理，优化发展大环境。强化安全保障，全面提升关键信息基础设施、网络数据、个人信息等安全保障能力。提升数字经济包容性，缩小数字鸿沟，高质量建设"数字丝绸之路"，构建网络空间命运共同体。

8.3.2　加强共建共享，构建互联互通的数字基础设施

数字时代的基础设施，是以软件信息为主导的，先进的信息化基础设施是数字经济发展的基石。数字基础设施包括管网、云平台、终端等。因此，要扩大数字经济对中国与"一带一路"沿线国家贸易的促进作用，加快推进中国与"一带一路"沿线国家互联互通的基础设施建设，从传统的交通基础设施到信息网络基础设施建设，构建全方位、多层次、复合型的互联互通网络。具体来讲有以下五点。

第一，加快口岸基础设施建设，畅通海陆空联运通道。积极推进港口合作建设，合理增加航海班次，加强海上物流信息化合作；加强与"一带一路"沿线国家之间的铁路、公路建设，提升亚非欧之间铁路、公路的紧密性与连通性；拓展建立民航全面合作的平台和机制，提升航空基础设施水平；推进跨境运输管道建设，协力维护运输管道安全，争取建立完善的、全方位的海陆空运输通道，从而逐渐形成连接亚洲各地区及亚非欧之间的交通基础设施，开展互惠互利合作，促进中国与"一带一路"沿线国家进出口贸易规模扩大，实现真正的设施联通和贸易畅通。

第二，加快构建全球领先、安全可靠的云数据中心平台，前瞻布局和构建高速、移动、安全、泛在、智能、绿色的新一代信息基础设施。积极推进传统信息基础设施升级和数字化改造，加快信息网络基础设施建设，优化提升网络性能和速率，开展IPv6网络就绪专项行动，加快推进5G商用部署，加快传统基础设施数字化改造，加快新型基础设施建设，全面推动新一代信息基础设施建设。加大5G网络和量子通信等新一代信息技术的创新投入，形成创新引领的空间技术。

第三，加强数字贸易基础设施建设。当前，数字贸易是数字时代的象征，也

是未来贸易发展的方向。但是，数字贸易对数字基础设施有较高的要求，这就需要中国进一步加强关键数字网络基础设施建设，并注重改善跨境基础设施和技术条件。如与交流数字证书、电子签名和电子认证有关联的信息和政策，促进数字证书和电子签名互认，为数字贸易发展创造良好的硬环境。①

第四，加快推进中国与"一带一路"沿线国家的数字基础设施建设。通过共商、共建、共享，积极构建高速、安全、广泛的新信息基础设施，提高"一带一路"沿线国家的互联网发展水平，推进中国与"一带一路"沿线国家互联互通的基础设施建设，从传统的交通设施到信息网络基础设施建设，构造全方位、多层次、复合型的互联互通网络，构建由特色区域互联网平台、云供应链系统、互联网金融等组成的多边互联网业态，将"互联网＋投资""互联网＋外贸"作为中国推进"一带一路"倡议的重要抓手，成为中国与"一带一路"沿线国家互利共赢、共同发展的新引擎。

第五，加强网络安全保障，提升网络安全防护能力。重视信息网络基础设施安全防护和用户个人信息保护，加强安全技术研究，全力突破适用于数字技术发展的安全防护、安全监测等关键技术，提升数字技术网络安全防护、应急、态势感知等能力；构建覆盖"数字技术＋贸易"的研发设计、生产、运维等产品全生命周期的安全保障技术体系，完善网络数据共享、利用安全管理制度和支撑"数字技术＋国际贸易"的关键网络基础设施保护方案，为推进数字贸易发展提供安全的网络基础设施。

8.3.3　加快数字化转型，提高企业竞争优势

随着 5G、云计算、物联网、大数据、人工智能等新技术的兴起，数据资源日益成为关键的生产要素，数字化转型已成为推动企业发展质量变革、效率变革、动力变革的重要力量。因此，加快数字化转型是增强企业竞争优势的重要抓手。

第一，加快推进工业互联网在中小企业落地应用。工业互联网对优化企业供应链管理、加强企业间合作有重要作用。因此，一是推动中小企业积极利用 su-pET 平台等成熟的工业互联网平台和技术，进行产品、业务、模式创新，着力打通中小企业生产经营各环节数据链。二是支持工业互联网平台开发商和服务商，

---

① 李俊，王拓. 必须紧紧抓住数字贸易的时代机遇［N］. 国际商报，2019－05－28.

研发适应中小企业特点和需求的工业软件、工业 APP 和数字化解决方案。三是依托特色小镇、创新综合体等现有产业平台和创新载体,成立中小企业数字化转型服务中心,提供更丰富、更专业的工业互联网平台服务内容,加强数据平台等适合中小企业数字化转型的数据服务与技术扩散,着力突破中小企业数字化转型技术服务"瓶颈"。

第二,实施网络培训增强员工数字化能力。数字化人才短缺是制约中小企业数字化转型的主要障碍之一,需要通过政府补贴或购买服务的方式为中小企业员工提供数字化能力培训。一是实施"中小企业上云学习计划"。组织开展中小企业上云培训、线上辅导,深度推进中小企业上云。通过给中小企业发放"培训券""学习券",引导中小企业数字化转型。二是实施"中小企业分享计划"。通过专精特新中小企业经验线上分享,行业数字资源共享,中小企业联产联销线上平台联合互助等方式推动中小企业自助自救。三是鼓励参加在线培训。2020 年新冠肺炎疫情暴发后,我国工业和信息化部发文组织开展"企业微课"线上培训工作,在疫情期间免费开放培训资源,为中小企业送政策、送技术、送管理。地方政府要积极组织引导中小企业参加线上学习,保障培训参与度和培训效果,组织资质合法、信誉良好且可以为企业提供线上培训服务的平台机构为企业提供咨询服务。同时,要因地制宜地积极制作适合各地企业需求的精品课程视频等数字资源,并通过视频解读宣传各地出台的惠企政策。

第三,实施更加积极的中小企业数字化转型资金扶持政策。资金短缺、扶持不够、投入不足是中小企业数字化转型的难点和痛点。一是实施"中小企业抢先试用计划"。由政府补助推动中小企业短期试用 SaaS 服务(软件即服务)、在线任务管理、项目管理、工作流管理服务、云服务、数据资源挖掘等前沿数字服务和数字技术,增强中小企业数字能力、竞争力和生存韧性。二是扩大政府购买中小企业数字化服务范围。对数字化转型软件和解决方案在中小企业首试先用的服务商给予奖励,进一步推动中小企业专网降费用、提速率,努力降低企业数字化转型成本。三是发挥政府产业基金的作用,重点支持企业数字化改造。四是拓展小微企业数字化转型的融资渠道。鼓励引导金融机构针对中小企业数字化转型提供专项授信政策,推出"融资、融物、融服务"的金融解决方案,拉动中小企业加大数字化投资。

第四,推广应用供应链金融助力中小企业融资。一是在国家和各省区市出台加强对企业金融支持的同时,加快发展基于生产运营数据的企业征信和线上快速借贷,推广应用供应链金融、知识产权质押等融资方式,保障企业生产运营的资金需求。二是鼓励有资金实力的"龙头"企业搭建合规化管理的数字化供应链金融平台，通过大数据、人工智能和区块链等数字化技术手段，快速分析和评价授信对象企业，清理、分析和处理质押票据数据，对质押库存资产及时、准确地核定和可视性保障，帮助供应链上中小企业化解融资难问题，防止出现资金链断裂。三是税务机关在供应链金融监管中对交易价格是否公允、是否需要纳税调整等方面的认定上给予相应支持，防止简单以交易价格明显偏低为由按照公允价格进行纳税调整并要求企业补缴税款。

第五，发挥产业园区数字化平台作用助力企业重塑竞争优势。2020 年新冠肺炎疫情暴发以来，企业复工复产任务艰巨，而提升产业园区大脑（数字化管理平台）功能，发挥其信息枢纽作用，有利于提高产业园区数字化管理与服务能力，从而可更好地帮助企业提高资源配置效率。一是通过产业园区大脑帮助解决原材料供应、上下游协作、物流畅通等问题，开展应急资源大数据协同分析，开展原材料、零部件协同寻源和采购，协同供应商管理，协同集中化（共享化）的物流配送和服务，助力解决供应商原材料、零部件进不来，复工生产后产品运不出去的问题。二是通过产业园区大脑帮助企业与数字技术资源对接，精准提供公共标准、检验、测试、实验、专利事务等科技服务，促进产品研发设计工具、生产设备及零配件等资源共享，为产业园区企业提高运营效率提供保障。

第六，为企业数字化转型提供数据服务和应用需求。一是做大做强大数据和人工智能产业。大数据和人工智能产业在中小企业数字化转型中具有重要的作用。因此，地方政府要制定出台政府数据开放应用的规范与政策，改善政府数据开放的数量与质量，以政府大数据开放应用带动企业、社会大数据汇聚融合，在融合创新中激活数据价值，为企业和社会提供增值服务，扩大数据应用市场。二是培育数据交易市场，推动面向企业的产业、财税、商务、金融、科技、人才等领域大数据的挖掘利用，为企业转型升级提供数据服务。三是加快"5G + 人工智能"产业发展。要重点加快发展智能硬件产业，在智能服务机器人、智能医疗健康、高端智能穿戴、智能家居及工业级智能硬件产品等领域实现技术突破和产品创新的同时，做大做强人工智能技术服务业，通过人工智能辅助诊断提升基层医疗水平，促进人工智能技术深度参与公共服务应急响应机制建设。四是加快发展以"可视化电商"为代表的服务经济新模式。中小企业可借助"可视化电商平台"赋能、线上线下结合的新业态，重塑零售业商业模式。通过加大对"线上下单、无接触配送""生鲜电商 + 冷链宅配""体验 + 零售""品牌 + 场景"等新商业模式的扶持，推进生活性服务业向智能化、在线化、清洁化方向发展，提高服务效率，促进中小企业转型升级，提高企业竞争优势。

8.3.4　加强创新资源整合，突破数字经济关键核心技术

目前，在一些重要的数字技术中，中国尚未掌握系统设计与核心制造技术，如精密工作母机设计制造基础技术（设计过程智能化技术）等尚未实现国产化，严重依赖进口。例如，虽然中国机床产量占到全球的38%，但是高端数控机床大部分依赖进口①，90%的工业机器人、80%的集成电路芯片制造装备、40%的大型石化装备、70%的汽车制造关键设备、核电等重大工程的自动化成套控制系统及先进集约化农业装备无法自给，船舶电子产品本土化率不到10%。

因此，中国应加强创新资源整合，加快突破数字制造以及数字关键技术和核心部件，着力突破核心芯片、高端服务器、高端存储设备、数据库和中间件等产业薄弱环节的技术"瓶颈"，探索中国互联网前沿技术和关键核心技术的突破口、机制和实现路径；重视融合标准的制定，推动工业产品互联互通的标识解析、数据交换、通信协议等技术攻关和标准研制，研究工业互联网、智能电网、智慧城市等领域基础共性标准、关键技术标准的合作研制机制及推广路径，努力在集成电路、基础软件、核心元器件等薄弱基础技术环节实现根本性突破，实现核心关键技术的自主可控；争取并巩固5G、人工智能、区块链等前沿技术的全球领先地位。②

具体来说，一是建设一批以数字技术产业创新中心为代表的产学研用联合体，推动物联网、大数据、人工智能、装备等不同领域企业紧密合作、协同创新，推动数字经济产业链各环节企业间的分工和协作，逐步形成以数字服务系统集成商为核心、各领域领先企业联合推进、一大批定位于细分领域的"专精特"企业深度参与的数字经济产业发展的生态体系。③ 二是支持装备数字化升级及数字技术商业化和市场化，结合智能服务的重点领域，深度挖掘国产装备、软件、系统的应用潜能，鼓励使用国产装备和智能服务技术，并通过政策扶持，扩大其在智能服务产业化发展过程中的应用。三是建立软硬件制造商互动协调机制，在芯片制造商、操作系统制造商、应用软件制造商等各产业主体间建立长期、有效

---

① 刘星星. 智能制造的发展：现状、问题及对策研究［J］. 齐齐哈尔大学学报（哲学社会科学版），2016（7）：66-68.
② 徐华亮. 推动数字经济和实体经济深度融合［N］. 经济日报，2020-02-13.
③ 工业和信息化部、财政部关于印发智能制造发展规划（2016~2020年）的通知［EB/OL］. http://www.ciotimes.

的互动协调机制，支持包括自动化企业、信息技术企业通过业务升级，打通纵向集成，加速培育有行业、专业特色的数字化服务系统解决方案供应商。四是在中国与"一带一路"沿线国家共建中，推广中国技术和中国标准。例如，共建联合实验室、科技园区合作以及技术转移等行动，构建"一带一路"沿线国家数字技术联合创新机制。

由于共性关键数字技术不仅具有准公共产品属性，而且具有易逝性、缄默性和复杂性，多数中小企业不仅无力识别、研发，还容易使率先创新的企业因激励机制扭曲（如"搭便车"）而放弃创新努力，由此构成的"囚徒困境"容易导致市场与组织的"双重失灵"，使其供给严重不足。因此，我国可采取下列三种模式。

第一，以政府为载体的研发供给。成立国家级、省级智能技术研究院，承担基础性重大关键性技术的研发。政企间协作共同成立共性技术研发基金，为关键技术创新提供资金支持。

第二，以产学研为平台的供给体系。产、学、研三类主体针对某一共性技术建立研发联盟实现优势资源协同互补，不仅能实现人才的柔性流动，使研发效率提升，而且能更好地把握技术先进程度与成本的适当平衡点，提高研发与市场需求的吻合度，促进智能服务技术成果商业化、市场化和产业化。

第三，企业与企业之间战略合作的研发供给。"风险共担、收益共享"的协同攻关机制可增强企业与企业之间默会知识与默会信息的溢出效应，使其"干中学"绩效优化。同时，多家企业在"试错"上的分工协作，可使数字技术成果转化为生产力的效率提升。因此，企业与企业之间研发的战略合作，可集聚创新资源、整合研发力量，在数字技术设计研发、工艺改进、市场开发等方面协同创新，合作企业既分担了研发风险，又提高了数字技术的创新能力，还加快了数字技术在企业中的应用，从而推动传统企业的数字化改造。[①]

同时，外商直接投资（FDI）在技术创新中的作用值得高度关注。FDI 对中国区域技术创新能力提升具有技术"外溢"和技术"挤出"的双重影响，这与技术本身所属的原创程度、对企业的重要性及当地企业的吸收能力相关。李晓钟等（2008）实证研究发现，由于外观设计和实用新型专利等，技术水平相对较低、难度相对较小，因此，内资企业较容易获得 FDI 的技术外溢，可提升这类技术的创新能力。而发明专利因其在市场竞争中的重要性和研制难度等而使技术较

---

① 李晓钟. 数字经济下中国产业转型升级研究［M］. 杭州：浙江大学出版社，2018.

难外溢,在一定程度上还存在某种技术"挤出"效应。因此,核心技术较难从跨国公司技术转移和技术溢出中获得。同时,企业创新需要市场势力提供内生的动力机制、盈利机制和再投入保障机制,两者具有耦合互动的共生关系(李晓钟等,2011)。以中国对外开放程度较高的汽车产业为例,利用外资较多,扩大了汽车生产规模,提高了市场集中度,但这种发展模式也导致发动机控制系统、安全气囊、ABS系统等部分高技术含量系统(部件)大多为外资垄断,绝大多数国产轿车的核心部件缺乏自主知识产权,产生了分工的低端"锁定效应"和引进技术的"依赖效应",发展主动权被掌握在别人手中。市场势力既可以通过最终产品渠道控制拥有,也可以通过关键零部件渠道控制构建。目前,利用外资已经成为中国获得先进技术的重要渠道,也是中国发挥后发优势的主要途径。政府可通过政策措施,引导中国企业建立自主研发体系,加大对核心技术的研发投入,提高吸收、消化、再创新的能力,构建产业的市场势力,从而促进企业通过持续自主创新获取分工中更有利的地位和主导权,努力在自主创新和利用外部技术资源之间形成良性互动关系。这在科技全球化条件下对中国产业竞争力、创新能力提升的影响是至关重要的。

8.3.5 拓展合作平台,重塑企业竞争新优势

加快实体经济和数字经济、工业化和信息化深度融合,通过共建"数字丝绸之路"提高数字互联互通水平,推动"一带一路"沿线国家信息化发展,打造新的合作增长点。加快推进数字经济引领的新经济形态产业开发合作,如智能经济、共享经济、平台经济、信用经济、绿色经济、蓝色经济等,构建共建共享的产业链、价值链、创新链、技术链、资金链等,引领全球创新发展方向。[①] 加大"一带一路"沿线国家数字贸易、电子商务合作,为"一带一路"沿线国家数字经济国际合作营造有利的外部氛围。实行更加积极的开放战略,全面深化开放合作,拓展新的开放领域和开放空间,提升国际合作水平、层次,以高水平开放合作推动智能产业高质量发展,促进数字经济全球协同发展,实现互利共赢。

企业是中国与"一带一路"沿线国家贸易的主体。随着数字经济的蓬勃发展,数据已经成为企业的关键生产要素,企业要积极利用数字技术加快自身数字化转型升级,充分利用数字经济的驱动作用,基于众创设计、网络众包、网络协

---

① 大力发展"一带一路"数字经济 [EB/OL]. 人民网,http://theory. people.

同制造、个性化定制、服务型制造等重塑和提升企业竞争新优势。建立和持续提升企业数据管理能力，不断提升企业的数字化、网络化、智能化发展水平。

强化企业创新主体地位，支持企业加大研发投入，推动重大科研设施、基础研究平台等创新资源开放共享，谋划关键技术突破，加快科技成果转化和推广应用，着力构建产学研用融合协同的技术创新体系，联合攻关信息通信技术领域的基础前沿技术、共性关键技术。新工业革命的核心是智能制造，政府应支持智能制造关键技术研发，攻克制约产业发展的关键环节和共性技术，加快各个子行业"龙头"企业的培育，突出"龙头"企业和重大项目的示范带动作用。同时，外资在促进中国高新技术产业技术进步中发挥了不可低估的作用。外资通过竞争效应、人员流动效应、示范效应以及产业关联效应等带动高新技术内资企业劳动生产率的提高，从而促进内资高新技术企业产出的提高（李晓钟等，2012）。基于外资加快高新技术产业发展，是经济全球化背景下发展中国家发挥后发优势的重要途径，中国不仅要通过 FDI 技术外溢促进内资企业产出增加，而且要注重自主创新能力的提升和新产品市场开发，着眼于行业的长远发展。因此，从政府角度来讲，要进一步加强制度创新，营造公平竞争有序的市场环境，通过政策推动和扶持，促进企业成为技术创新的微观主体；从企业角度来讲，在积极引进先进技术的同时，要重视对技术的消化吸收，提高自主创新能力，并以市场为导向，逐步形成"利用外资规模扩大、消化吸收能力提升、自主创新能力增强、新产品市场化程度提高"的良性循环，从而使外资对中国高新技术产业发展作出更大贡献。

国际贸易理论的发展，实际上是比较优势内涵不断拓展的过程。比较优势是各国参与国际分工和国际贸易的依据，是竞争优势的基础。已存在的比较优势可以分为禀赋型（先天）和获得型（后天）比较优势两大类，前者是先天存在的，人们短期内难以创造，一般存在隐性比较优势显化和利用效率进一步提高的问题。而获得型比较优势是后天通过专业分工、技术创新、数字化转型等创造的，是影响产业竞争优势提升的主要因素（李晓钟，2004）。中国要抓住互联网带来的产业变革机遇，积极推进"互联网＋"计划，充分发挥信息技术、互联网的优势，在制造业生产、组织、管理、服务等各个环节加强云技术、大数据、物联网等信息技术的应用，提高产品附加值，提升产业创新能力。运用信息化手段，引导制造业企业运用物联网等信息技术记录生产全过程，控制企业运营成本，实现精细化管理，全面提升企业的运营效率和产业绩效。以"机器换人"为切入点，进一步推进生产过程智能化，推动中国制造向中国"智造"转变。重视信息产业与制造业融合过程中的技术融合、业务融合、市场融合、制度融合的协同发展，通过生产线、供应商、产品、客户的互联集成，整合技术、人才等资源，挖掘新的需求，积极推进大规模个性化定制、云制造等新业务，深化信息产业与制造业各行业融合，从而不断提高制造业附加值和竞争优势。

"一带一路"沿线每个国家的数字化水平、信息化水平不同，但各国都在努力促进数字经济和实体经济的融合发展。要以"产业链"为抓手，培育壮大数据采集、存储、处理、挖掘、应用、展示、衍生等产业，打造数字产业链条；培育数字产业集群，搭建平台培育数字技术创新联盟、产业联盟等，提升新一代信息技术产业发展能级，积极培育新产业、新业态、新模式；引导推动互联网、大数据、人工智能和实体经济深度融合，推动"互联网＋工业""互联网＋农业""互联网＋服务业"向纵深发展，积极改造工程机械、食品新材料、电子信息、汽车制造等传统优势产业，释放数字经济对传统经济的放大作用、叠加作用、倍增作用。[1] 加快工业、农业、服务业数字化、网络化、智能化转型，培育新应用、新业态、新模式、新产业，打造新增长点，持续注入新动能，推动中国与"一带一路"沿线国家经济的高质量发展。

8.3.6 完善人才引进培育体系，加强人才队伍建设

人才资源是第一资源。基于数字经济促进对外贸易发展的关键是人才不足，其稀缺的人才类别包括：数字经济人才（拥有顶尖数字技能的人才、融合数字技术和传统产业的人才以及初级数字化人才[2]）、国际贸易人才、国内人才和"一带一路"沿线国家人才等。这需要政府、企业、学校共同关注和培养。具体来讲有以下三点。

第一，重视引进培育人才。发展数字经济要"聚天下英才而用之"，积极利用"乌镇峰会""机器人峰会"等平台的知名度，实施智力引进工程，重点引进一批具有国内外影响力的领军人才和创新团队。进一步优化人才培养机制，实施企业家素质提升工程，利用 MBA 研修班、企业家培训班、优秀企业考察等方式，持续提高企业家经营管理水平和企业数据管理能力。从共享数字红利视角出发，加强数字教育和技能培训，针对不同人群分类施策，提高全民数字素质，提升公众数字技能，联合培养"一带一路"数字人才，打造多层次、多类型的数字经

---

① 徐华亮. 推动数字经济和实体经济深度融合 ［N］. 经济日报，2020－02－13.
② 中国经济的数字化转型：人才与就业 ［N］. 经济日报，2017－11－22.

济人才队伍。支持高校设立数字经济相关专业，重点培养专业化人才；鼓励职业院校和企业合作，积极培育专业技能人才和应用创新型人才；支持与海外高水平机构联合开展人才培养。要结合国家重大专项和急需专业领域，培养造就世界水平的科学家、网络科技领军人才、卓越工程师、高水平创新团队和信息化管理人才等[1]，完善政府统筹、行业指导、企业和培训机构自主组织培训的运行机制，通过委托培养、专业培训、"干中学"等壮大高技能人才队伍，为发展数字经济筑牢坚实的人才支撑。

第二，完善人才评价激励机制。加快深化人才发展体制机制改革步伐，构建和完善人才评价激励机制和服务保障体系，激发人才的创新活力。建立一套创新相容的人才激励机制，完善创新技术技能人才评价制度，完善技术入股、股权期权等激励方式，在收益分配上充分体现知识和创新的价值，健全科技成果知识产权收益分配机制，完善人才分配体系。

第三，要重视帮助"一带一路"沿线国家培养人才。开展援外培训是中国实施"一带一路"倡议的重要举措之一。未来，围绕"一带一路"沿线相关领域深度发展的建设需求和人才需求，中国将进一步加大资源投入、丰富课程设置、创新培训方式，建立与"一带一路"倡议相匹配的人才培养机制，为"一带一路"沿线国家培养更多人才。

8.3.7　构建多维支撑体系，加强政策措施创新联动

目前，中国数字经济与实体经济的融合步伐不断加快，在以数字经济驱动外贸转型升级，培育新模式、新业态，推进供给侧改革等方面初见成效，但仍存在支撑载体建设不足、整体创新力不强、应用水平不高、体制机制不完善等问题。为进一步提升中国与"一带一路"沿线国家合作的水平和层次，中国应加快推进数字经济与实体经济融合发展的多维支撑体系建设，以"技术、产业、市场、政策"协同推进数字经济与传统产业的跨界融合。数字经济与传统产业的融合发展离不开体制和机制保障、财税金融支撑、土地制度和人才制度支持、法律制度保障。因此，笔者认为，可以从体制机制建设、财税金融体系构建、创新平台建设、法律制度完善等维度，构建数字经济与产业融合发展的多维支撑体系。

---

[1] 徐华亮. 推动数字经济和实体经济深度融合 [N]. 经济日报，2020 - 02 - 13.

1. 构建多部门协同工作机制

应成立推进数字经济与数字产业融合发展的专门机构，负责统筹数字经济与数字产业融合发展的相关政策规划制定、实施等工作，建立多部门协同工作机制，着力解决政策制定、标准研究、产业联合、科研攻关等方面的协同推进机制，如图8-1所示。

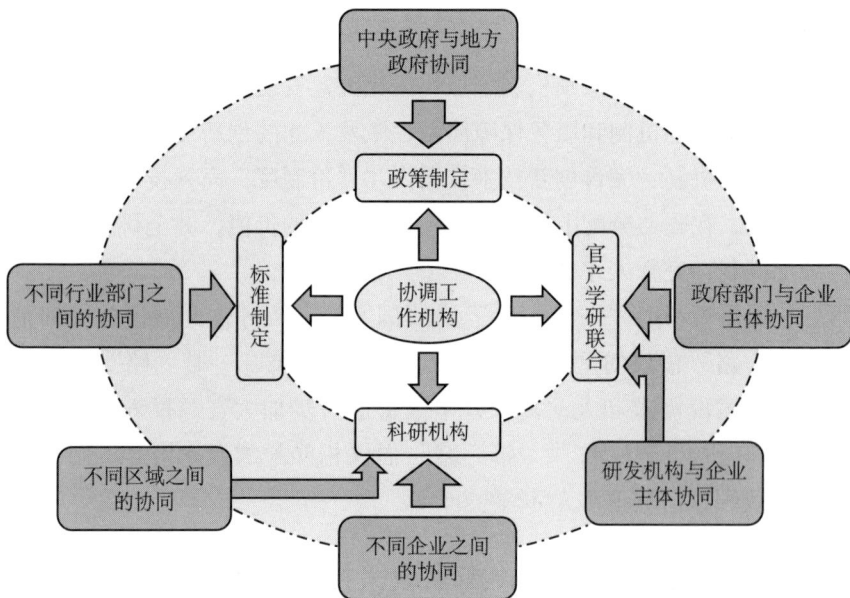

图8-1 多部门协同工作机制

资料来源：笔者绘制。

2. 构建财税、金融、产业多链融合的创新生态支撑体系

探索构建有效的财税支撑体系。一是加大财政对"数字技术+产业"的投入和扶持，以财政资金为引导，吸引社会资金建立互联网融合产业经济发展专项基金，为符合条件的企业开展关键技术研发、"双创"平台建设及运营、应用示范项目建设提供专项支持，创新财政资金的支持方式，重点支持中小企业的"两化融合"建设。二是完善税收优惠政策，结合营改增试点，加大对"互联网+企业"的税收优惠支持，加大对互联网创新平台与载体运行的税收扶持。三是构建金融服务创新体系，加快互联网创新资源与产业资本、金融资本融合，建立包括种子基金、天使基金、政府创投引导资金等覆盖创新链条全过程的金融服务体系。建立政府与金融机构沟通协调机制，鼓励金融机构加大对互联网技术应用、"两化融合"项目的信贷支持力度。引导和鼓励条件成熟的企业通过资产重组、收购、兼并和境内外上市，加快信息化改造和转型升级。创新互联网技术催生的新业态融资服务方式，完善多元担保机制和风险分担机制，充分利用社会闲置资金。四是加大对数字核心技术、公共关键技术研发的投入力度，完善和创新税收优惠政策，发挥政府采购政策功能，通过提高财政资金的使用效率和引导示范效应，促使财税政策在中国数字经济与实体经济融合发展中起更大的作用。①

3. 构建推进数字经济与产业深度融合的创新服务平台

针对数字经济驱动传统产业转型发展的"瓶颈"因素，从产业层面对创新资源进行顶层设计和战略重组，以数字技术应用和产业转型升级的核心技术与共性技术需求为导向，以核心技术与共性技术开发、应用和共享为目的，以市场为载体，通过政府、企业、研究机构、中介机构等主体协同创新与制度设计，实现数字技术供给与产业转型升级需求的高度对接，为数字技术研发、数字技术应用、产业转型提供有力支撑。"数字技术 + 产业"创新平台是实现产业技术创新资源共享、一体化、网络化的支撑体系，是促进数字经济与产业深度融合发展的重要载体，具有主体多元性、动态开放性、知识与技术溢出性、资源共享性等特性。如图 8 - 2 所示，从创新服务平台主体架构、创新平台运行机制等角度设计创新服务平台的构建方案，并从公共决策层、支持平台层、创新主体层，明晰各个模块之间的内在耦合关系。

4. 构建法律保障体系

目前，我国主要有《中华人民共和国专利法》《中华人民共和国商标法》《中华人民共和国著作权法》三部相关的知识产权法律，以及其他法律法规和相关规定，如《计算机软件保护条例》等。但对于数字经济的法律法规仍显不足，尤其是数字技术所涉及的知识产权保护、隐私保护和网络安全方面的法律法规相对缺乏和滞后。数字技术企业对于知识产权保护、隐私保护和网络安全方面的需求非常迫切，而且在国际贸易过程中，消费者保护方面的法律也亟待完善。因此，中国要进一步完善现行的知识产权保护法律体系，加强对数字技术企业和数字技术产业化发展的法律保护与法律扶持。具体来讲，要针对不同类型数字技术企业特点，有针对性地健全知识产权保护体系、网络安全保护法律和隐私保护法律。例如，针对技术软件生产研发企业的知识产权保护问题，可以将法律保护重

---

① 李晓钟. 智能服务产业化快速发展的政策建议 [N]. 中国社会科学报，2017 - 01 - 16.

点集中于软件知识产权保护法律的完善,以提供企业研发激励、保障技术创新型企业的超额收益;对于云计算方面的企业,则将重点集中于隐私保护方面等。据统计,中国人工智能专利数位列全球第二,仅次于美国,[①] 但人工智能面临的法律问题较多,如道德伦理标准、隐私保护等,至今尚无相关的人工智能法律。健全完善的知识产权法律制度,有利于激励创新主体研发数字技术的积极性,可有力推动数字技术成果的转化和市场化。因此,中国应重视人工智能立法研究,为数字技术发展提供法律支撑。

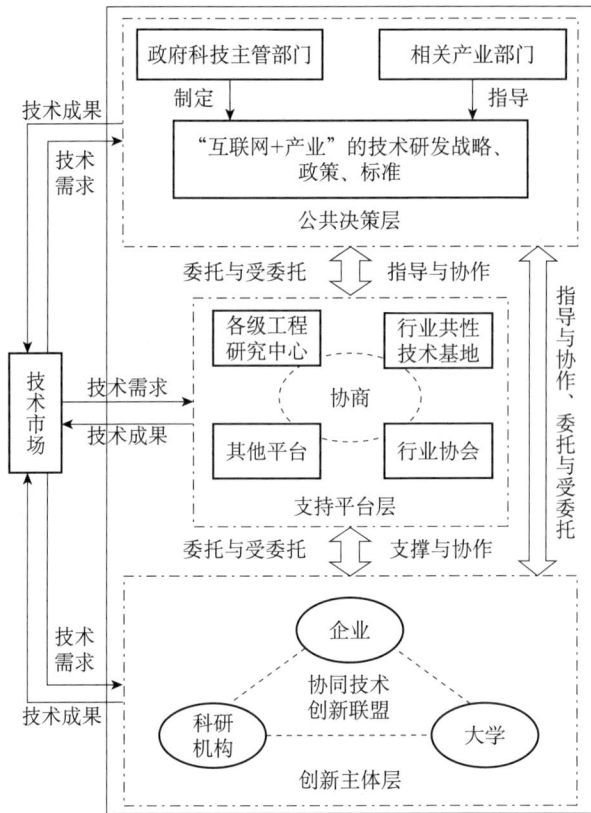

图 8 - 2　"数字技术 + 产业"创新平台基本架构

资料来源:笔者绘制。

信息安全保障和知识产权保护是数字经济下中国与"一带一路"沿线国家贸易发展中涉及的重要法律问题。为推进中国与"一带一路"沿线国家贸易发

---

① 乌镇智库发布的《乌镇指数:全球人工智能发展报告 2016》。

展，亟须构建与之相适应的法律保障支撑体系，完善数字经济的法律法规体系，维护信息安全，保护知识产权，强化法律引导。具体而言，就是要针对网络信息安全保障和知识产权保护两大难题，积极发展网络安全相关的防御技术，同时，创新网络安全监管体系，积极推动网络治理基础法律的制定和前瞻性法律储备研究，实现管理政策与法律规范的有效衔接和统一。

参考文献

[1] 柴庆春, 胡添雨. 中国对外直接投资的贸易效应研究——基于对东盟和欧盟投资的差异性的考察 [J]. 世界经济研究, 2012 (6): 64 - 69.

[2] 陈爱贞, 刘志彪, 吴福象. 下游动态技术引进对装备制造业升级的市场约束——基于我国纺织缝制装备制造业的实证研究 [J]. 管理世界, 2008 (2): 72 - 81.

[3] 陈创练, 谢学臻, 林玉婷. 全球贸易效率和贸易潜力及其影响因素分析 [J]. 国际贸易问题, 2016 (7): 27 - 39.

[4] 陈立敏. 贸易创造还是贸易替代——对外直接投资与对外贸易关系的研究综述 [J]. 国际贸易问题, 2010 (4): 122 - 128.

[5] 陈岩, 马利灵, 钟昌标. 中国对非洲投资决定因素: 整合资源与制度视角的经验分析 [J]. 世界经济, 2012 (10): 91 - 112.

[6] 陈愉瑜. 中国对外直接投资的贸易结构效应 [J]. 统计研究, 2012, 29 (9): 44 - 50.

[7] 程国强. "一带一路": 农业食品产业发展新机遇 [J]. 中国经济报告, 2015 (12): 30 - 31.

[8] 仇华飞. 美国学者视角下的中国 "一带一路" 构想 [J]. 国外社会科学, 2015 (6): 49 - 57.

[9] 戴枫, 周天怡. GVC 视角下双边增加值贸易的解构与测算: 以中美贸易为例 [J]. 审计与经济研究, 2018 (4): 1 - 11.

[10] 戴魁早. 技术市场发展对出口技术复杂度的影响及其作用机制 [J]. 中国工业经济, 2018 (7): 117 - 135.

[11] 戴丽琴. 中国与 "一带一路" 国家贸易潜力研究——基于机械运输产品分析论证 [D]. 南京: 南京大学, 2018.

［12］党远鸿．中国对外直接投资与对外贸易关系研究［D］．上海：华东师范大学，2009.

［13］刁莉，罗培，胡娟．丝绸之路经济带贸易潜力及影响因素研究［J］．统计研究，2017，34（11）：56－68.

［14］杜德斌，马亚华．"一带一路"：中华民族复兴的地缘大战略［J］．地理研究，2015（6）：1005－1014.

［15］杜莉．中国与美国高技术产品产业内贸易的实证研究［J］．数量经济技术经济研究，2006（8）：90－97.

［16］范德成，李盛楠．考虑空间效应的高技术产业技术创新效率研究［J］．科学学研究，2018（5）：901－912.

［17］范红忠，陈攀．我国 OFDI 与出口贸易关系及其时空差异分析［J］．国际商务（对外经济贸易大学学报），2017（2）：16－25.

［18］方英，马芮．中国与"一带一路"沿线国家文化贸易潜力及影响因素：基于随机前沿引力模型的实证研究［J］．世界经济研究，2018（1）：112－121，136.

［19］冯萍，刘建江．互联网对中国出口贸易流量影响的实证研究［J］．统计与决策，2010（3）：99－101.

［20］高德步，王庆．跨境电商发展对进出口贸易的影响研究——基于中国的分析［J］．中国物价，2019（12）：65－68.

［21］龚静，尹忠明．铁路建设对我国"一带一路"战略的贸易效应研究——基于运输时间和运输距离视角的异质性随机前沿模型分析［J］．国际贸易问题，2016（2）：14－25.

［22］龚新蜀，乔姗姗，胡志高．丝绸之路经济带：贸易竞争性、互补性和贸易潜力——基于随机前沿引力模型［J］．经济问题探索，2016（10）：145－154.

［23］郭树华，霍强，蒙昱竹．基于扩展引力模型的中国与十大经济地理板块进出口货物贸易潜力研究［J］．思想战线，2015，41（3）：140－145.

［24］国家发展改革委，外交部，商务部．推动共建丝绸之路经济带和21世纪海上丝绸之路的愿景与行动［R］．北京：外交出版社，2015.

［25］韩啸，齐皓天，王兴华．"一带一路"贸易便利化对中国农产品贸易影响研究——基于随机前沿引力模型［J］．华南理工大学学报（社会科学版），2016，18（5）：9－16.

［26］韩永辉，罗晓斐．中国与中亚区域贸易合作治理研究——兼论"一带一路"倡议下共建自贸区的可行性［J］．国际经贸探索，2017（2）：72－84.

［27］何敏，张宁宁，黄泽群．中国与"一带一路"国家农产品贸易竞争性和互补性分析［J］．农业经济问题，2016，37（11）：51－60，111.

［28］胡兵，乔晶．中国对外直接投资的贸易效应——基于动态面板模型系统 GMM 方法［J］．经济管理，2013（4）：11－19.

［29］胡艺，闫吉丽，全毅．中国与"21世纪海上丝绸之路"沿线国家贸易互补性测度及其影响因素的实证研究［J］．世界经济研究，2017（8）：51－63，136.

［30］胡昭玲，宋平．中国对外直接投资对进出口贸易的影响分析［J］．经济经纬，2012

（3）：65－69.

　　［31］华欣，常继莹.中国与"一带一路"国家贸易发展潜力分析——基于扩展引力模型的实证检验［J］.天津商业大学学报，2019，39（3）：41－46.

　　［32］黄群慧，贺俊.中国制造业的核心能力、功能定位与发展战略——兼评《中国制造2025》［J］.中国工业经济，2015（6）：5－17.

　　［33］黄孝林."一带一路"战略下我国的出口潜力和贸易效率——基于随机前沿引力模型的估计［J］.经营与管理，2017（1）：98－100.

　　［34］江希，刘似臣.中国制造业出口增加值及影响因素的实证研究——以中美贸易为例［J］.国际贸易问题，2014（11）：89－98.

　　［35］蒋冠宏，蒋殿春.中国企业对外直接投资的"出口效应"［J］.经济研究，2014（5）：160－173.

　　［36］焦晓松，刘新宇.基于OFDI差异性投资动因的出口贸易结构效应［J］.广东财经大学学报，2016，31（6）：75－83.

　　［37］金玲."一带一路"：中国的马歇尔计划？［J］.国际问题研究，2015（1）：88－99.

　　［38］孔庆峰，董虹蔚."一带一路"国家的贸易便利化水平测算与贸易潜力研究［J］.国际贸易问题，2015（12）：158－168.

　　［39］李柏杏，潘开灵.跨境电子商务对我国进出口贸易影响的实证分析［J］.商业经济研究，2016（23）：132－134.

　　［40］李兵，李柔.互联网与企业出口：来自中国工业企业的微观经验证据［J］.世界经济，2017，40（7）：102－125.

　　［41］李兵，颜晓晨.中国与"一带一路"沿线国家双边贸易的新比较优势——公共安全的视角［J］.经济研究，2018，53（1）：183－197.

　　［42］李丹，崔日明."一带一路"战略下全球经贸格局重构的实现机制［J］.经济研究参考，2015（66）：39－40.

　　［43］李富佳等."一带一路"农业战略格局及对策［J］.中国科学院院刊，2016（6）：678－688.

　　［44］李浩学，李盛辉.中国与"一带一路"沿线国家农产品贸易潜力分析——基于HM指数及随机前沿引力模型［J］.价格月刊，2016（11）：69－74.

　　［45］李敬，陈旎，万广华，陈澍."一带一路"沿线国家货物贸易的竞争互补关系及动态变化——基于网络分析方法［J］.管理世界，2017（4）：10－19.

　　［46］李林玥，孙志贤，龙翔."一带一路"沿线国家与中国的贸易发展状况研究——夜间灯光数据在引力模型中的实证分析［J］.数量经济技术经济研究，2018，35（3）：39－58.

　　［47］李萍.中国与"一带一路"沿线国家贸易潜力和贸易效率及其决定因素——基于随机前沿引力模型的实证研究［J］.国际商务研究，2018，39（5）：5－16.

　　［48］李世军，范立夫，周亚.基于非线性STR模型的中国对美出口影响因素研究［J］.宏观经济研究，2017（3）：78－88，117.

［49］李文．中国对外直接投资的贸易效应分析［D］．天津：天津财经大学，2008．

［50］李夏玲，王志华．对外直接投资的母国贸易结构效应——基于我国省际面板数据分析［J］．经济问题探索，2015（4）：138－144．

［51］李晓，李俊久．"一带一路"与中国地缘政治经济战略的重构［J］．世界经济与政治，2015（10）：30－59．

［52］李晓钟，陈涵乐，张小蒂．信息产业与制造业融合的绩效研究——基于浙江省的数据［J］．中国软科学，2017（1）：22－30．

［53］李晓钟，杜添豪，王舒予．中国与"一带一路"沿线国家贸易影响因素及潜力研究［J］．国际经济合作，2019（3）：17－29．

［54］李晓钟，黄蓉．工业4.0背景下我国纺织产业竞争力提升研究——基于纺织产业与电子信息产业融合视角［J］．中国软科学，2018（2）：21－31．

［55］李晓钟，何建莹．FDI对我国高新技术产业技术溢出效应分析［J］．国际贸易问题，2012（7）：87－95．

［56］李晓钟，吕培培．互联网对中国进出口贸易的影响研究——基于"一带一路"沿线国家的实证［J］．国际经济合作，2018（5）：90－95．

［57］李晓钟，吕培培．我国装备制造产品出口贸易潜力及贸易效率研究——基于"一带一路"国家的实证研究［J］．国际贸易问题，2019（1）：80－92．

［58］李晓钟，任凭．我国物联网产业发展的驱动因素研究——基于八大城市的实证分析［J］．东南学术，2015（1）：55－62．

［59］李晓钟，王倩倩．研发投入、外商投资对我国电子与高新技术产业的影响比较——基于全要素生产率的估算与分析［J］．国际贸易问题，2014（1）：139－146．

［60］李晓钟，王莹，王倩倩．苏粤两省物联网产业发展比较研究［J］．财经论丛，2014（1）：22－27．

［61］李晓钟，吴振雄，张小蒂．政府补贴对物联网企业生产效率的影响研究——基于沪深两市2010－2013年公司数据的实证检验［J］．中国软科学，2016（2）：105－113．

［62］李晓钟，徐慧娟．中国对"一带一路"沿线国家直接投资贸易效应研究［J］．国际经济合作，2018（10）：4－9．

［63］李晓钟，徐怡．政府补贴对企业创新绩效作用效应与门槛效应研究——基于电子信息产业沪深两市上市公司数据［J］．中国软科学，2019（5）：31－39．

［64］李晓钟，杨丹．我国汽车产业与电子信息产业耦合发展研究［J］．软科学，2016，30（11）：19－23．

［65］李晓钟，张洁．我国农业信息化就绪度水平区域差异比较研究［J］．情报科学，2017，35（10）：55－62．

［66］李晓钟，张小蒂．江浙基于FDI提高区域技术创新能力的比较［J］．中国工业经济，2007（12）：102－109．

［67］李晓钟，张小蒂．江浙区域技术创新效率比较分析［J］．中国工业经济，2005（7）：

57 - 64.

[68] 李晓钟, 张小蒂. 外商直接投资对我国技术创新能力影响及地区差异分析 [J]. 中国工业经济, 2008 (9): 77 - 87.

[69] 李晓钟, 张小蒂. 中国汽车产业市场结构与市场绩效研究 [J]. 中国工业经济, 2011 (3): 129 - 138.

[70] 李晓钟. 从比较优势到竞争优势——理论与实证研究 [M]. 杭州: 浙江大学出版社, 2004.

[71] 李晓钟. FDI 对我国纺织服装业技术溢出效应分析 [J]. 财贸经济, 2009 (7): 88 - 93, 136.

[72] 李晓钟. 产业比较优势动态性的实证分析 [J]. 国际贸易问题, 2004 (7): 17 - 20.

[73] 李晓钟. 数字经济下中国产业转型升级研究 [M]. 杭州: 浙江大学出版社, 2018.

[74] 梁琦, 吴新生. "一带一路"沿线国家双边贸易影响因素研究——基于拓展引力方程的实证检验 [J]. 经济学家, 2016 (12): 69 - 77.

[75] 廖萌. "一带一路"建设背景下我国企业"走出去"的机遇与挑战 [J]. 经济纵横, 2015 (9): 30 - 33.

[76] 廖泽芳, 宁凌. 21 世纪海上丝绸之路之中国与东盟贸易畅通——基于引力模型的实证考察 [J]. 经济问题, 2015 (12): 1 - 7.

[77] 林桂军, 何武. 中国装备制造业在全球价值链的地位及升级趋势 [J]. 国际贸易问题, 2015 (4): 3 - 15.

[78] 林民旺. 印度对"一带一路"的认知及中国的政策选择 [J]. 世界经济与政治, 2015 (5): 42 - 57.

[79] 林志帆. 中国的对外直接投资真的促进出口吗 [J]. 财贸经济, 2016, 37 (2): 100 - 113.

[80] 刘洪铎, 蔡晓珊. 中国与"一带一路"沿线国家的双边贸易成本研究 [J]. 经济学家, 2016 (7): 92 - 100.

[81] 刘建江, 杨细珍. 产品内分工视角下中美贸易失衡中的贸易利益研究 [J]. 国际贸易问题, 2011 (8): 68 - 80.

[82] 刘青峰, 姜书竹. 从贸易引力模型看中国双边贸易安排 [J]. 浙江社会科学, 2002 (6): 16 - 19.

[83] 刘卫东. "一带一路"战略的科学内涵与科学问题 [J]. 地理科学进展, 2015 (5): 538 - 544.

[84] 刘秀玲, 陈浩. 中国与"一带一路"沿线国家服务贸易影响因素探究 [J]. 国际商务研究, 2020, 41 (1): 29 - 38, 49.

[85] 刘瑶, 张晓磊. 中国装备制造业出口增长的模式及国际比较: 基于三元边际的分析方法 [J]. 数学的实践与认识, 2015, 45 (9): 15 - 27.

[86] 柳思思. "一带一路": 跨境次区域合作理论研究的新进路 [J]. 南亚研究, 2014

（2）：1－11.

［87］卢艳平，肖海峰．"一带一路"战略下中国—新西兰农产品贸易潜力分析［J］．农业经济与管理，2017（5）：88－96.

［88］鲁晓东，赵奇伟．中国的出口潜力及其影响因素——基于随机前沿引力模型的估计［J］．数量经济技术经济研究，2010（10）：21－35.

［89］马建英．美国对中国"一带一路"倡议的认知与反应［J］．世界经济与政治，2015（10）：104－132.

［90］马千里．对外直接投资视角下的中国对外贸易结构调整研究［D］．哈尔滨：黑龙江大学，2009.

［91］孟祺．互联网对国际贸易的影响：集约边际抑或扩展边际［J］．当代财经，2017（9）：100－108.

［92］牛伟杰．"一带一路"战略给我国经济发展带来的机遇和挑战［J］．中学政治教学参考，2016（21）：26－27.

［93］牛泽东，张倩肖．中国装备制造业的技术创新效率［J］．数量经济技术经济研究，2012（11）：51－67.

［94］潘申彪，王剑斌．互联网发展差距对"一带一路"沿线主要国家出口贸易的影响研究［J］．国际商务（对外经济贸易大学学报），2018（3）：70－84.

［95］齐玮．我国汽车制造业的贸易流量与出口潜力：基于引力模型的分析［J］．国际贸易问题，2013（1）：78－86.

［96］綦良群，李兴杰．区域装备制造业产业结构升级机理及影响因素研究［J］．中国软科学，2011（5）：138－147.

［97］乔晶，胡兵．对外直接投资如何影响出口——基于制造业企业的匹配倍差检验［J］．国际贸易问题，2015（4）：126－136.

［98］曲智，杨碧琴，段华友．"一带一路"沿线国家和地区不同种类基础设施对我国服务贸易出口规模的影响分析［J］．中国注册会计师，2018（6）：50－55.

［99］全诗凡，徐清．我国OFDI与出口贸易的引力模型分析［J］．云南财经大学学报，2015，31（2）：28－38.

［100］尚蔚．山东开展国际产能和装备制造合作的实践及对策［J］．宏观经济管理，2017（5）：68－72.

［101］盛斌，廖明中．中国的贸易流量与出口潜力：引力模型的研究［J］．世界经济，2004（2）：3－12.

［102］施炳展，张夏．中国出口潜力：趋势、分布与源泉［J］．产业经济研究，2015（6）：52－61.

［103］施炳展．互联网与国际贸易——基于双边双向网址链接数据的经验分析［J］．经济研究，2016，51（5）：172－187.

［104］施锦芳，郑晨．中国轨道交通装备制造业贸易结构与出口潜力的实证研究［J］．宏

观经济研究，2017（3）：101‒117.

　　［105］宋双双. 在"一带一路"战略下扩大对外农业合作［J］. 国际经济合作，2014（9）：63‒66.

　　［106］苏杭."一带一路"战略下我国制造业海外转移问题研究［J］. 国际贸易，2015（3）：18‒21.

　　［107］隋月红，赵振华. 出口贸易结构的形成机理：基于我国 1980—2005 年的经验研究［J］. 国际贸易问题，2008（3）：9‒16.

　　［108］隋月红，赵振华. 我国 OFDI 对贸易结构影响的机理与实证——兼论我国 OFDI 动机的拓展［J］. 财贸经济，2012（4）：81‒89.

　　［109］隋月红."二元"对外直接投资与贸易结构：机理与来自我国的证据［J］. 国际商务（对外经济贸易大学学报），2010（6）：66‒73.

　　［110］孙金彦，刘海云."一带一路"战略背景下中国贸易潜力的实证研究［J］. 当代财经，2016（6）：99‒106.

　　［111］孙灵希，曹琳琳. 中国装备制造业价值链地位的影响因素研究［J］. 宏观经济研究，2016（11）：59‒71.

　　［112］孙穗，朱顺和. 基于数字经济背景的 ICT 对贸易与经济增长影响研究——以中国和东盟国家为例［J］. 商业经济研究，2020（13）：146‒150.

　　［113］谭晶荣，王丝丝，陈生杰."一带一路"背景下中国与中亚五国主要农产品贸易潜力研究［J］. 商业经济与管理，2016（1）：90‒96.

　　［114］谭文君，崔凡，董桂才，孙巧莉."一带一路"背景下国别信用评价体系的研究［J］. 宏观经济研究，2018（4）：79‒84，109.

　　［115］谭秀杰，周茂荣. 21 世纪"海上丝绸之路"贸易潜力及其影响因素——基于随机前沿引力模型的实证研究［J］. 国际贸易问题，2015（2）：3‒12.

　　［116］陶章，乔森."一带一路"国际贸易的影响因素研究——基于贸易协定与物流绩效的实证检验［J］. 社会科学，2020（1）：63‒71.

　　［117］田泽，许东梅."丝路经济带"背景下中国对中东 OFDI 环境及效应研究［J］. 宁夏社会科学，2016（5）：97‒103.

　　［118］童晓乐，徐晨杰，谭晶荣. 中国在丝绸之路经济带的农产品贸易效率分析［J］. 浙江工业大学学报社会科学版，2016，15（1）：25‒30.

　　［119］万永彬. 中国与"一带一路"沿线国家双边贸易影响因素的实证研究［J］. 经济问题探索，2019（11）：134‒141.

　　［120］汪洁，全毅. 21 世纪海上丝绸之路贸易便利化研究［J］. 国际商务（对外经济贸易大学学报），2015（6）：36‒46.

　　［121］王博，陈诺，林桂军."一带一路"沿线国家制造业增加值贸易网络及其影响因素［J］. 国际贸易问题，2019（3）：85‒100.

　　［122］王丽丽. 中国对"一带一路"沿线国家的出口潜力及影响因素分析［J］. 商业经济

与管理，2017（2）：51 - 59.

[123]王亮，吴浜源．丝绸之路经济带的贸易潜力——基于"自然贸易伙伴"假说和随机前沿引力模型的分析 [J]．经济学家，2016（4）：33 - 41.

[124]王瑞，温怀德．中国对"丝绸之路经济带"沿线国家农产品出口潜力研究——基于随机前沿引力模型的实证分析 [J]．农业技术经济，2016（10）：116 - 126.

[125]王恕立，向姣姣．创造效应还是替代效应——中国 OFDI 对进出口贸易的影响机制研究 [J]．世界经济研究，2014（6）：66 - 72.

[126]王英，刘思峰．中国对外直接投资的出口效应：一个实证分析 [J]．世界经济与政治论坛，2007（1）：36 - 41.

[127]王正新，朱洪涛．创新效率对高技术产业出口复杂度的非线性影响 [J]．国际贸易问题，2017（6）：61 - 70.

[128]温珺，王健，尤宏兵．电子商务能否促进外贸增长——来自我国的证据 [J]．国际贸易问题，2015（6）：43 - 52.

[129]文淑惠，张昕．中南半岛贸易潜力及其影响因素——基于随机前沿引力模型的实证分析 [J]．国际贸易问题，2017（10）：97 - 108.

[130]吴红蕾．中美贸易摩擦对我国的影响及对策研究 [J]．经济纵横，2018（12）：96 -102.

[131]吴沁．中国与"一带一路"国家贸易潜力研究 [D]．南京：南京大学，2016.

[132]吴世韶．从"次区域经济合作"到"次区域合作"：概念辨析 [J]．社会主义研究，2011（1）：131 - 135.

[133]向一波．中国装备制造业的出口依存度及对外市场的需求弹性研究——基于行业面板数据的分析 [J]．财经研究，2012（2）：102 - 111.

[134]项本武．中国对外直接投资的贸易效应 [J]．统计与决策，2005（24）：84 - 85.

[135]项本武．中国对外直接投资的贸易效应研究——基于 Panel Data 的地区差异检验 [J]．统计与决策，2007（24）：99 - 102.

[136]项本武．中国对外直接投资的贸易效应研究——基于面板数据的协整分析 [J]．财贸经济，2009（4）：77 - 82.

[137]肖仁桥，陈忠卫，钱丽．异质性技术视角下中国高技术制造业创新效率研究 [J]．管理科学，2018（1）：48 - 68.

[138]谢康，廖雪华，肖静华．突破"双向挤压"：信息化与工业化融合创新 [J]．经济学动态，2018（5）：42 - 54.

[139]许家云，周绍杰，胡鞍钢．制度距离、相邻效应与双边贸易——基于"一带一路"国家空间面板模型的实证分析 [J]．财经研究，2017，43（1）：75 - 85.

[140]许娇，陈坤铭，杨书菲，林昱君．"一带一路"交通基础设施建设的国际经贸效应 [J]．亚太经济，2016（3）：3 - 11.

[141]许文婷．目的国制度质量对我国装备制造业出口地理结构的影响 [D]．杭州：浙江工商大学，2016.

[142] 许阳贵, 刘云刚. 中国与"一带一路"沿线国家贸易及其影响因素 [J]. 热带地理, 2019, 39 (6): 855-868.

[143] 杨青, 张翠珍. 中国与"一带一路"沿线国家贸易流量的影响因素 [J]. 国际经济合作, 2018 (5): 83-89.

[144] 杨思灵. 印度如何看待"一带一路"下的中印关系 [J]. 人民论坛·学术前沿, 2015 (9): 37-50.

[145] 杨文龙, 杜德斌, 马亚华, 焦美琪. "一带一路"沿线国家贸易网络空间结构与邻近性 [J]. 地理研究, 2018, 37 (11): 2218-2235.

[146] 姚星, 王博, 蒲岳. "一带一路"沿线国家服务中间投入的网络结构特征及其影响因素 [J]. 世界经济研究, 2018 (1): 122-133, 136.

[147] 余妙志, 梁银锋, 高颖. 中国与南亚地区农产品贸易的竞争性与互补性——以"一带一路"战略为背景 [J]. 农业经济问题, 2016, 37 (12): 83-94, 112.

[148] 余振, 周冰惠, 谢旭斌, 王梓楠. 参与全球价值链重构与中美贸易摩擦 [J]. 中国工业经济, 2018 (7): 24-42.

[149] 俞毅, 万炼. 我国进出口商品结构与对外直接投资的相关性研究——基于 VAR 模型的分析框架 [J]. 国际贸易问题, 2009 (6): 96-104.

[150] 岳云嵩, 李兵, 李柔. 互联网会提高企业进口技术复杂度吗——基于倍差匹配的经验研究 [J]. 国际贸易问题, 2016 (12): 131-141.

[151] 詹森华. "一带一路"沿线国家农产品贸易的竞争性与互补性——基于社会网络分析方法 [J]. 农业经济问题, 2018 (2): 103-114.

[152] 张海波. 对外直接投资对母国出口贸易品技术含量的影响——基于跨国动态面板数据模型的实证研究 [J]. 国际贸易问题, 2014 (2): 115-123.

[153] 张华容, 赵青. 香港对中国内地直接投资的贸易效应研究——基于1987~2015年数据的协整分析 [J]. 学习与实践, 2016 (8): 23-30.

[154] 张慧敏, 刘洪钟. 政治距离、文化差异与中国的对外贸易 [J]. 国际经贸探索, 2020 (1): 33-52.

[155] 张纪凤, 黄萍. 替代出口还是促进出口——我国对外直接投资对出口的影响研究 [J]. 国际贸易问题, 2013 (3): 95-103.

[156] 张先锋, 张杰, 刘晓斐. 出口学习效应促进 OFDI: 理论机制与经验证据 [J]. 国际贸易问题, 2016 (4): 155-165.

[157] 张小蒂, 李晓钟. 对我国长三角地区全要素生产率的估算及分析 [J]. 管理世界, 2005 (11): 59-66.

[158] 张小蒂, 李晓钟. 论技术性贸易壁垒对我国农产品出口贸易的双重影响 [J]. 管理世界, 2004 (6): 26-32, 58.

[159] 张小蒂, 李晓钟. 影响比较优势转化为竞争优势的主要因素分析 [J]. 数量经济技术经济研究, 2003 (8): 78-81.

［160］张小蒂，李晓钟．中国外贸三强省贸易模式比较分析［J］．管理世界，2002（12）：40－47．

［161］张晓静，李梁．"一带一路"与中国出口贸易：基于贸易便利化视角［J］．亚太经济，2015（3）：21－27．

［162］张宇婷，王增涛，蒋云龙．地区经济集聚对外来者劣势的影响——基于500家在华跨国子公司的分析［J］．国际贸易问题，2016（7）：109－118．

［163］张玉芹，李辰．我国装备制造业在全球价值链的地位分析［J］．国际商务（对外经济贸易大学学报）2016（5）：76－87．

［164］章小三．我国对外直接投资促进对外贸易发展研究［D］．长沙：湖南大学，2010．

［165］仇振锴．"一带一路"建设带来的机遇和挑战［J］．企业改革与管理，2019（19）：207－208．

［166］赵东麒，桑百川．"一带一路"倡议下的国际产能合作——基于产业国际竞争力的实证分析［J］．国际贸易问题，2016（10）：3－14．

［167］郑华，李婧．美国媒体建构下的中国"一带一路"战略构想——基于《纽约时报》和《华盛顿邮报》相关报道的分析［J］．上海对外经贸大学学报，2016（1）：87－96．

［168］周昕，牛蕊．中国企业对外直接投资及其贸易效应——基于面板引力模型的实证研究［J］．国际经贸探索，2012，28（5）：69－81．

［169］朱桂生，黄建滨．美国主流媒体视野中的中国"一带一路"战略——基于《华盛顿邮报》相关报道的批评性话语分析［J］．新闻界，2016（17）：58－64．

［170］邹嘉龄等．中国与"一带一路"沿线国家贸易格局及其经济贡献［J］．地理科学进展，2015，34（5）：598－605．

［171］邹帅，宋子豪，章鹏霞．"一带一路"：机遇与挑战并存［J］．合作经济与科技，2015（23）：5－7．

［172］Abbassia, Chebbihe, Taminil. Trade Performance and Potential of North African Countries: An Application of a Stochastic Frontier Gravity Model［J］. *Cahiers De Recherche Create*, 2016（4）：1－37．

［173］Ahmad F. , Draz M. U. , Yang S. C. A Novel Study on OFDI and Home Country Exports: Implications for the ASEAN Region［J］. *Journal of Chinese Economic and Foreign Trade Studies*, 2016, 9（2）：131－145．

［174］Aigner, Lovell, Schmidt. Formulation and Estimation of Stochastic Frontier Production Function Models［J］. *Journal of Econometrics*, 1977（6）：21－37．

［175］Amadú Ly, José Esperança, Nebojsa S. Davcik. What Drives Foreign Direct Investment: The Role of Language, Geographical Distance, Information Flows and Technological Similarity［J］. *Journal of Business Research*, 2018, 88：111－122．

［176］Anderson J. E. , Wincoop E. V. Trade Costs［J］. *Journal of Economic Literature*, 2004, 42（3）：691－751．

[177] Anderson J. E. A Theoretical Foundation for the Gravity Equation [J]. *American Economic Review*, 1979, 69 (1): 106 – 116.

[178] Armstrong S. P. Measuring Trade and Trade Potential: A Survey [R]. Asia Pacific Economic Papers, 2007: 368.

[179] Arrow K. J. The Economics of Information [M]. Boston: Harvard UniversityPress. 1984.

[180] Asongu S. A., Nwachukwu J. C. The Mobile Phone in the Diffusion of Knowledge for Institutional Quality in Sub-Saharan Africa [J]. *World Development*, 2016, 86: 133 – 147.

[181] Bakos J. Y. Reducing Buyer Search Costs: Implications for Electronic Marketplaces [J]. *Management Science*. 1997, 43 (12): 1676 – 1692.

[182] Bano S. ASEAN-New Zealand Trade Relations and Trade Potential [J]. *Working Papers in Economics*, 2010, 28 (1): 144 – 182.

[183] Battese G., Coelli T. A Model for Technical Inefficiency Effects in a Stochastic Frontier Production Function for Panel Data [J]. *Empirical Economics*, 1995, 20 (2): 325 – 332.

[184] Battese G., Coelli T. Frontier Production Function, Technical Efficiency and Panel Data: With Application to Paddy Farmers in India [J]. *Journal of Productivity Analysis*, 1992, 3 (1/2): 153 – 169.

[185] Bergstrand J. H., Egger P. A Knowledge-and-physical-capital Model of International Trade Flows, Foreign Direct Investment, and Multinational Enterprises [J]. *Journal of International Economics*, 2007, 73 (2): 278 – 308.

[186] Blonigen B. A. In search of Substitution Between Foreign Production and Exports [J]. *Journal of International Economics*. 2001, 53 (1): 81 – 104.

[187] Bojnec S., Ferto I. Internet and International Food Industry Trade [J]. *Industrial Management & Data Systems*. 2010, 110 (5): 744 – 761.

[188] Chiappini R. Do Overseas Investments Create or Replace Trade? New Insights from a Macro-Sectoral Study on Japan [J]. *Journal of International Trade & Economic Development*. 2016, 25 (3): 403 – 425.

[189] Choi C. The Effect of the Internet on Service Trade [J]. *Economics Letters*. 2010, 109 (2): 102 – 104.

[190] Chow P. C. Y. The Effect of Outward Foreign Direct Investment on Home Country's Export, 1989 – 2006 [J]. *Journal of International Trade & Economic Development*. 2012, 21 (5): 725 – 754.

[191] Christen, Elisabeth. Time Zones Matter: The Impact of Distance and Time Zones on Services Trade. [J]. *World Economy*, 2017, 40 (3): 612 – 631.

[192] Clarke G. R. G., Scott J. Wallsten. Has the Internet Increased Trade? Developed and Developing Country Evidence [J]. *Economic Inquiry*. 2006, 44 (3): 465 – 484.

[193] Clarke G. R. G. Has the Internet Increased Exports for Firms from Low and Middle-income

Countries? [J]. *Information Economics & Policy*. 2008, 20 (1): 16 – 37.

[194] Daniels J. P. , Ruhr M. V. D. Transportation Costs and US Manufacturing FDI [J]. *Review of International Economics*. 2014, 22 (2): 299 – 309.

[195] Drysdale P. , Huang Y. , Kalirajan K. P. China's Trade Efficiency: Measurement and Determinants, APEC and Liberalization of the Chinese Economy [M]. Asia Pacific Press, 2000 : 259 – 271.

[196] Egger P. European Exports and Outward Foreign Direct Investment: A Dynamic Panel Data Approach [J]. *Review of World Economics*, 2001, 137 (3): 427 – 449.

[197] Feenstra, Robert C. Integration of Trade and Disintegration of Production in the Global Economy [J]. *Journal of Economic Perspectives*, 1998, 12 (4): 31 – 50.

[198] Fink C. , Mattoo A. , Neagu I. C. Assessing the Impact of Communication Costs on International Trade [J]. *Journal of International Economics*. 2002, 67 (2): 428 – 445.

[199] Freund C. L. , Weinhold D. The Effect of the Internet on International Trade [J]. *International Finance Discussion Papers*. 2004, 62 (1): 171 – 189.

[200] Freund C. , Gagnon J. E. Effects of Consumption Taxes on Real Exchange Rates and Trade Balances [R]. Peterson Institute for International Economics Working Paper, 2017.

[201] Goldberg L. S. , Klein M. W. International Trade and Factor Mobility: An Empirical Investigation [J]. *Social Science Electronic Publishing*, 1999, 47 (7196): 321 – 335.

[202] Gopinath M. , Pick D. H. , Vasavada U. The Economics Of Foreign Direct Investment And Trade With An Application To The U. S. Food Processing Industry [J]. *American Journal of Agricultural Economics*, 1999, 81 (2): 442 – 452.

[203] Gros D. , Gonciarz A. A Note on the Trade Potential of Central and Eastern Europe [J]. *European Journal of Political Economy*, 1996, 12 (4): 709 – 721.

[204] Grubert H. , Mutti J. Taxes, Tariffs and Transfer Pricing in Multinational Corporate Decision Making [J]. *Review of Economics & Statistics*, 1991, 73 (2): 285 – 293.

[205] Guo Z. , Zhang X. , Zheng Y. Exploring the Impacts of a Carbon Tax on the Chinese Economy Using a CGE Model With a Detailed Disaggregation of Energy Sectors [J]. *Energy Economics*, 2014, 45 (9): 455 – 462.

[206] Head K. , Ries J. Overseas Investment and Firm Exports [J]. *Review of International Economics*, 2001, 9 (1): 15.

[207] Hejazi W. , Safarian A. E. The Complementarity Between U. S. Foreign Direct Investment Stock and Trade [J]. Atlantic Economic Journal, 2001, 29 (4): 420 – 437.

[208] Hellmanzik C. , Schmitz M. Virtual Proximity and Audiovisual Services Trade [J]. *European Economic Review*. 2015, 77 (7): 82 – 101.

[209] Helpman E. A Simple Theory of International Trade with Multinational Corporations [J]. *Journal of Political Economy*, 1984, 92 (3): 451 – 471.

[210] Hoekman B. , Nicita A. Trade Policy, Trade Costs, and Developing Country Trade [J]. *World Development*, 2011, 39 (12): 2069 – 2079.

[211] Kang H. , Fratianni M. U. International Trade Efficiency, the Gravity Equation, and the Stochastic Frontier [J]. *SSRN Electronic Journal*, 2006.

[212] Kimura F. , Lee H. H. The Gravity Equation in International Trade in Services [J]. *Review of World Economics*, 2006, 142 (1): 92 – 121.

[213] Kojima K. A Macroeconomic Approach to Foreign Direct Investment [J]. *Hitotsubashi Journal of Economics*, 1973, 14 (1): 1 – 21.

[214] Köksal M. H. , Özgül E. The Export Competitive advantages of Turkish Manufacturing Companies [J]. *Marketing Intelligence & Planning*, 2010, 28 (2): 206 – 222.

[215] Krugman, Paul R. Market Structure and Foreign Trade [M]. MIT Press, 1985.

[216] Lael Brainard S. An Empirical Assessment of the Proximity – Concentration Trade – off Between Multinational Sales and Trade [J]. *American Economic Review*, 1997, 87 (4): 520 –544.

[217] Luo Y. , Bu J. How Valuable is Information and Communication Technology? A Study of Emerging Economy Enterprises [J]. *Journal of World Business*, 2016, 51 (2): 200 – 211.

[218] Markusen J. , Venables T. Multinational Firms and the New Trade Theory [J]. *Journal of International Economics*, 1995, 46 (2): 183 – 203.

[219] Meeusen, Broeck. Efficiency Estimation from Cobb-Douglas Production Functions with Composed Error [J]. *International Economic Review*, 1977 (18): 435 – 444.

[220] Meijers H. Does the Internet Generate Economic Growth, International Trade, or Both? [J]. *International Economics & Economic Policy*. 2014, 11 (1): 137 – 163.

[221] Mundell R. A. International Trade and Factor Mobility [J]. *American Economic Review*, 1957, 47 (3): 321 – 335.

[222] Neary J. P. Factor Mobility and International Trade [J]. *Canadian Journal of Economics/Revue Canadienne d'Economique*, 1994, 28 (s1): 4 – 23.

[223] Oberhofer H. , Pfaffermayr M. FDI versus Exports: Multiple Host Countries and Empirical Evidence [J]. World Economy, 2012, 35 (3): 316 – 330.

[224] Pain N. , Wakelin K. , et al. Export Performance And The Role Of Foreign Direct Investment [J]. *Manchester School of Economic & Social Studies*, 2010, 66 (S): 62 – 88.

[225] Pfaffermayr M. Foreign Outward Direct Investment and Exports in Austrian Manufacturing: Şubstitutes or Complements? [J]. *Weltwirtschaftliches Archiv*, 1996, 132 (3): 501 – 522.

[226] Pöyhönen P. A. Tentative Model for the Volume of Trade between Countries [J]. *Weltwirtschaftliches Archiv*, 1963, 90: 93 – 100.

[227] Purwadi D. The Role of Japanese Human Resource Planning Practices for Increasing Industrial Competitiveness [J]. *Procedia-Social and Behavioral Sciences*, 2012, 65: 253 – 259.

[228] Raphaël Chiappini. Do Overseas Investments Create or Replace Trade? New Insights from

a Macro-Sectoral Study on Japan [J]. Journal of International Trade and Economic Development, 2016, 25 (3): 403 – 425.

[229] Ravishankar G. , Stack M. M. The Gravity Model and Trade Efficiency: A Stochastic Frontier Analysis of Eastern European Countries' Potential Trade [J]. World Economy, 2014, 37 (5): 690 – 704.

[230] Robert C. Feenstra. Integration of Trade and Disintegration of Production in the Global Economy [J]. Journal of Economic Perspectives, 1998, 12 (4): 31 – 50.

[231] Ruiz J. G. , Mintzer M. J. , Leipzig R. M. The Impact of E-learning in Medical Education [J]. Academic Medicine. 2006, 81 (3): 207 – 212.

[232] Ruiz J. M. , Vilarrubia J. M. The Wise Use of Dummies in Gravity Models: Export Potentials in the Euromed Region [J]. SSRN Electronic Journal, 2007: 9 – 30.

[233] Theodorou P. , Florou G. Manufacturing Strategies and Financial Performance—The Effect of Advanced Information Technology: CAD/CAM Systems [J]. Omega, 2008, 36 (1): 107 –121.

[234] Tinbergen J. Shaping the World Economy: Suggestions for an International Economic Policy [M]. New York: The Twentieth Century Fund, 1962.

[235] Venables A. J. Geography and International Inequalities: The Impact of New Technologies [J]. Journal of Industry Competition & Trade. 2001, 1 (2): 135 – 159.

[236] Viorica E. D. Econometric Analysis of Foreign Trade Efficiency of E. U. Members Using Gravity Equations [J]. Procedia Economics & Finance, 2015, 20: 670 – 678.

[237] Wei Q. I. The Trade Flows and Export Potential of China's Auto Manufacturing Industry: A Study Based on Gravity Model [J]. Journal of International Trade, 2013.

[238] Yadav N. The Role of Internet Use on International Trade: Evidence from Asian and Sub-Saharan African Enterprises [J]. Global Economy Journal. 2014, 14 (2): 189 – 214.

[239] Yeaple S. , Helpman E. , Melitz M. Export Versus FDI with Heterogeneous Firms [J]. Scholarly Articles, 2004, 94 (1): 300 – 316.

[240] Yushkova E. Impact of ICT on Trade in Different Technology Groups: Analysis and Implications [J]. International Economics & Economic Policy. 2014, 11 (1): 165 – 177.

[241] Zhang H. A Study of Trade Potential Between China and the Areas along the Belt and Road Initiative [J]. Journal of International Trade, 2017.

[242] Zhou M. Intensification of Geo-cultural Homophily in Global Trade: Evidence from the Gravity Model [J]. Social Science Research, 2011, 40 (1): 193 – 209.